친밀한 부부관계의 전제와 실제적 기술

김선남 · 권창현 · 손진욱 · 최정혜 편저

경상대학교출판부

저자서문

21세기를 접어들면서 결혼 및 부부생활에 많은 변화가 왔다. 우선 이혼율이 급증하고 있다. 보건복지부와 꽃동네현도사회복지대학교가 공동 발간한 [복지와 경제의 선순환관계 연구보고서(2007)에 따르면 우리나라 지난해 결혼 대비 이혼율이 47.4%나 되었다고 하니 놀랄만한 일이 아닐 수 없다. 이 보고서는 결혼 대비 이혼율이 1980년 5.9%, 1990년 11.4%로 비교적 낮은 수준을 유지하던 것이 1998년 외환위기로 촉발된 경제위기가 가족해체를 가속화시킨 것과 관련 있는 것으로 결론을 내렸다.

최근 들어 이와 같은 이혼율의 급증은 전통적으로 이어온 가부장적 규칙의 붕괴와 더 관련 있는 것으로 보인다. 남성은 더 이상 가정에서 최고 권위자가 아니다. 여성은 남편에게 순종하고, 그를 보살피며, 가사를 책임지고, 아이를 출산하고 양육하며, 가정 안에서 정서적 분위기를 조성하는 등의 역할에만 묶이지 않고 있다. 가정에서 여성의 권리가 신장됨으로써 남성에게도 전통적인 여성의 역할이 요구되고 있는 실정이다.

최근 우리나라에 여권신장운동이 급진적으로 일어났다. 부부관계에서 지배-복종 모형의 종언이 분명히 드러나기 시작하였다. 그러나 아직 가부장적 규칙의 대안으로 개발된 민주적 모형이 정착되지 않았다. 지난 수년 동안 부부들은 갈등 속에 살아오면서 이혼을 갈등해결의 손쉬운 방법으로 추구해 온 것으로 볼 수 있다. 그러나 새로운 가치를 포용하는 부부 내지 결혼문화가 만들어진다면, 이혼이란 방법 대신에 갈등-대화-타협-보다 친밀한 부부관계의 순환이 일어나는 새 구조가 발달할 수 있을 것이다.

새 구조는 각 개인의 평등한 가치에 근거를 두어야 한다. 과거의 전통적인 남녀 역할에 대한 정의는 더 이상 부적절하며, 혼란을 야기할 뿐이다. 회고해 보건데, 많은 혼란과 실수가 있어 왔지만, 부부관계에서 지배적-복종 모형으로부터 평등모형으로의 변화는 가히 기념비적이라 하겠다. 우리는 참된 평등의 감정에 토대를 둔 부부관계의 실제적인 방법을 학습하는 것이 필요하다.

새 구조는 부부관계 개선의 세 가지 전제의 학습부터 시작해야 한다. 첫째, 부부관계를 보는 인과적 인식론의 신화가 깨어지고, 그 대안으로 순환적 인식론의 학습을 제안한다. 그 동안 부부관계를 지나치게 인과적 시각으로 파악함으로써 잘못된 부부관계의 원인을 부부 중 어느 한 쪽에서 찾으려 해 왔다. 부부관계를 순환적 시각으로 보면, 잘못된 부부관계는 두 사람이 함께 만든 것임으로 두 사람이 공동 책임을 지고, 그 개선책도 함께 찾는 것이 마땅할 것이다. 둘째, 부부관계를 통제이론으로 설명하는 대신 체제이론으로 설명해야 하며, 이에 부부가 함께 체제이론을 학습해야 한다. 그 동안 부부는 인과적 인식론에 편향되어 잘못된 부부관계의 원인을 부부 중 어느 한 쪽에서 찾아, 그 원인을 제거하려는 노력을 해 온 것이 사실이다. 결과적으로 부부는 서로 통제하고 비난하게 만들었으며, 더한 갈등에 빠져들게 만들었다. 통제이론 대신 잘못의 책임을 부부가 함께 지는 체제이론을 학습해야 한다. 셋째, 부부가 서로 상대를 반대성의 방향으로 변화시키려하는 일차원적 변화전략을 버리고, 그 대안으로 부부가 서로 있는 그대로 허용하고 받아들이는 이차원적 변화전략을 학습해야 한다.

이에 저자들은 로리 고돈(Lori Heyman Gordon)이 만든 PAIRS (Practical Application of Intimate Relationship Skills)가 친밀한 부부관계기술의 세 가지 전제의 실제적 학습에 부합하는 유용한 도구란 점에 동의하였다. 이에 저자들은 PAIRS를 우리 문화에 맞게 편집하기로 하였다.

이 책은 부부관계를 이해하여 발달시키거나 개선하고자 노력하고 있는 부부들에게 도움이 많이 될 것이다. 부부가 함께 읽어가면서 토론하고, 연습과제에 대답하고, 연습문제를 풀고, 그리고 그 결과를 일지에 기록해 가다보면, 두 사람의 목표들이 자연스럽게 성취되어가는 것을 발견하게 될 것이다. 또한 가족상담, 부부상담, 집단상담 등 상담관련 업무에 종사하거나 상담공부를 하는 사람들에게 개인, 관계, 그리고 가족을 이해하는 훌륭한 지침서가 되기도 할 것이다.

2007년 8월

저자대표 김선남

PAIRS의 활용법

PAIRS(Practical Application of Intimate Relationship Skills)는 하나의 언어요 도구상자이다. PAIRS는 느낌의 언어뿐만 아니라 **마음의 언어**로 전달한다. 당신 자신과 타인에 관한 새로운 이해를 제공하는데 있어서 우리가 가장 유익한 것으로 알아낸 경험적 실습을 순서에 따라 단계적으로 포함시켰다. 이 경험적 실습은 흥분, 발견, 즐거움과 사랑을 안겨 줄 수 있는 배우자들 간의 체험과 내면의 탐색에서 나온 체험을 제시하도록 설계되어 있다. 이 자료들이 생동감 넘치게 전달되도록 이야기, 사실적 묘사, 그리고 지침들이 실려있다. (이야기들은 합성된 내용이다. 인물과 다양한 상황은 비밀을 보장하려는 의도에서 새롭게 각색되었다.)

관계의 수수께끼는 자기(自己)와 관계 속의 자기는 일련의 연동 영역들 안에 있으며, 각자는 자기 안에 고유한 규칙과 습관 그리고 특유한 역사를 지닌 세계를 지니고 있다. 일부 영역은 쉽게 보이지만, 일부는 어떤 방식으로 어디서 찾을 수 있는지를 알아야 볼 수 있을 것이다. 모든 영역은 일정한 양식 안에 존재하고 있다. 어느 한 영역의 혼란은 모든 영역 내에서 나선형의 형태로 관계의 악화를 유발하는 원인이 될 수 있다. 나선형적인 관계의 악화는 자존감을 감소시키는 모든 것 또는 자기 및 관계에 영향을 미치는 어떤 상황에 의해 야기될 수 있다.

관계는 나선형적으로 급속히 냉각될 수 있는 것과 마찬가지로 또한 특히 지식, 기술, 선한 의지를 지닌 의지적인 배우자일 경우에는 나선형적으로 급격히 호전될 수 있다. PAIRS가 지향하는 바가 바로 이점이다.

이 책은 PAIRS의 개념을 연속적인 형태로 제공하려고 한다. 이 책은 상호작용적이며, 상호적인 차원이 되도록 설계하였다. 이 책은 당신과 당신 자신, 당신과 당신의 배우자, 그리고 당신과 이 책 간의 상호관계를 당신 자신의 인격적 발견 여정으로 삼는다. 과거의 사고나 행동 양식이 새로운 결정을 방해하는 위협이 될 때에 조만간 다가올 미래에 대해 숙고해보도록 설계되어 있다.

이 책의 연습이나 기술은 전혀 복잡하지 않다. 일부의 연습이나 묘사는 아주 명확하다. 당신의 인생에서 그러한 숙고와 실행은 하나의 도전이지만 보상이 될 것이다.

이 책은 구조화된 순서에 따라 진행되도록 조정하였다. 만일 당신에게 특별한 흥미가 있는 부분이 있다면, 순서를 떠나 그 내용들을 먼저 읽어도 좋다. 그러나 이 책은 모든 것을 통합적으로, 유의미한 모습으로 함께 엮었기 때문에 전부를 차례로 읽기를 권한다.

이 책을 가장 효과적으로 읽기 위해서는 일지(日誌)를 기록하는 것이 도움이 될 것이다. 어느 노트에 기록하든지 당신이 한 권에만 기록한다면 거기에 사적인 기록이나 반응을 보존할 수 있을 것이다. 당신이 다른 누군가와 그 내용을 나눌 수 있지만, 당신이 그렇게 하기를 원하지 않는다면 할 필요가 없다. 각 장(章)은 당신의 노트에 당신이 이해한 바를 기록하도록 제안하는 내용을 담고 있다.

각 장은 나름대로의 자신의 연습, 기술 그리고 이해할 부분을 포함하고 있다. 연습문제를 성실히 수행한다. 이 연습은 당신이 아주 개인적인 상황을 발견할 기회를 제공한다. 당신이 이 연습을 활용한다면, 당신의 관계와 당신의 인생이 변화될 수 있을 것이다.

PAIRS의 연습은 다음과 같이 당신을 도와주도록 설계되어 있다:

- "연결형성"이라 일컫는 신체적 근접성과 정서적 개방성을 조합시키려는 생물학적 욕구를 만족시키도록 한다.
- 당신의 의사소통 유형이 당신이 의사소통을 하고 있는 실제문제보다 더 큰 문제임을 인식하도록 한다.
- 은밀한 분노 대신에 당신의 배우자에 대하여 참된 공감을 느끼는 능

력을 발달시키도록 한다.

- 당신의 감정이 배우자에게 분노, 압도, 조종 또는 부적절감을 유발시키지 않고 인정되도록 스스로의 감정을 표현하도록 한다.
- 부부 간에 오해, 흔히 유발할 수 있는 마음읽기를 피하도록 하며, 추정을 피하고 "만일 당신이 나를 사랑했다면, 당신이 알았을 텐데"라고 기대하지 않도록 학습한다.
- 사랑을 파괴하지 않으면서 분노를 표현하고 수용하도록 한다.
- 당신은 현실적으로 가까운 장래의 쟁점을 해소하는 방식으로 투쟁하도록 격려한다.
- 당신과 당신의 배우자 간의 차이를 위협으로 간주하지 말고 인정하고 즐긴다.
- 당신의 관계에 영향을 줄 수도 있는 숨은 기대를 발굴할 수 있도록 당신 가족의 정서적 역사를 추적한다.
- 당신의 현재의 관계를 고의로 방해할 수도 있는 과거의 결정을 회복시키도록 한다.
- 당신과 배우자가 연출하고 있는 다른 역할들을 인식하고, 어떤 방식으로 그 역할들이 작용하고, 작용하지 않는지를 인식하도록 한다.
- 성(性)이 친밀성에 도달하는 유일한 길이 아니라는 점을 인식하도록 애정, 위안, 유순함, 연결형성, 관능, 그리고 섹스 사이의 차이를 배우도록 한다.
- 부부가 즐겁게 함께 살도록 관계를 타협해 나가도록 한다.

책의 전 부분에 산재된 질문들은 네모 상자 안에 본문과 분리하여 당신이 그 자료들을 당신 자신의 경험에 적용하는 것을 돕도록 설계되어 있다. 일부의 물음은 당신이 쉽게 대답할 수 있을 것이고, 일부의 물음은 숙고를 한 후 응답할 수 있을 것이다. 숙고가 필요한 이 물음은 당신의 일지를 활용할 다른 기회를 제공하고 있다.

읽지 말라는 요구를 받은 경우를 제외하고는 연습문제를 풀기 전에 각 장의 내용을 한 번에 읽도록 한다. 그런 후에 당신은 스스로 연습문제를 풀 시간을 충분히 가지고 그 문제들에 대해 숙고하도록 한다. 당신은 숙고할 가치가 있다. 당신의 인생은 숙고해볼 가치가 있다. 인간으로서 우리는 놀랄만한 학습능력을 구비하고, 성장과 변화를 이룩할 수 있는 기적적인 존재이다. 당신은 종전의 관계 안에서 무엇이 그릇된 것이었는지 또는 현재 무엇이 잘못된 것인지를 이해할·수 있다. 만일 당신이 학습한 내용을 활용하는 방법을 배우기를 원한다면, 당신은 변화를 실현할 수 있다.

한 권의 책이 전문적으로 안내하는 강좌여서 집단에 참여하는 경험은 얻을 수는 없다 할지라도, 안내하는 대로 따르면 당신은 커다란 변화를 체험할 수도 있다.

우리는 인류 역사에서 처음으로 상호 동등한 관계의 정립을 모색하면서 안내도가 없는 영역을 통과하여 전진하고 있는 현대의 탐험가들인 셈이다. 신대륙을 탐험하는 동안 많은 탐험가들과 선박들이 대서양에서 침몰했던 것처럼 우리는 현재 신뢰할만한 안내도를 가지고 있지 않기 때문에 오늘날 많은 관계들이 실패로 끝나고 있다. 우리 중의 많은 사람들이 미지의 정글 속에서 방황해왔고, 방심할 수 없는 위험한 상태에 처하기도 하였다. 일부의 사람들은 새로운 쾌락을 안고 귀환했지만, 보석을 얻은 사람은 드물다.

이 책은 자기의 관계를 희망 속에 시작하고 지식, 기술, 선의에 의해 유지시켜가야만 하는 모든 사람들을 위해 기록된 것이다.

친밀한 부부관계의
전제와 실제적 기술

차 례

제 1 부

부부관계 개선을 위한 세 가지 전제

1. 순환적 인식론
2. 체제이론
3. 이차원적 변화

제 1 부

부부관계 개선을 위한 세 가지 전제

■ ■ ■

부부관계 개선은 현재의 결혼보다 더 나은 결혼으로 변화시키는 과정이다. 부부관계 개선 과정은 부부가 함께 성공하는 결혼의 전제들을 학습하고, 두 사람 간 의사소통에서 상호존중, 상호신뢰, 상호책임, 상호보상, 그리고 상호안전이 전달되는 행동을 학습하는 절차를 포함한다. 성공하는 결혼을 위해 부부가 함께 학습해야하는 세 가지 전제는 결혼을 상호작용으로 파악하는 순환적 인식론, 부부를 한 단위로 보는 체제이론, 그리고 성장과 변화의 이차원적 전략이다.

이와는 대조적으로 실패하는 결혼에는 실패한 결혼의 원인을 찾으려는 인과적 인식론, 나름대로 파악한 원인을 제거하기 위해 상대를 변화시키려는 통제이론, 변화의 일차원적 전략이 있다. 실패하는 결혼에 있는 상호부정, 상호불신, 책임전가, 이기적 행동, 불안, 폭력, 유기 등은 기존의 인과적 인식론, 통제이론, 그리고 일차원적 변화전략의 산물로 볼 수 있다.

따라서 성공하는 결혼을 위해서는 인과적 인식론, 통제이론, 그리고 일차원적 변화전략의 대안으로 순환적 인식론, 체제이론, 그리고 이차원적 변화전략을 부부가 함께 학습하는 것이 좋다.

- 김 선 남

1
순환적 인식론

* * *

사람은 과거의 경험과 지식으로 인식론을 형성한다. 이렇게 형성된 인식론으로 그가 사는 세계에 대한 어떤 신념을 발달시키며, 그것은 또 그가 세계를 보는 방식과 그 안에서 행동하는 방식을 결정한다. 그러므로 모든 사람은 그의 인식론적 신념의 경계에 의해 제한된다고 볼 수 있다.

현실을 바라볼 때 부정적 측면들에 초점을 맞추고, 자기를 바라볼 때도, 배우자를 바라볼 때도 부정적 측면들만 보고 느끼게 만드는 인식론이 이른바 인과적 인식론이다. 인과적 인식론에서는 부정적 측면의 인(因)을 제거하면 자동적으로 긍정적 측면의 과(果)가 나타난다고 생각한다. 부정적 측면의 원인은 과거에 있으며, 긍정적 측면의 결과는 미래에 있다. 현재의 주된 과제는 긍정적 측면의 미래를 위해 과거를 검토하여 부정적 측면의 원인을 제거하는 것이다. 따라서 인과적 인식론에 편향되어 있는 사람은 과거 지향적인 동시에 미래 지향적인 삶을 산다. 이런 인과적 인식론은 우리의 전통적 유교문화가 터전이 되어 있는 데다 근·현대의 과학화 운동이 더하여 우리 모두에게 익숙한 인식론으로 되어 있다. 따라서 우리 대부분은 인과적 인식론에 편향되어 있다고 해도 틀린 말은 아닐 것이다.

부부관계의 갈등은 인과적 인식론에 편향되어 있는 정도에 비례한다. 따라서 부부관계를 개선하고 진정한 자기성장을 도모하기 위해서는 인식론적 편향의 문제를 해결하여야 한다. 이것은 인과적 인식론으로부터 **순환적 인식론**으로의 전환을 통해 가능하다. 그러나 세상을 바라보고, 현실을 파악하여, 그것을 이해하고 설명하는 준거 내지 신념을 바꾸는 이 작업은 말처럼 쉽지 않다. 인과적 인식론과 순환적 인식론은 각각을 구성하는 신념들이 경쟁적 관계에 있기 때문이다. 이들 둘을 〈표 1〉과 같이 요약하여 대비할 수 있다:

〈표 1〉 인과적 인식론과 순환적 인식론의 대비

인과적 인식론	순환적 인식론
1. 주체-객체 이원론	1. 주체-객체 일원론
2. 직선적 인과관계	2. 순환적 인과관계
3. 이것-저것 양분론	3. 비양분성
4. 가치중립적 과학	4. 주관적 과학
5. 결정론	5. 선택론
6. 법칙적 현실	6. 상호 유기적 현실
7. 시간 연속성	7. 여기-지금의 강조
8. 개인주의	8. 전체주의
9. 축소/환원	9. 관계/맥락
10. 절대적 진리	10. 상대적 진리
11. [왜] 질문	11. [무엇] 질문

주객이원론은 존재하는 실재를 주체와 객체의 두개의 근본적 카테고리로 나누려는 신념이다. 현실적 삶을 두 개의 배타적 영역으로 나누려는 것으로 이 신념의 소유자는 삶을 모순 되게 이끌 가능성이 높다. 인간과 자연, 정신과 신체, 남편과 아내, 우군과 적군, 선과 악, 강과 약, 명과 암, 미와 추 등의 양분은 분열과 갈등을 조장할 가능성이 더 높은 것이다. 여기에 직선적 인과관계를 믿기 때

문에 일이 잘못된 경우 객체에서만 그 원인이나 책임을 찾으려고 한다.

따라서 객체인 배우자는 통제 혹은 비난의 대상이 되고, 양자 간의 대립과 반목이 발생한다. 이와 같이 이원론은 **양분론**으로 이끌고, [좋은 것]과 [나쁜 것]의 양분은 [좋은 것]만을 택하도록 만든다. 이런 상황을 만들어 놓고 사는 개인들은 자기들이 만들어 놓은 엄격하고 융통성 없는 세계에 적응하기 위해 늘 불안, 공포, 열등감, 죄책감, 분노의 감정을 지닌 체 자기도 모르게 긴장 속에 살아가게 된다. 여기서 사는 사람들은 승리에 집착하며, 좋은 사람, 바른 사람, 아름다운 사람, 강한 사람, 높은 사람이 되어야 한다고 생각한다. 그래서 실수를 지나치게 두려워하고, 실수할까봐 불안하며, 자기보다 잘하는 사람을 보면 열등감을 느끼고, 모든 상대가 경쟁자로 여겨져서 지나치게 긴장하면서 산다. 결과적으로 쓸데없는 곳에 에너지를 다 사용하게 되어 에너지 고갈로 자기성장에의 관심도 생기지도 않으며 나아가 부부관계를 발달시키거나 개선하려는 노력도 할 수 없다.

진정한 자기성장과 성공하는 결혼은 순환적 인식론의 신념들을 투철하게 지닐 때 가능하다. 순환적 인식론에서는 주체와 객체로 구분하지 않는 것이 아니라 주체와 객체를 배타적이 아닌 동전의 양면처럼 생각하자는 것이다.

주객 일원론적 사고는 주체와 객체가 순환한다는 생각을 낳는다. 양분되어 있는 세계는 서로 의지하고 있음으로 한 쪽을 배제하면 다른 쪽도 배제되고 만다는 생각을 가능하게 한다. 인간과 자연, 정신과 신체, 나와 너, 선(善)과 악(惡), 정(正)과 사(邪), 미(美)와 추(醜), 명(明)과 암(暗), 강(强)과 약(弱), 고(高)와 저(底), 남편과 아내 등은 서로 의지하고 있는 동전의 양면 같은 것임으로 둘이 아니라 하나라는 결론을 얻게 된다. 인간은 자연의 주체가 아니라 오히려 자연의 일부분이라는 생각을 할 수 있게 된다. 정신과 신체는 별개의 것으로 작용하는 것이 아니라 일체로 움직이고 있다는 생각이 가능하다. 남편과 아내는 상호 의존하여 더불어 갈 때 힘이 배가되고 덜 고독할 수 있을 것이라고 생각한다. 선(善)한 마음은 악(惡)한 마음이 허용되는 곳에서 발동한다고 생각한다. 아름다움은 대비되는 더러움이 옆에 있을 때 더 빛날 수 있다고 생각한다. 밝음은 어둠의 대비가 있을 때 더욱 밝을 수 있다고 생각한다.

이와 같이 순환적 인식론은 상대를 허용하고 동반자로 인정한다. 반대하지 않으니 방어할 필요성을 느끼지 않으며, 동반자로 여기니 힘을 합칠 수 있다. 순환적 인식론의 소유자가 만드는 상황은 허용과 인정이 충만하니 불안, 공포, 열등감, 죄책감, 분노를 느낄 필요가 없다. 거기에는 허용과 인정이 있으니 자유와 책임 그리고 아름다움과 자기 잠재력의 실현이 가능한 것이다. 부부가 서로 노력하여 순환적 인식론을 지니게 되면, 상대의 약점은 나의 강점으로 보완해 주고, 나의 약점은 상대의 강점으로 보완될 수 있다고 보게 될 것이다. 그래서 상대의 약점은 고쳐야 할 점으로 보지 않고 나의 강점을 발휘하는 기회로 보게 되니까 기쁘고 보람을 느끼게 될 것이다. 상대는 자기의 약점을 보완해 주는 상대로부터 이해받고 감사하면서 보답하고 싶은 느낌을 지니게 될 것이다. 이와 같은 부부관계가 이해와 공감과 사랑을 나누는 건강한 체제일 것이다.

2
체제이론

＊ ＊ ＊

체제개념에 의하면, 전체의 성질은 부분들의 상호작용 배열이 바뀌면 변화된다. 간단한 예가 산소이다. 산소(O_2)의 각 분자는 짝을 이루어 그들의 관계성을 유지하는 두 개의 원자로 구성되어 있다. 만약 이와 같은 관계에서 배열이 바뀌게 되면 원자들은 서로 가까이 있을지라도 다른 성질의 산소가 생성된다. 발생기 산소라고 불리는 이것은 보통 산소와 사뭇 다른 성질을 지니게 된다. 이것은 불안정하며 다른 물질들과 쉽게 결합한다. 이 경우 물리적으로 더해지거나 빼진 것은 아무 것도 없다. 부분들은 동일한 상태에서 배열만 바뀐 것이다(두 원자간 관계성이 변동된 것이다). 이와 같이 체제개념에서 변화는 관련 부분들이 재배열되면 일어난다. 원자 간의 재배열이나 부부간의 재배열이나 다를 바가 없다. 부부간의 배열이 잘못되면 부부가 가까이 있을지라도 불안정하여 다른 이성과 쉽게 결합하는 일이 발생할 수 있다.

체제개념은 관련 사물들 간에는 계속적인 **작용-반작용**이 있다고 가정한다. 요소들 간의 관계가 가까울수록 더 확실한 작용-반작용이 있다. 만약 어떤 영향력이 관련 요소들 간의 균형을 깨면, 그 체제는 보상적인 요소를 마련하여 기존 균형을 회복하고자 한다. 이런 과정은 [피드백] 개념으로 설명된다. 예를 들면, 부부가 갈등하여 설정온도를 이탈하면, 옆에 있는 자녀가 비정상적인 행동을 하여 부부싸움을 말린다. 이때 자녀의 비정상적인 행동이 기존균형을 회복시키는 **부적 피드백**으로 기능한 것이다.

결혼체제는 그 체제가 결혼초기부터 발달시킨 항상성 혹은 균형을 유지하도록 설계된 방식에서 반응한다(아마도 무의식적으로). 예를 들면, 남편이 술주정꾼이면, 아내는 돈벌이를 하고 술집에서 그를 끌고 와서 돌보고 때로는 굴욕을 참고 몸도 아파 가면서 결혼생활의 균형을 유지해 갈 것이다. 어느 날 아내는 알코올 중독자 남편과 막 이혼한 옛 친구를 우연히 만나 이야기하다가 남편을 의사에게 보이기로 마음먹고 그렇게 조치하였다. 여러 달 후 남편이 치료되었다. 그런데 아내는 신경계의 균형이 서서히 무너져 지속적인 우울증에 빠지게 되었다. 남편의 무능력 행동에 대한 아내의 보상적 행동이 필요 없게 되었기 때문이다. 그녀의 아내로서 역할과 지위가 갑자기 변화된 것이다. 이와 같이 결혼체제의 항상성이 변화되지 않은 상태에서 남편의 유능은 아내의 무능을 유발시킨다. 그러므로 남편이 입원해 있는 동안 그의 유능을 받아들일 준비(다른 항상성)를 아내는 하고 있었어야 했을 것이다.

결혼생활에서 부부 각자는 자신의 욕구충족을 극대화시켜 주는 행동체제를 유지하고자 한다. 때로는 어떤 욕구충족 행동이 상대 배우자를 향하는 무기로 사용될 수 있다. 예를 들면, 아플 때 느끼는 쾌감과 같은 신경증적 욕구이다. 어떤 형태로든 부부 모두 욕구충족 상태에 있을 때 정서적/심리적 균형, 즉 항상성이 존재한다. 인간행동은 본질적으로 변화하며, 한 배우자의 모든 행동과 기분은 상대의 반응을 유발할 것이므로 균형을 유지하기 위하여 결혼체제는 항상 유동상태에 있을 것이다.

결혼을 했을 때 제일 먼저 일어나는 중요한 행동은 그들 간의 관계의 성질을 결정하고자 하는 시도이다. 각자는 그 체제가 자신에게 만족한 것이기를 바라면서 기존의 행동패턴은 변화시키지 않고 이 목적을 성취하고자 한다. 즉, 각자는 상대가 적응해 오기를 원한다. 통상 각자는 자신의 행동방식, 버릇, 습관, 그리고 업적은 당연한 것으로 내세우면서 상대에게 결점을 찾는다. 이 때문에 거의 모든 결혼은 알력을 겪게 되며, 특히 결혼 초에 심하다. 그런데 이 알력은 **행동적 맹점** 때문에 줄어들기가 어렵다. 행동적 맹점이란 각자가 지니고 있는 무의식 영역의 동기이다. 이런 알력이 있는 가운데 관계를 형성하며, 각자가 수용할 수 있는 행동의 한계를 결정해 간다. 이렇게 한 번 결혼체제가 만들어지면 평생 항상성을 유지해 가는 경향이 있다.

버터란피(Bertalanffy, L. von)에 의한 **일반체제이론**(general systems theory)과 위너(N. Wiener)에 의해 구체화된 **사이버네틱스** 또한 부부 상호작용을 이해하는 틀이 되고 있다. 버터란피와 위너는 어떤 체제도 그것을 구성하는 요소들의 상호작용에 의해 안정되는(항상성을 유지하는) 피드백 기제를 발달시킨다고 하였다. 동요하는 체제는 이미 발달시킨 항상성으로부터 지나친 이탈이 생기면 **부적 피드백**에 의해 수정이 일어나 기존 항상성을 회복시킨다. 부부간 관계온도가 섭씨 20도에 설정되었다면(항상성), 부부간 관계온도가 20도 아래로 혹은 20도 위로 이동할 때마다 부부 각자 혹은 옆에 있는 자녀가 부적 피드백을 보내어 항상적으로 20도가 유지될 것이다.

반면에 정적 피드백은 체제의 붕괴 혹은 체제가 다른 항상성으로 이동하는 과정에 있는 이탈증대 기제를 말한다. 만약 부부싸움이 일어났을 때, 자녀가 옆에 없거나 부부 중 한쪽이 부적 피드백을 보낼 여지가 없게 되었을 때, 부부싸움은 20도를 넘어 이혼직전까지 진행될 수도 있을 것이다. 이때 부부의 과격해진 표현들은 **정적 피드백**으로 기능한 것이다. 이와 같은 정적 피드백은 가족상담자에 의해서도 제공된다. 이혼직전까지 이른 부부가 상담자를 찾아왔을 때, 상담자는 부부의 반발을 예상하고, 이혼을 하는 것이 좋겠다는 처방을 내릴 수 있다. 이런 과정을 거친 부부는 관계온도를 22도에서 안정시킬 수 있을지도 모른다. 이때 정적 피드백에 의해 항상성에 변화가 일어난 것이다.

건강한 부부 내지 건강한 가족체제에는 부적 피드백과 정적 피드백 모두를 갖추고 있다. 안정과 변화의 기능을 다 갖추고 있는 것이다. 안정에는 부적 피드백 기제를 필요로 하며, 변화에는 정적 피드백 기제를 필요로 한다. 그러니까 건강한 부부와 가족은 안정과 변화가 균형을 이루는 것으로 볼 수 있다. 반면에 건강하지 않은 부부와 가족은 안정에 치우쳐 있거나 변화에 치우쳐 있는 것으로 볼 수 있다. 안정에 치우쳐 있는 부부는 한 쪽이 지배하는 행동을 위주로 하고, 다른 쪽은 복종하는 행동을 위주로 한다. 복종하는 쪽에서 매번 욕구충족에 실패하고 좌절을 빈번하게 경험함으로써 신체질환이나 우울증 같은 것을 발달시켜 상대에게 대항할 가능성이 높다. 그리고 변화에 치우쳐 있는 부부는 서로 지배하는 행동을 교환함으로써 두 사람 모두 욕구좌절 경험을 함으로써 폭력적 수단으로 상대에게 대항할 가능성이 높다.

건강한 부부와 가족체제에서는 부적 피드백이든 정적 피드백이든 식구들 모두가 골고루 보낸다. 부적 피드백은 이탈 수정을 요구하는 의사소통임으로 에너지가 소모되는 힘든 일이다. 건강한 체제에서 이 힘든 역할을 골고루 나누어서 하는 경향이 있다는 것이다. 마찬가지로 변화를 요구하는 정적 피드백도 힘든 일임으로 식구들 모두가 나누어서 하는데, 누가 하든 타당한 것으로 고려되는 신뢰와 허용이 밑바탕에 깔려 있는 것이다. 반면에 건강하지 않은 부부와 가족에서는 부적 피드백이든 정적 피드백이든 정해진 식구가 도맡아 함으로써, 결과적으로 증상 행동을 발달시키게 된다.

3
이차원적 변화

* * *

발달 혹은 성장은 새로운 질서를 만드는 변화이다. 그런데 질서 유지 혹은 질서창조를 위해 시도된 변화 혹은 해결책이 질서를 증대시킬 수도 있으며, 오히려 혼란시켜 무질서를 초래하는 결과를 낳을 수도 있다. 후자와 같은 결과는 우리가 전부터 익숙한 인과적 인식론에서 시도된 변화에 의해 초래된다. 인과적 인식론에서는 이 세계를 [좋은 것]과 [나쁜 것]으로 구분하여 놓고, [나쁜 것]에 대해 [좋은 것]을 대체시키는 변화를 시도해 왔다. 반대성을 취하는 변화를 시도해 온 셈이다. 이것은 물리현상에서는 효율적일 수 있었으나, 인간행동에서는 비효율적인 부분이 많았다. 예를 들면, 추울 때 히터를 가동시키고, 더울 때 에어컨을 가동시키는 것은 편안함을 제공하나, 자녀들이나 배우자에게 잘못된(惡) 행동이 나타날 때 비난과 함께 좋은(善) 행동을 강조하는 것은 반발심리 때문에 잘못된 행동에 더 집착하게 만들며 오히려 문제행동을 지속시킨다.

인간행동에 관한 한 순환적 인식론에 따른 변화의 시도가 효율적이다. 순환적 인식론에 따르면, 이 세계는 [양]과 [음]의 조화로 운행되고 있다. [양]은 좋은 것이고, [음]은 나쁜 것이 아니다. 그것은 인간의 편의에 따른 구분일 뿐이다. [음]은 나쁜 것이기 때문에 없애야 하는 것이 아니라 [양]이 나타나게 하려면 옆에 있어야 하는 것이다. 인간행동에 관한 한 순환적 인식론에서 시도하는 변화가 효율적일 수 있다. 인과적 인식론에서 무조건 양자택일적으로 반대성을 취하는 것이 **일차원적 변화**이고, 순환적 인식론에서 양자 모두의 관점에서 양자를 허용하고 인정하는 것이 **이차원적 변화**이다.

순환적 인식론과 체제이론의 관점에서 변화는 맥락에서 변화를 요구한다. 규칙을 변화시킴으로써 지각 혹은 문제를 보는 방식을 변화시킬 수 있으며, 이 과정에서 새로운 행동적 대안이 가능해지는 것이다. 이차원적 변화는 창의성이 발동하는 순간에 경험되는 상상의 도약에 비유될 수 있다. 그것은 기존 규칙의 틀에서 보면 비논리적인, 역설적인, 혹은 미친 반응을 요구한다. 모든 변화가 이차원적 변화를 요구하는 것은 아니지만, 그것이 해결의 유일한 희망이 되는 많은 예들이 있다:

> "체제적 변화, 즉 이차원적 변화를 작동함이 없이 가능한 모든 내적인 변화를 시도하는 체제는 끝없는 게임에 빠져 있는 것이라고 할 수 있을 것이다. 그것은 그 자체 내부로부터 그 자체 변화에 대한 조건들을 만들어 낼 수 없기 때문이다; 그것은 그 자체 규칙들의 변화에 대한 규칙들을 만들어 낼 수 없다는 것이다." (Watzlawick, Weakland, & Fisch, 1974, p. 22)

일차원적 변화는 문제에 대한 논리적 해결책이라고 생각되는 것이다. 예를 들면, 바깥이 추우면 방안 온도를 높이는 것이 논리적이다(낮은 온도 더하기 높은 온도는 안락함을 준다). 비슷하게 어두워지면 불을 켠다(낮은 조도 더하기 높은 조도는 가시성을 준다). 두 상황은 문제가 그 반대성을 취함으로써 해결되는 것이다. 그러나 많은 경우 이와 같은 논리적인, 일차원적 변화가 바람직한 결과를 낳지 않는다. 반대성을 취하는 것이 더 동일한 상태에 머물게 하기 때문이다.

예를 들면, 부부 싸움에서 처음에는 단순한 의견 차이가 있었다. 금방 이 의견 불일치는 맞고함을 불러온다. 남편이 아내에게 고함치면 아내가 남편에게 고함친다. 고함을 주고받는 것은 문제를 해결해 주지 않기 때문에 아내는 남편을 무시하고 침묵하기로 마음을 정한다. 즉, 고함에 반대성인 침묵을 선택한 것이다. 그러나 이 침묵은 문제해결에 전혀 도움이 되지 않을 뿐만 아니라 문제를 더 악화시킨다. 침묵은 고함의 다른 방식이며 양방적인 관계의 일방적 통제의 시도이기 때문이다. 이 경우 부부는 진흙에 빠진 바퀴 격이며, 바퀴를 더 돌려 진흙에 더 빠져드는 결과를 초래하고 있는 것이다. 이 난국을 타개하려면 이차원적 변화를 시도하여야 한다. 부부간의 [고함-고함] 혹은 [고함-침묵]과 같은 적대적 맥락에 비논리적인 반응, 즉 맥락에서의 변화가 요구된다. 만약 아내의 고함이나 침묵에 대해 남편이 자기 책임으로 받아들이는 기이한 행동으로 반응하면, 즉시 게임의 규칙이 바뀌고 고함을 유지시켜 온 패턴이 깨어진다.

그러므로 문제의 형성과 해결을 이해하는 열쇠는 행동의 상호적 성질에 대한 각성, 즉 행동을 정의하는 맥락의 중요성을 아는 것이다. 맥락은 특정의 행동에 의미를 부여하고 과정에 유의하도록 만든다. 따라서 부부가 다투게 된 내용은 문제가 아닌 것이다. 동결과성[1)](equifinality)의 개념에 따르면, 주제가 무엇이든 그들은 끝없는 게임에 빠짐으로 반복되는 패턴이 문제인 것이다. 그들에게는 해결이 가능하도록 규칙에서 변화가 필요하며, 규칙에서 변화가 맥락을 변화시킨다. 이차원적 변화의 전략들은 재구성, 역설적 개입, 문제의 형성과 해결 등이 있다.

---

1) 어떤 체제에 구조가 발달하면, 그 구조에 의해 투입을 처리하기 때문에 동일한 산출을 낳는 경향성을 말한다.

재구성은 형태의 전환으로 특징지어지는 지각에서의 변화를 의미한다. 재구성은 어떤 상황을 취하여 기존 맥락(일련의 규칙들)을 걷어 내고 새로운 맥락을 대신하는 것이다. 이 새로운 맥락이 대안적 이해를 제공하거나 새로운 의미를 부여하여, 새롭고 다른 반응들이 논리적으로 보이며 이와 같이 문제해결을 가능하게 하는 것이다. 예를 들면, 남매가 계속적으로 싸우고 있다면, 부모는 형제간의 적대와 그 나쁜 결과를 걱정하며 두 아이를 떼어놓아 싸움을 중단시키며 더 이상 싸우지 않도록 하기 위해 설교를 하거나 벌을 주지만, 결과적으로 싸움은 계속되고 부모의 관심도 증가할 것이다. 부모가 형제간의 싸움은 문제라고 규정하고 있기 때문이다. 이때 제 3자가 개입하여 형제간의 싸움은 정상적인 행동일 뿐만 아니라 서로 타협하는 기술을 익히는 좋은 기회로 규정하여 부모에게 그들의 싸움을 허용하도록 요청한다. 만약 자녀들이 그들이 싸울 때 부모의 간섭과 관심이 감소한 것을 지각하면, 형제간 싸움은 싱겁게 느껴지고 아마 빈도가 감소되어 갈 것이다. 거기다 싸움을 허용한다면, 실제로 형제는 타협하는 기술을 경험적으로 익혀 나가게 될 것이다.

역설적 개입은 의사소통에서 작용-반작용의 법칙을 활용하는 이차원적 변화의 한 방법이다. 반작용은 어떤 지시에 대해 지시에 따르지 않는 의식적(반발) 혹은 무의식적 행동으로 나타나는 것이다. 역설적 개입은 그 지시에 따르지 않는 행동을 오히려 하도록 지시할 때 의식적 혹은 무의식적으로 나타나는 반작용 행동에 유의한다. 결과적으로 역설적 개입은 맥락을 재 정의하고 상황의 의미를 변화시키며 새로운 행동적 대안들을 개방한다.

역설적 개입의 전통적 예는 증상을 처방하는 것이다. 예를 들면, 우울증에 빠져 있는 사람을 그 반대성의 행동인 운동, 취미생활, 유희 등을 통해 고무시키는 것은 일차원적 변화를 시도하고 있는 것이다. 그러나 분명하게 우울증은 필요한 것이며 그것을 변화시키려고 해서는 안 된다고 말해 줄 수도 있을 것이다. 전자의 경우 고무시키는 지시는 우울증을 느끼는 것은 옳지 않다는 이면적 규칙이 있는 맥락을 만들고 있다. 이 경우 딜레마에 빠지는데("자발적으로 되라" 역설; 이 지시에 따르면, 이미 자발적이지 않다), 느낌은 통제할 수 있는 것이 아니기 때문에(느낌들은 자발적으로 일어난다) 기분 나쁘게 느끼는 것에 더하여 죄책감까지 지니게 될 것이다. 이것은 문제를 유지시키도록 도울 뿐만 아니라 더 나쁘게 만들 수도 있을 것이다. 반면에 후자의 경우 우울증을 느끼도록 지시한 것은 기분 나쁘게 느끼는 것은 당연하다는 이면적 규칙이 작용하는 맥락으로 재 정의되며 기분 나쁘게 느끼는 것으로부터 해방시켜 오히려 문제의 자발적 진정을 불러오게 만들 것이다.

역설적 개입은 자기문제를 스스로 해결하는데도 유용하게 활용할 수 있다. 대개 자기는 자기의 부정적 측면들에 민감해 있으며, 그것들이 나타나지 않도록 하는데 애를 쓴다. 자기의 부정적 측면들이 나타나지 않도록 자기지시 혹은 자기암시를 하는 대신 오히려 그것들을 나타내도록 자기지시 혹은 자기암시를 할 수 있다면, 이외의 결과를 경험할 수 있을 것이다. 나타내지 않으려고 하면 나타나게 되고, 나타내려고 하면 나타나지 않게 되는 작용-반작용의 법칙을 적용한 것이다. 작용-반작용의 법칙에 따라 나타내지 않으려고 한 것을 나타내려고 마음먹는 순간 맥락의 전환이 오고, 문제의 자발적인 진정이 일어난다.

문제형성과 해결은 어떤 상황을 문제라고 명명하는 데서 문제가 형성되고, 그 상황을 문제라고 명명하지 않는 데서 그 즉시 해결되는 과정을 설명한다. 문제가 그와 같이 지각되고 그렇게 명명되기 전까지는 그것은 문세로 존재하는 것이 아니라는 것이다. 에프란과 루켄스는 마투라나(H. Maturana)의 글을 인용하여, 어떤 것을 문제로 보는 사람의 눈에만 문제가 존재하며, 문제를 보는 방법을 바꾸면 그것을 해결하는 방법도 바뀐다는 견해를 제시하였다:

> "문제는 그것이 존재하는 형태가 치유의 형태를 결정한다. 어떤 질문의 어법이 공식화될 수 있는 대답의 종류를 설정한다. 재구성이 효율적인 것은 문제가 발생한 영역을 전환시켰기 때문일 것이며, 이로서 새로운 대답이 유용해저 받아들일 만한 것으로 되는 것이다." (Efran & Lukens, 1985, p. 28)

문제들이 끈질기게 해결되지 않은 상태로 남아 있는 것은 틀린 방식에서 제기되어 온 질문들 때문이다. 그러므로 배우자가 상대 배우자를 문제 있는 사람으로 명명한다면, 문제를 가진 사람은 명명한 배우자이지 상대 배우자가 아닌 것이다. 이와 같이 어떤 사람이 다른 사람을 두고 어떤 것을 문제라고 말하는 것은 논리적 왜곡이며, 나아가 그것을 문제로 명명하는 것은 자기문제를 그 사람에게 뒤집어씌우는 인권침해 내지 책임전가에 해당할 것이다.

문제해결의 열쇠는 문제를 형성하는 질문들을 바꾸는 데서 찾아진다. 문제를 형성하는 질문들을 바꾸는 것이 쉬운 일은 아니다. 문제를 보도록 되어있는 지각의 틀, 즉 인식론의 전환이 필요하기 때문이다. 이를테면, [약한 것은 문제이다]에서 [약한 것은 강한 것을 준비하는 것이다]라고 볼 수 있으면, [약한 행동]은 문제가 아니다. 그런데 [약한 것은 문제이니 강해져라]라고 개입하는 것은 작용-반작용의 법칙에 따라 약한 상태에 계속 머물게 만들고, 결국 문제의 늪에 빠지게 만들고 만다. 어떤 것도 문제로 보지 않으면, 문제는 존재하지 않는 것이다. 그러므로 인식론을 전환시키는 작업이야말로 문제의 근본적 해결책이라 할 수 있다.

제 2 부

관계행로

1. 사랑의 논리와 여타감정들의 논리
2. 감정의 기제: 정서적 알레르기와 친밀
3. 자존감: 필수적 토대
4. 털어놓기: 매일 온도읽기

제 2 부

관계행로

■ ■ ■

내가 사랑을 추구해 온 첫째 이유는 황홀감을 가져다주기 때문이다. 황홀감은 너무도 매혹적이어서 나는 가끔 잠시 동안 환희를 얻으려고 남은 인생 전부를 희생하기를 바라기도 하였다. 내가 사랑을 추구해 온 두 번째 이유는 외로움을 덜 느끼도록 해 주기 때문이다. 처절한 외로움은 한 사람의 떨리는 의식을 통해 세상 너머 냉혹하고 헤아릴 수 없는 죽음의 심연을 주시하게 만든다. 내가 사랑을 추구해 온 마지막 이유는 내가 경험한 사랑의 일치 안에, 성인들과 시인들이 상상했던 천국에 대한 예시적 조망인 신비적 소품 안에 사랑이 있기 때문이다.

- 버트란트 러셀

1

사랑과 여타 감정들의 논리

* * *

우리는 자신의 감정이 안전하고 만족스럽기를 바란다. 우리는 자신의 감정이 열정적이고 신명나기를 바란다. 우리는 외로움이 사라지기를 희망한다. 우리는 자신의 모든 성적 욕구가 바라는 대로 즉시 충족되기를 꿈꾼다. 우리는 독설이나 불화가 사라지기를 열망한다. 우리는 현재 모습이 단순하게 있는 그대로 비춰지고 평가되는 가식이 없는 삶을 마음속에 그리며 산다. 우리는 자신의 감정이 온전하기를 꿈꾸며 살고 있다.

그러나 우리는 자신이 지닌 꿈들을 이룰 준비가 항상 되어있는 것은 아니다. 이점이 그림자처럼 우리 가슴에 깊이 간직된 꿈의 바로 뒷면에 가장 깊은 두려움이 자리 잡은 이유이다. 각자는 사랑의 관계 속에서 세 가지 점을 희망하고 있다:

- ►내 인생에서 자유, 자율성, 의사 결정권처럼 내가 지녔던 모든 좋은 점들을 나는 지속적으로 지니고 가겠다.
- ►내가 전에 원했었지만 지닐 수 없었던 애정, 성, 우정, 충실성, 헌신, 신뢰, 놀이 친구 등은 당신과 더불어 발견해가고 싶다.
- ►종전에 나에게 일어났던 실망, 배반, 두려움, 오해, 논쟁, 폭력 또는 방치 등의 바람직하지 못하고 불쾌한 그 모든 것은 당신에게 일어나지 않기를 바란다.

그리고 이러한 희망 바로 뒷면에는 이 희망과 정반대인 두려움이

잠재해있다:

►자유, 타인과의 관계, 나의 결정권과 같은 내가 종전에 지녔던 모든 좋은 것들을 자칫 잃어버릴 수도 있다.
►내가 원해온 것들을 당신과 함께 모색하지 않겠다.
►종전에 나에게 일어났던 나쁜 모든 일들이 당신에게 다시 발생할 수 도 있다.

우리는 사랑의 감정과 두려움의 감정 -꿈과 악몽 사이의 연관성을 바라보면서, 이 연관성에 대하여 무의식적으로 반응하는 방법을 이해함으로써 감정을 이해하는 방식을 재고해보고자 한다. 이는 우리의 꿈과 희망을 활기 있게 유지하는 첫째 단계이다.

이런 이해를 위해 두뇌가 작용하는 방식 - 의식, 무의식, 그리고 감정 사이의 관계를 새롭게 조명해볼 필요가 있다. 인간이 사고하는 방식에 관한 가장 설득력을 지닌 이론은 폴 멕린(Paul Maclean) 박사가 발달시킨 삼중 두뇌(the triune brain)의 개념이다. 멕린 박사는 두뇌는 진화의 과정에서 각각 다른 시기에 발달되어 따로 위에 포개어진 세 개의 주요부분으로 구성되어 있다고 본다. 파충류로부터 전수받은 가장 오래된 뇌는 파충뇌(the reptilian brain) 또는 구뇌이며, 반응체계의 가장 원시적인 부분이다. 이 뇌는 자율운동과 반사행동을 조정하며, 새로운 상황에 대처하는 학습능력의 결여로 인해 본능, 영토, 그리고 반복에 관심이 많다. 이 뇌는 '그것은 안전한가?' '내가 생존할 수 있는가?' 등의 오로지 자기생존에 관한 질문만을 제기한다. 그 다음 이 뇌가 획득한 답변에 기초하여 반응을 명령한다. 인간 두뇌의 두 번째 부분은 온혈동물로부터 전수되었으며, 구뇌를 에워싸고 있는 초기 포유뇌(mammalian brain)이다. 이 뇌는 인간 뇌의 정서적 부분 또는 "[학습 뇌](creature part of the brain)"부분이라 명명할 수 있다. 그 까닭은 이

뇌가 사랑과 미움, 슬픔과 쾌락, 비탄과 환희를 느끼는 능력이 있는 부위라고 여겨왔기 때문이다. 이 뇌의 부위를 통해 유머와 유희를 체험하고, 건전한 의사소통을 하며, 어린 자녀들과 유대를 맺고 양육할 수 있다. 정서적 기억을 포함하여 감정은 이 뇌의 부위에 자리 잡고 있다. 이 뇌의 부위는 일반적으로 '그것은 쾌락을 제공하는가?' '그것은 고통스러운가?' 등의 기본적 질문과 연관이 있다. 이 뇌의 부위는 자기생존과 종(species)의 생존을 위해 애쓰며, 우리를 보호하기 위해서 이전에 고통스러웠던 것은 무엇이든지 기억하고 있다.

세 번째로 가장 최근에 진화된 뇌의 부위는 우리에게 가장 친숙한 [신 뇌](neocortex) 또는 지성적 부분이다. 이 뇌는 수많은 질문을 행할 수 있는 능력뿐만 아니라 그러한 질문에 응답할 수 있는 자료를 수집하는 능력을 지닌 부위이다. 이 뇌는 '그것은 합리적인가?' '그것은 논리적인가?' 등의 질문을 제기한다. 이 뇌는 책을 읽고 있는 당신의 부위이다.

①포유뇌

대뇌 변연계(Lymbic system); 온혈동물; 감정과 감정 기억을 하는 자리; 양육, 유희, 건전한 의사소통; 질문은 그것은 즐거운가? 그것은 고통스러운가?

②파충뇌

오른쪽 신경절(R Ganglia); 가장 오래되고 원시적임; 자동적 행동, 본능, 반사행동; 질문은 그것은 안전한가? 내가 생존할 수 있을까?

③[신 뇌]

신 포유뇌; 가장 최근에 진화; 냉철하면서도 지성적임, 분석적임; 질문은 그것은 논리적인가? 그것은 합리적인가?

두뇌는 세 가지 분리된 욕구체계를 지닌 세 가지 별개의 통제소

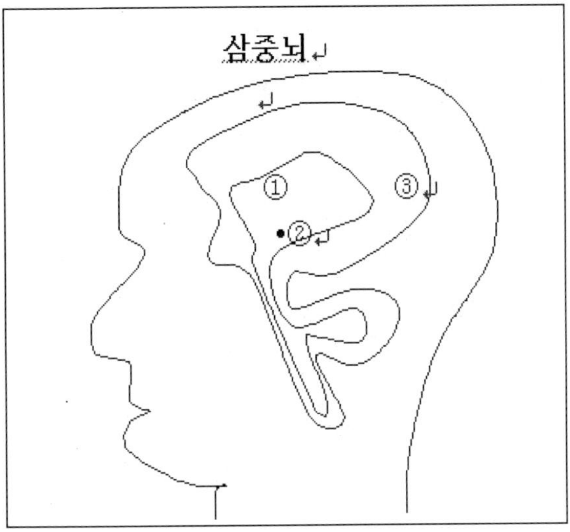

라는 관점을 지니면, 가끔 행하게 되는 모순적이고 비논리적인 행동을 이해하는데 도움이 된다. 말하자면, 지성이 말하는 것을 하찮은 것이라고 분노를 터뜨리거나 또는 체중조절 중에 돼지고기 삼겹살을 게걸스럽게 먹어치우는 것 등이다. 그러한 때의 행동은 구뇌 또는 지성적인 뇌가 아닌 정서적인 뇌 또는 [학습 뇌](creature brain)에 의해 통제된다. 상황이 더욱 심각하거나 보다 큰 스트레스를 겪을 때에 구뇌 또는 정서적 두뇌가 작동하기 시작한다는 것을 인식할 때에 행동과 사고를 조정하는 세 통제소가 지닌 모순이 해결된다. 생명이 위험에 직면할 때에는 구뇌가 잠정적으로 인계받는다. 이는 사람들이 "자동조종장치" 로 주행하거나 또는 지성이 생각하고 명령할 시간이 없기 때문에 반사적인 행동을 취하는(위급할 때 운전대를 신속하게 돌리는 것과 같은) 상황에서 생겨나게 되는 것이다. 정서적인 유형의 스트레스(슬픔, 실망, 또는 두려움)에 처할 때에, "[학습 뇌]" 가 주도권을 장악하게 된다.

만일 오늘날 많은 심리학자들처럼 멕린의 이론을 수용한다면, 행동을 변화시키는 해결의 열쇠에 접근할 수 있고, 뇌의 가장 오래된 부위뿐만 아니라 가장 최근의 부위에 대해서도 분명하게 이해할 수 있게 된다.

인간관계에서 파국을 유발하는 두뇌의 부위는 감정을 처리하는 곳이다. 부분적으로 감정에 대한 통제력 결여로 인해 이러한 상황이 발생된다. 언짢은 일을 만나거나 위급한 상황에서 강한 감정이 촉발될 때에, 우리는 통제 불능을 느낀다. 감정보다는 이성이 훨씬 더 가치가 있다고 생각하는 경향이 있는 사회에서는, 이러한 통제할 수 없는 감정을 어느 정도 통제하도록 강조함으로써 좌절과 불편함, 그리고 통제 불능을 더 느끼게 된다.

우리는 이러한 감정에 대한 통제력을 행사할 수 없다. 그 이유는 감정은 일상의 삶에서 진로를 모색해나가는 지성이 작용하는 논리와는 아주 별개의 자기 논리를 지니고 있기 때문이다. 우리는 이 논리를 거의 학습한 적이 없다. 화장실 이용법이나 구두끈 메는 법, 수지균형 맞추는 법, 사무실 직원을 관리하는 법 등을 비롯하여 우리가 받은 거의 모든 훈련은 지적 능력을 목표로 한 것이다. 그러나 직장생활을 위해 혹은 세상 사람들을 다루는데 필요한 기술들 대부분은 친밀한 인간관계 유지에 필요한 기술들과는 상반되는 것이다.

이 점을 분명히 하기 위해 PAIRS의 수강생들에게 직장에서 **봉사 업무를 잘 수행할 수 있는 기술과 특성**의 예들을 제시해보시오고 요청하여 얻은 대답은 다음과 같다:

경쟁력
야망
언어사용의 분별력

감정표출의 신중성
근면성
신중함
타인에 대한 조종, 관리, 통제하는 방법 알기
계층구조에서 명령을 주고받기

반면에 **사랑의 관계를 지속하는 중요한 기술과 특성**에 대해 요청했을 때 얻은 대답은 다음과 같다:

협력
신뢰심
정서적 개방성
시간 함께 보내기
재미와 유희
동등한 관계
애정, 상냥함, 섹스
믿음
상호존경

희망이 두려움에 빠질 때마다, 정서적 두뇌는 우리가 생활하면서 고도로 발달시킨 가장 잘 아는 기술들을 본능적으로 나타내게 된다. 이 기술들은 일반적으로 우리가 가장 고도로 발달시킨 친숙한 기술이며, 자동적으로 쉽게 활용할 수 있는 능력이다. 예를 들면, 만일 배우자가 우리에게 화를 내거나 아마도 사랑의 감정이 식어가고 있다는 생각이 들 때, 우리는 배우자의 감정을 **통제하고 관리하기** 위하여 가능한 기술들 전부를 동원할 것이다. 만일 자신의 감정이 악화되기 시작한다면, 우리는 은밀해지거나 폐쇄적이거나 금욕적으로 될 수도 있으며, 이 일들이 잘 해결되기를 희망하며 행운을 빌지도 모른다. 만일 배우자에게 질투를 느끼게 된다면 우리는 배우자를 이기려는 경쟁심을 지니거나, 아니면 그에게 빈정대거나 굴욕감을 느끼게 만들지도 모른다. 만일 배우자가 소원대로 따라주지 않는다면, 우리는 권위를 내세우거나 공격적이 될지도 모른다.

일반적으로 이러한 방법들이 부부인 우리에게 행복을 가져오지 않는다는 것을 안다.

우리는 서로 실망하거나 의기소침해지고, 의무를 이행하지 못하게 될 수도 있다. 그렇게 되면 관계는 점점 멀어지게 된다. 이런 점들 때문에 사람들은 상담소를 찾는다. 미국 워싱턴에 있는 상담소를 찾는 내담자들 중 많은 이들은 정부, 군부대, 법조계, 언론사의 최상류 계층에 진출한 영향력 있고 재능이 많은 남녀들이라고 한다. 그들은 상담을 받으러 와서, 탁월한 능력 때문에 상까지 받은 자신들이 왜 결혼생활, 가족, 꿈을 지키지 못하는지를 이해할 수 없다고 하소연하며, 때로는 경쟁으로 인한 고통을 호소하기도 한다는 것이다.

감정의 논리

사랑을 이해하는 한 가지 방법은 사랑이 아닌 것을 이해하는 일이다. 사랑은 헌신이 아니다. 사랑은 관계가 아니다. 사랑은 책임이 아니다. 사랑의 감정에 기반을 두고 헌신을 선택할 수 있지만, 당신이 다른 사람에게 사랑을 느끼도록 강제할 수는 없다. 사랑은 하나의 감정이다. 사랑을 포함하여 모든 감정은 증대되거나 감소한다. 우리가 사랑을 하거나 유지할 수 있는 유일한 약속은 우리 사이 사랑의 감정이 지속적으로 오가도록 환경을 조성하는 것이다.

사랑은 하나의 광범위한 감정 영역이므로, 지속적 관계에서 사랑을 유지시키는 학습을 하기 전에 감정의 작동방법, 즉 감정이 우리에게 전하는 내용, 행동에 미치는 영향, 통제 가능성과 불가능성 여부 등을 이해하는 것이 필요하다.

만일 사랑의 논리를 이해한다면 감정의 논리를 이해할 수 있다. 감정의 논리는 현실적으로 매우 단순한데, 이는 곧 쾌락과 고통의 논리이다. 쾌락을 제공하는 것에 끌리며, 고통을 주는 것은 피하게 된다. 가장 단순한 차원에서 우리에게 쾌락을 주는 것은 우리의 욕구를 충족시킨다. 실현되지 못한 욕구는 우리에게 고통을 안겨준다.

음식, 물, 안식처(파충뇌가 추구하는 욕구)와 같은 가장 기초적인 생존욕구를 넘어서면, 뇌의 정서적, 또는 학습 부분의 친밀성, 의사소통, 양육, 안전함과 정서적 온정에 대한 욕구를 추구하게 된다. 전문가들은 가장 강력한 이 학습된 욕구들 중에서 신체적 근접성과 정서적 개방성의 조합인 **연결에 대한 욕구**를 이제 막 인식하게 되었다. 유아와 어린이가 성장하는데 있어서 일관된 연결이 필요하다는 사실은 오래전부터 인식되어 왔지만, 연결의 욕구가 일생을 통하여 확장된다는 사실을 이해하기 시작한 것은 비교적 최근의 일이다.

연결은 생물학에 기반을 둔 하나의 욕구로서 인간 종 안에도 구축되어 있다는 근거가 높아지고 있다. 다른 생물학적 욕구와 마찬가지로 이 욕구를 편안한 형태로 충족시키는데 실패했을 경우에 가끔 증상이 유발될 수 있다. 배고픔의 고통 또는 갈증 대신에 불안정, 불안, 심지어는 우울함을 느끼게 된다.

어린이처럼 성인도 많은 욕구를 충족시키기 위해 타인에게 의존하게 된다. 어린이는 돌봄, 보호, 양육, 지도를 필요로 한다. 우리는 성장하면서, 이러한 욕구들의 충족 여부와 방법, 이 욕구를 충족시키는데 있어서 대가를 지불한 사람에 대해 일련의 태도와 신념을 발달시켰다. 만일 당신이 불안정한 가정에서 양육되었다면, 욕구를 충족시키는데 도움을 제공하는 누군가를 신뢰하기가 쉽지 않을 것이다. 당신은 욕구를 충족시키기 위하여 간청을 해도 별 소용이 없다는 것을 학습했을지도 모른다. 또는 당신은 욕구를 충족시키기 위해서는 완벽해야 한다고 믿고 있을지도 모른다. 또는 당신이 무언가를 얻기 위해 다른 사람에게 요구하는 것은 위험하거나 잘못된 것, 또는 나약함을 드러내는 것이라고 생각할 수도 있다. 그러나 이제 당신은 성인이 되었으므로, 연결의 욕구를 제외한 다른 모든 욕구를 스스로 실현시킬 수 있다. 당신은 생계유지, 집 마련, 건강한 신체보존, 음식섭취와 의복을 마련해 입을 수 있는 능력 등을 지니고 있다. 당신은 무엇을 선택할 것인지를 학습할 수 있다. 당신은 심지어 스스로 섹스를 즐길 수도 있다. 그러나 당신은 자신과 연결을 형성할 수 없다. 따라서 당신의 욕구에 대해 타인이 보인 반응 여하에 따라 형성된 모든 감정, 태도, 신념이 그 사람과의 연결이며, 당신이 여전히 타인에게 지니게 되는 욕구도 바로 동일한 연결이다.

연결의 성질

연결의 실현은 두 가지 기본요소인 신체적 근접성과 정서적 개방성을 통해 이루어진다. 이 두 가지 요소 중 한 가지라도 결여되면 불충분하다. 누군가에게 정서적인 친밀성을 지니고 있고 그 사람을 신뢰한다면, 그것은 우정이다. 우정은 우리 모두에게 중요하지만, 연결에 대한 욕구를 단지 부분적으로만 충족시켜준다. 만일 당신이 정서적으로 소원하면서 가까이 있는 누군가에게 신체적인 근접성만을 지니고 있다면, 그것은 한 그루의 나무나 바위를 껴안는 것과 같다. 연결에 대한 학습된 욕구를 충족시키는 데는 신체적 개방성과 상호신뢰감이 있는 정서적 개방성을 함께 수용하는 것이 필요하다.

연결은 친밀성의 심장부이다. 연결은 열정 또는 육욕(가끔 연결이 이 요소들을 포함할 수도 있지만)보다 더 포괄적이고 지속적이어서, 비록 성적 능력이 질병이나 나이 때문에 감소하는 때일지라도 남아있게 되는 총체적인 즐거움의 원천이다. 신체적 접촉에 대한 갈망과 세상 안에서 안전함을 바라는 욕구, 당신의 전존재와 더불어 당신의 웃음, 눈물, 격노, 환희와 더불어 타인을 신뢰할 수 있다는 느낌을 가지게 만드는 것이 친밀성이다. 친밀성은 뇌의 세 가지 부분 모두를 만족시켜준다. 친밀함이 최고조에 도달하는 단계에서 우리들 대부분은 비록 일시적이지만, 타인과 융합되는 격정적인 체험에 도달하게 될 때도 있다.

우리 대부분은 너무 바쁘기 때문에 이러한 상호성장을 도모할 시간을 갖지 못한다. 우리 중 일부는 심지어 이러한 친밀성이 존재하는지 조차도 모르고 있다. 친밀성은 일상의 스트레스를 막아주는 강력한 완충작용- 가장 뛰어난 자연적인 우울증 치료제 역할- 을 한다. 연결에 대한 욕구를 충족시키는데 실패했을 경우에는 아직 그 사람이 우울증에 걸린 사실을 인식하지 못할지라도 실제로는 우울증에 걸린 경우가 많다.

연결은 포옹과 키스와 같은 온정과 애정의 단순한 몸짓을 통해서 나타날 수도 있지만 참된 연결은 그 보다는 훨씬 더 많은 것이 있다. 연결의 본질은 당신의 배우자가 정서적으로 충만하여 당신과 함께, 그리고 신체, 마음, 정신적으로 당신에게 개방되어 당신을 위해 거기에 존재하는 것에 대한 전적인 신뢰 안에 있다. 연결은 당신의 방어벽을 낮추고, 당신이 현재 있는 그대로의 모습대로 수용되고 사랑받는다는 인식과 당신이 방어하지 않는다는 인식을 지니고 당신 자신을 다른 인간 존재와 충만하게 나누는 능력이다.

당신이 연결을 지닌 사랑의 중심부에 놓인 친밀성을 얻으려면 신뢰와 신체적 근접성을 결합시킬 때 가능하다. 당신이 "나는 뭔가를 잃어버린 것 같아. 나는 행복하지 않아." 라고 말하기 시작하는 것은 당신이 이 특유의 조합을 상실한 때이다.

만일 당신의 초기 삶에서 타인을 신뢰하는데 불안감을 느꼈다면, 또는 당신이 굴욕감, 거부감, 배신감을 느꼈다면, 친밀의 기회가 왔을 때에, 또는 당신이 친밀해질 것을 예상할 경우에 정서적인 고통을 느끼거나 고통을 예상할 것이다. 우리는 위험에 직면해있다는 것을 느낄 때에, 본능적으로 세 가지 방식, 즉 도주, 싸움, 또는 마비 중 하나로 반응하도록 되어 있다. 그리고 이는 우리가 친밀한 사람들을 대하는 방식이기도하다.

다른 한편, 당신이 안전하고 온정적인 환경 속에서 성장함으로써 신뢰와 친밀성이 즐거움으로 받아들여졌다면, 현재 친밀한 관계를 갖는 것은 즐거운 감정을 유발하게 될 것이다. 친밀한 관계를 예상하는 것도 욕구처럼 느껴지게 된다. 즐거움을 기대하는 그 욕구는 사랑의 감정을 유발하게 된다.

관계에서 우리가 타인을 사랑하고 신뢰할 수 있다는 느낌을 제공하는 것이 무엇인지, 그리고 싸우거나(싸움), 우리의 주의력을 다른 곳으로 전환시키거나(도주), 또는 철회시키면서(마비), 의혹을 지니고 분개하게 만드는 것이 무엇인지 탐색해볼 필요가 있다. 그러기 위해서, 개인적인 발달사-최초의 기억으로부터 현재까지-를 신중하게 주시할 필요가 있는데, 그 이유는 우리는 과거경험을 토대로 하여 함께 살고 있는 사람들을 다루는 경향이 있기 때문이다.

관계행로

관계행로는 PAIRS에서 학습하고자 하는 친밀성 교육의 토대가 된다. 관계행로는 친밀한 관계에서 누릴 수 있는 쾌락을 가로막는 행동과 태도를 제시하여, 사랑의 관계를 유지하는데 필요한 새로운 태도와 행동을 제공하고 있다. 이 관계행로의 심장부에 자리하고 있는 것이 연결이다. 관계행로의 고통의 편 또는 쾌락의 편에 서게 되는 것은 친밀성 또는 사랑의 욕구를 다루는 방법에 달려있다. 만일 관계를 맺고 있는 양편의 사람들이 서로 신뢰할 수 있고, 육체적, 정서적, 정신적인 측면에서 서로에게 자기를 표현하고 개방할 수 있다면, 그들은 일반적으로 행복과 성취의 조짐, 즉 건강, 에너지, 융통성, 창조성, 자신에 대한 책임성, 그리고 친밀에 대한 능력을 나타내게 된다. 만일 양편의 관계가 경계, 분노, 불신을 나타낸다면, 즐거운 유대관계를 체험하는 것이 점점 힘들어지게 된다. 사랑과 연결에 대한 욕구를 실현시킬 수 없는 관계에서 발달시키게 되는 것은 피로, 우울증, 경직, 그리고 마약, 알코올, 음식 또는 일에 대한 중독 또는 격리 등으로 나타나는 경향이 있다.

우리가 경험하는 감정이나 증상은 지금 관계행로 상에서 어디에 위치하고 있는지를 나타낼 수 있다. 우리의 정서적 과거-개인적 이력(履歷) - 는 자신을 관계행로의 한 편 또는 다른 편에 놓이게 한다. 현재 우리가 의존하고 있는 태도와 행동은 맵에서 우리가 고수하고 있는 자세이다. 만일 당신이 관계 속에서 불행을 느끼고 있다면, 보다 즐거운 사랑의 연결을 실현시킬 수 있는 새로운 사고, 감정, 행동방식에 대한 학습을 선택할 수 있다.

> 관계행로를 주의 깊게 관찰해 본다.
> - 어느 편에 당신 자신이 놓여있다고 생각하는가?
> - 당신의 관계에서 어떤 감정이 우세하는 경향이 있는가?
> - 당신은 어느 "경향"을 나타내고 있는가?
> - 당신은 어느 경향을 지니는 것을 선호하고 있으며, 당신이 바라는 어떤 감정이 당신의 관계에서 정착되기를 바라고 있는가?

잠시 동안 당신이 바라고 있는 반응에 대해 노트에 몇 줄의 문장으로 기술을 해 보시오. 당신은 "나는 …을 인식하기 시작했다"로 시작할 수도 있습니다.

2

감정의 기제: 정서적 알레르기와 친밀

＊ ＊ ＊

인간의 신경계는 수천 년이 지나면서 많이 변화되어 온 것은 아니지만, 인간적 조건과 인간적 욕구가 극적인 차이가 날 때 발달하였다. 신경계의 쾌락의 부분은 아마도 인종의 생존과 출산의 욕구를 충족시키기 위하여 진화되었을 것이다. 쾌락- 흥분, 열정, 행복감, 경이로움으로부터 편안함과 안전함에 이르는 광범위한 감정의 배열은 우리가 행하고 있는 것이 무엇이든 계속할 수 있거나 또는 계속해야만 한다는 것을 [[학습 뇌]]에 전달하는 하나의 정서적 통로이다. 이러한 감정을 통하여 우리는 짝짓고, 먹이를 얻고, 위험으로부터 안전을 지키고, 동료를 얻고, 그리고 신체적인 욕구를 충족시킨다. 감정은 우리를 움직이는 연료를 공급해주기 때문에 엄청난 에너지를 지닌다. 방어와 관련된 감정— 공포(위험을 탐지함으로써), 고통(위험한 상황에 처해있다는 것을 인식함으로써), 그리고 분노(위험에 반응함으로써)— 은 상처를 유발할 수 있는 사건에 대해 어떻게 반응해야 할 것인지를 두뇌에 조언하는 신체적인 방식이다. 우리가 위협을 느낄 때에, 두뇌는 혈관에 강력한 호르몬을 내보낸다. 심장은 보다 빨리 박동하고, 혈압은 상승하며, 혈류는 가장 필요한 방향(피부와 복부로부터 멀어져서 근육을 향해)으로 움직이게 된다. 우리는 땀을 흘리게 되고 발은 차가워지며, 눈은 우리를 위협하는 것을 보다 잘 보도록 하기 위하여 확장되며, 피부는 창백해지게 된다. 그리고 우리는 압박으로 인한 무력감 또는 마음 조림, 그리고 위험에 대처하는데 필요한 "싸움 또는 도피" 반응을 향해 신체가 재빨리 반응하면서 동시에 정신도 반응하게 된다. 문제는 신체와 정서적 반응이 우리가 살고 있는 상황보다는 원시적 조건에 보다 적합하게 설계되어 있다는 점이다. 현재 우리는 더 이상 사냥을 나서거나 곰이나 호랑이를 피하지 않아도 되며, 서로 신체적인 싸움을 하지 않아도 된다. 그러나 진화는 신체의 호르몬이 우리가 광야에서 살았을 때 신체가 활동했던 것처럼 많이 행동하려고 여전히 그 당시를 추적해가고 있는 것이다.

이 점이 우리에게 최선의 경우에는 부적절한 본능을, 최악의 경우에는 위험한 본능을 남겨놓았다. 우리는 공로 승진에 탈락하였을 때, 본능적인 반응은 상사를 공격했을지도 모른다. 그러나 이러한 반응이 우리를 결국은 감옥에 갇히게 만든다면, 우리는 생명과 자유를 상실하게 될 것이다.

회의실에 고릴라가 출현하고, 침실에 유령이 나타나는 위험한 상황을 어떻게 해소할 것인가? 배신, 고독과 실망의 두려움과 고통을 어떻게 극복할 것인가? 이혼에 대한 통계, 마약과 알코올 중독, 그리고 전반적인 정신 건강상태는 우리가 이러한 문제들을 잘 처리하지 못하고 있음을 나타내고 있다.

감정처리에 어려움을 겪는 것은 우리가 나약하거나 성격적인 결함을 지녀서가 아니다. 감정은 우리가 결코 이해할 수 없는 난해하고 강력한 방식으로 작용하기 때문이다. 이는 폭풍우 속에 갇히거나 또는 복도에서 춤추듯이 감정은 우리에게 일어난 무엇으로 여길 수 있다. 그러나 감정은 표현과 주목을 요구하는 신호이다. 만일 감정이 무시되면, 되돌아오거나 또는 심지어는 보다 강한 힘으로, 님의 흠을 들추거나 비난, 철회, 치환, 보류, 고의로 지체함, 또는 심지어는 격노나 폭력 등으로 분출될 통로를 찾게 된다.

정서적인 알레르기

난처한 감정의 발생은 알레르기 반응과 유사하다. 당신은 문제가 유발된다는 어떤 암시도 없이 수년 동안 알레르기의 원인이 되는 돼지 풀(ragweed)[2] 같은 것에 노출될 수 있다. 그러던 어느 날 당신이 돼지 풀 꽃가루를 과다흡수 했을 경우에, 면역체계는 더 이상 지탱하지 못하고 갑자기 재채기, 두통, 소화불량에 시달리는 가련한 사람이 된다. 그 시점부터 당신은 소량의 돼지 풀 꽃가루에 노출되기만 하여도 만성적 알레르기 반응을 유발하게 된다.

감정도 동일한 방식으로 작용한다. 삶에 상처를 입히고, 고통이나 실망, 불신을 유발시키는 것은 무엇이든지 "정서적 알레르기"로 진전될 수 있다. 정서는 지난 과거의 고통의 근원을 의식하든지 혹은 그 고통이 무의식 속에 묻혀있는지, 그 고통이 최근의 사건으로부터 온 것인지 아니면 먼 과거로부터 발단된 것인지는 고려하지 않는다. 나중에, 유사한 사건의 발생의 조짐에도- 동일한 것은 어디에도 없다고 할지라도- 같은 유형의 고통이나 두려움에 대한 기대를 갖게 하거나 보다 큰 불안을 유발시킬 수도 있다.

> 당신이 관계로부터 가장 원해왔던 것에 대해 생각해 본다.
> - 누군가에게 특별한 사람이 되기를 원하였는가?
> - 소중한 사람으로 여겨지길 원하였는가?

---

2) 미국 쑥의 일종, 풀과 꽃가루는 알레르기 비염을 일으키는 주범으로 알려지고 있다.

- 신뢰받거나 신뢰하는 사람이 되기를 원하였는가?
- 놀이 친구 또는 친구를 갖기를 원하였는가?
- 성적 매력이 있는 배우자를 갖기를 원하였는가?

당신이 누군가와 친밀한 관계를 형성하는데 있어서 가장 위협적인 것으로 느껴지는 것은 무엇인가?

- 그 사람이 어떤 방식으로 당신에게 큰 상처를 입혔는가?
- 당신이 상처를 입게 될 것이라는 의혹이 생길 때에, 어떻게 반응하는가?

배우자가 이면적 경고의 표시로 무엇을 행할 때(관심이 필요할 때에 무시를 하거나, 분주할 때에 신랄한 언어의 사용이나 비난하기), 우리는 배우자가 마치 적인 것처럼 반응하고 있음을 자주 발견하게 된다. 그리고 우리는 적을 친구나 연인처럼 대하지 않는다. 우리는 적에게서 숨고, 요구하고, 조건부로 항복하고, 비난하고, 회피하고, 무시하고, 불신하고, 위협하고, 공격하고, 파괴하고, 비밀을 만들고, 흠을 들추고, 비판하고, 심문하고, 별칭을 붙이고 그리고 별칭으로 부른다. 우리는 거리를 두어 억누르며, 가끔 다음과 같이 말 한다:

나는 당신을 더 이상 사랑하지 않아.
나를 더 이상 괴롭히지 마.
당신은 변했어.
오늘 밤은 아니야. 나는 그것을 할 기분이 아니야.
당신은 나를 이해하지 못해.

누가 당신과 함께 살기를 원하겠어.

우리는 심지어 **회전원장**(revolving ledger)[3]을 내밀거나, 과거에 대한 상처를 현재의 배우자에게 전환시킬 수도 있다.

배우자는 우리의 말이나 행동에 대해 계속해서 화를 내거나 또는 철회하는 반응을 나타내기 쉽다. 우리 중 누구도 갈등이 어느 정도로 증폭될지 가늠하지 못한다. 우리는 상처를 입거나 좌절하게 된다.

순자[4]의 어머니는 책임감 있고 근면한 사람이었다. 그녀의 아버지는 집안일을 좀처럼 도와주지 않는 알코올 중독자이고 마침내 어머니를 떠나 다른 여성과 살게 되었다. 순자는 애정이 깊고 상냥한 *순철*과 결혼을 하였다. *순철*이 쓰레기를 버리거나 세탁물을 찾아오는 일과 같은 집안일을 행하는 것을 잊어버릴 때마다, 그녀는 격노하였다. 그들은 서로 참지 못하고 몇 시간 동안 논쟁을 하였다. 겉으로는 그녀가 맹렬하게 화를 냈지만, 내면적으로는 공황발작을 나타낸 것이었다. 무의식적 차원에서 보면, 남편의 망각은 그가 아버지와 동일한 유형의 이기적이고 생각이 깊지 못한 사람이며, 결국은 아버지가 가족을 버렸던 것처럼 자기를 버릴 수도 있다는 것을 나타낸 첫 번째 신호로 해석하여 그녀는 공황발작을 일으킨 것이다. 그녀의 정서적인 알레르기에 초점을 맞추려면 보다 탐색적인 작업이 요구된다.

재혼으로 결혼생활을 시작한 주미와 주철은 정서적 알레르기가 유발될 수 있는 보다 극적인 예를 제시하고 있다. 그들은 수철이 떠나겠다고 그녀에게 통보를 한지 얼마 후에 상담실을 함께 방문

3) 제 3부에서 상세하게 기술된다.
4) 사례에 사용된 인명은 우리나라에 익숙한 이름으로 붙였다.

하였다. 주미는 엄청난 충격에 휩싸여 있었다. 그녀는 두 사람이 행복한 결혼생활을 할 것이라고 믿었었다. 그녀는 주철을 사랑하였고, 그가 자기를 사랑한다고 믿었었다. 그녀는 적어도 무엇이 잘못되었는가를 알아보기 위하여 주철에게 마음에 지닌 불만을 털어놓으라고 요구했을 때, 그는 주미가 미처 기억하지도 못했던 사건을 거론하였다. 주철은 어느 날 업무 중에 그녀에게 전화를 걸어 애정을 나누려 하였으나, 그녀는 업무적인 태도로 반응하였다. 주철이 실제로 들은 내용은 "왜 당신은 나를 괴롭히느냐? 당신은 나에게 지금 무엇을 원하느냐?" 는 말로 들렸던 것이다. 이 사건은 주철에게 눈물겨운 경험을 상기시켰는데, 그가 세 살 때에 어머니가 집을 나가고 아버지마저 그를 돌보지 않아서 보육원을 전전하며 성장해야만 했던 아픔이다. 심지어 그의 아버지가 재혼을 하고 그를 집으로 데리고 갈 수도 있었지만, 그는 주철을 돌보지 않았다. 주철의 전화 요청에 대해 주미가 보여준 냉담한 반응은 스스로를 쓸모없고 방치된 사람이라고 여기는 자화상에 큰 상처를 입혔던 것이다. 주미는 이러한 일상의 만남에 주철이 부여한 중요성에 대해 전혀 알지 못한 채 별 생각 없이 전화에 응답을 했던 것이다. 그녀는 그의 어린 시절에 대해 논의하는 것조차도 주철에게 얼마나 고통스러울 것인가를 인식했을 때, 그녀의 반응과 주철이 쉽게 나타내는 버림받은 감정 사이의 연결점을 볼 수 있었다.

이러한 경험을 바탕으로 그녀가 전화상에서 주철에게 보다 수용적이며 애정이 느껴지도록 결정하는 일이 쉬워졌다. 주철은 자신의 과거에 대해 마음을 열고 주미와 함께 나눔으로써 자기가 과거의 정서적 알레르기에 대해 반응하는 방식을 알 수 있게 되었다. 이러한 자기 인식을 주미와 나눔으로써 그들의 관계에 새로운 가능성을 고취시킬 수 있는 중요한 정보를 얻게 되었다. 방치에 대한 정서적 알레르기, 관계에 대한 그의 반응, 관계에 있어서 주미를 신뢰하지 못하는 것은 **관계행로**에서 주철이 고통의 측면에 서 있음을 말해준다. 주철이 신뢰에 대한 위험을 무릅쓰고 재확인을 요청할 수 있었을 때에만 쾌락의 측면으로 옮겨갈 수 있었다.

강한 정서적 반응은 우리 자신과 세상 안에 사는 우리 자신에 관한 지식을 알려줄 수 있기 때문에 신중한 점검이 요구된다. 이러한 지식은 우리에게 능력과 선택의 기회를 제공한다. 우리가 이러한 감정에 대해 맹목적인 반응을 나타내면, 상황이 우리를 선택하게 된다.

당신이 깊은 숲 속에서 야영을 하고 있다고 상상해보자. 전등불이 꺼지고 당신이 막 잠자리에 들게 되었다. 갑자기 거기서 멀지 않은 지점에서 이리가 울부짖는 소리가 크게 들려왔다. 당신은 용감히 싸우려는 자세를 취하고, 텐트 안에서 꼿꼿이 서 있었다. 당신의 정서적 반응은 신체가 스스로를 보호하기 위하여 무엇이든 대처행동을 하도록 일러주고 있다. 만일 당신이 경험이 많은 야영 전문가라면 당신이 결정을 하는데 필요한 정보와 조언을 전해 줄 수 있을 것이다. "걱정하지 마라. 그것은 바로 코요테(북미에 사는 사나운 이리)에요. 코요테들은 결코 사람을 공격하지 않아요. 그러한 이전지식을 통해 지금 선택을 할 수 있다. 당신은 그러한 인간의 지식을 신뢰하고 있는가? 당신의 대답이 긍정적이라면, 당신은 두려움 없이 결정을 내릴 수 있다. 당신의 심장이 항진을 중지하고 당신의 숨결도 고르게 되면서 당신은 고요한 감정을 지니게 되었다. 만일 당신이 이리의 우는 소리를 다시 듣는다면, 당신은 처음처럼 놀라지는 않을 것이다. 당신은 심지어 이리 우는 소리의 경이와 아름다움에 그 소리를 들으면서 즐길 수도 있을 것이다. 만일 당신이 혼자이고 그 숲의 통행로를 잘 알지 못했다면 그 소리가 무슨 소리인지 알 수 없었을 것이고, 마음의 평정을 찾기가 어려웠을 것이다. 만일 이리의 울음소리가 다시 더 가까이서 들렸다면, 아마 당신은 보다 큰 공포에 직면하게 되었을 것이다. 잠을 자는 것은 전혀 불가능하였을 것이며, 당신은 주철과 같이 바로 짐을 꾸려서 떠날 수도 있을 것이다. 만일 당신이 그 소리의 정체와 위협적인지의 여부에 대한 지식을 전혀 얻지 못했다면, 당신은 결코 야영을 다시 오려고 하지 않을 수도 있을 것이다.

우리의 정서적 알레르기를 유발시키는 것이 무엇인지에 대한 이해는 당신이 듣고 있는 이리의 울음소리가 무해한 것인지 또는 식인늑대의 울부짖는 소리인지의 여부를 결정하는 유일한 길이다. 관계 속에서 이러한 결정은 정직한 자기탐색, 개방성, 신뢰와 정직성을 통해서만 이루어질 수 있다.

당신이 배우자나 다른 친밀한 사람과 최근에 행한 논쟁에 관해 생각해 본다.

• 당신은 그 싸움이 실제로 무엇에 관한 것이었는지를 아는가?
그 싸움이 당신의 마음속에 재연될 때에, 누가 그 싸움을 시작했거나, 누구의 과실로 인해 발생했는가의 관점에서 생각하지 않는다. 그 싸움이 시작되기 전에 당신이 어떻게 느꼈는지에 관해 생각해 본다.

• 무엇이 당신에게 상처를 입혔는가? 무엇이 당신을 두렵게 만들고 화나게 만들었는가? 당신의 인생에서 동일한 감정을 느꼈던 다른 때를 상기해본다.

• 당신이 다른 누구와 유사한 형태의 싸움을 하였으며, 누구에게서 유사한 형태의 싸움을 관찰하였는가?

• 이러한 삽화들 사이에 하나의 관계가 있었는가?

정서적 장애

우리는 자신의 감정과의 접촉을 상실했을 때(우리들 대부분이 인생의 어느 시점에선가 경험하는), 두 가지 패턴 중의 한 가지- 가끔 두 패턴 모두에 빠져드는 경향이 있다.

첫 번째, 우리는 감정을 너무 강하게 억누르기 때문에 감정의 흐름을 모두 막아버린다. 그 결과 우리는 자신들의 감정을 깊이 동결시켜버린다. 비극적인 사건이 우리를 극도로 억압할 때, 무감각하게 만드는 능력은 그 시점에서는 유익한 기제가 될 것이다. 이 기제는 우리를 생존하게 도와줄지는 몰라도 추구해야할 방도는 아니다. 우리가 무감각해질 때 두려움, 분노, 고통을 차단시키는 것이 아니라 모든 기쁨과 사랑의 감정도 폐쇄시킨다. 만일 이 패턴이 변화되지 않는다면, 많은 사람들은 결국 무감각으로부터 우울증상으로 이동하게 된다. 그 우울증상은 우리가 단일의 원인이나 설명으로 규명할 수 없으며, 우리를 압도하여 애매한 절망감에 빠져들게 만든다.

두 번째, 고통과 분노의 감정은 종종 파괴적인 방향으로 분출될 수 있다. 이 패턴은 이를테면, 특별히 재정적인 과다지출과 업무에서의 갈등과 같은 문제를 지닌 사람들에게 나타나는 공통적인 현상이다. 우리는 특별히 고된 하루를 보내고 집에 돌아온 후 아무 일도 없었다는 듯이 보이려고 한다. 그러나 만일 우리가 욕실에 들어갔을 때 욕조에 빨래나 쓰레기가 가득 차서 부엌과 TV 대 옆으로 범람하는 것을 보았다면, 갑자기 마음이 쓰리거나 비판적으로 변할 수 있다. 결과적으로 흠을 들추어내거나 장황한 말을 늘어놓거나 싸움을 걸 수도 있을 것이다.

고통 또한 분출된다. 많은 사람들은 슬픈 영화를 보거나 음악을 들을 때 종종 눈물을 흘리게 된다. 미지의 두려움은 우리를 만성적인 불안, 냉담함 또는 모호함을 지니게 만들거나 도전력 상실을 초래할 수도 있다.

*갑돌*은 이 두 가지 국면을 모두 돌파하였다. *갑돌*은 자신의 감정, 특히 두려움을 *갑순*에게 표현하기 힘든 시기가 있었다. 갑돌이 어떤 일에 실패하였을 때, 그는 자신의 미래에 대한 공포심이 커졌다. 그는 아내를 두려움으로부터 보호하려는 뜻을 지니고 있었기 때문에 그녀에게 두려움에 대해 전혀 말하지 않았다. 갑돌은 아내가 그처럼 평온할 수 있다는 점에 대해 분개하고 있는 자신을 후에 알 수 있었다. 그는 아내가 자신의 문제, 비록 그가 문제나 염려를 언급하지 않았다고 할지라도 자신의 문제에 대해 망각하고 지내는 것 같아서 분개하였다. 갑돌은 갑순의 작은 실수에 대해 공격하고 비판하기 시작하였다. 아내가 그녀의 자동차 열쇠를 분실했을 때 격렬한 싸움을 일으켰다. 한번은 갑순이 왜 그렇게 사소한 일로 인해 그렇게 화를 내는지를 묻자, 갑돌은 "네가 너무 우둔하기 때문에 내가 몹시 피곤하다" 고 응답하였다.

갑돌은 그의 결혼생활이 붕괴되고 있음을 인식하자 스스로를 책망하기 시작하였다. 그는 자신의 통제 불가능한 분노가 가장 큰 장애이며, 갑순에게 더 이상 화를 내지 않겠다고 서약하였다. 그는 자신의 신랄하고 풍자적인 언어사용을 중단하였다. 결국 그는 거의 전적으로 갑순과 대화를 중단하게 되었다. 그는 모든 성적욕망을 상실하였다. 갑돌은 마음이 산란해져서, 그가 추구하는 천박하고 패쇄적 실존보다 더 중요한 것이 삶 속에 있다는 것을 확신하였다. 무감각한 감정은 너무 강하기 때문에 수년 아니면 12회기 정도의

치료기간이 소요되므로 그는 혼인취소에 대한 후회와 상실감을 경험하기 시작하였다.

정서 항아리

만일 당신이 자신의 감정을 정서 항아리에 부어 담는다면, 감정은 다중 층으로 보여 질 것이다. 항아리의 꼭지에 있는 코르크는 무관하거나 양면가치를 지닐 수 있지만, 이들 감정을 은폐하거나 통제하도록 결정한다. 만일 당신이 코르크를 튀게 하거나 뚜껑을 제거한다면, 그 뚜껑 바로 밑에 분노의 층이 종종 놓여있게 된다. 우리가 처음에 감정을 탐색하기 시작할 때, 분노는 자주 맨 위에 놓여 있다가 맨 처음 스스로 모습을 나타낸다. 예를 들면, 갑돌이 갑순에 대한 불평을 열거하기 시작하면서 그녀가 얼마나 쌀쌀맞고 무정한가를 놓고 화를 터뜨리며 말하였다. 갑돌이 다음 층인 두려움과 고통에 도달할 수 있었던 것은 그녀에 대해 분노를 표현한 후였다. 이 두 가지 감정은 분노 아래에 놓여있었고, 항아리의 중심 가까이에 자리 잡고 있으며 가끔 우리 손이 미치지 못하는 거리에 있다.

일부의 사람들, 특히 분노는 위험하며, 감정표현을 삼가도록 교육받은 사람들은 고통을 느끼고 표현하는 것이 분노를 분출시키는 것보다 훨씬 더 쉽다. 그들은 항아리의 맨 위층에 있는 고통과 두려움을 저층에 묻힌 분노와 더불어 느끼게 될 것이다. 그들이 직면하게 되는 어려운 과제는 심지어 화를 내는 것이 필요하더라도 그건 괜찮다고 학습한 것이다.

이러한 감정 저변에 깊이 묻혀있는 것은 부드러움, 소망, 쾌락과 사랑의 감정이다. 만일 이러한 감정들이 거기에 놓여 있다면, 발견하는 유일한 방법은 무관심의 뚜껑을 여는 것이고, 분노, 고통과 두려움에 대한 감정을 분출하는 일이다. 갑돌의 최종 감정을 주목해본다면, 그가 갑순에 대한 사랑의 감정을 다시 회복할 수 있었던 것은 그가 무관심(그것은 상관없다, 나는 바로 떠나겠다), 분노(너는 무분별하고 냉혹하다), 고통(아무도 나를 돌보지 않는다, 나는 혼자 있겠다)그리고 두려움(모든 사람이 모두 그러했듯이 너도 나를 떠나게 될 것이다)을 노력하여 극복해 낸 바로 후의 일이다.

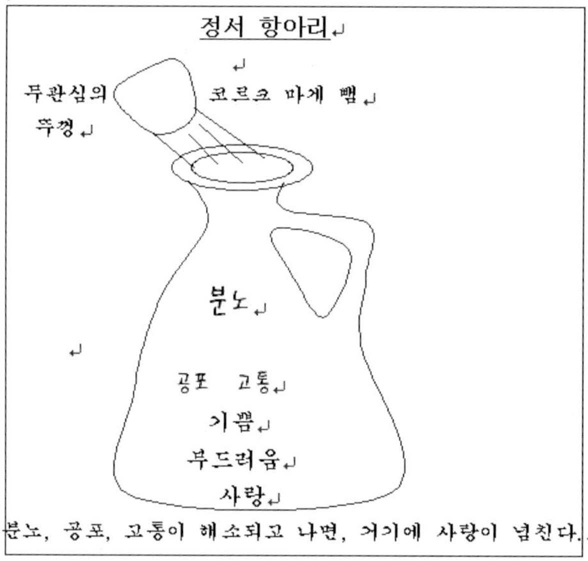

감정의 독특한 논리는 가끔 사고하는 뇌의 논리와는 같지 않을 때가 있다. 논리적 사고의 뇌는 우리에게 고통은 가능한 한 피하거나 면제받든지, 또는 무시하거나 묻어버려야만 한다고 일러준다.

불행히도, 고통을 회피하는 것은 단순히 고통의 아픔을 연장시키는 경향이 있으며, 쾌락과 사랑도 역시 박탈하는 것을 의미한다. 고통, 두려움과 분노로 가득 차 있을 때에는 사랑의 감정을 느낄 여유가 없게 된다. **관계행로**에서 고통의 측면을 쾌락의 방향으로 옮겨놓는 길은 우리가 감정을 억압하는 대신에 그 고통과 그 고통의 동반감정인 두려움과 분노를 경험하는 것이다. 일단 이러한 감정이 공감적인 배우자에게 개방되고, 수용되며, 이해되고 신뢰를 얻게 되면, 이 감정의 고통의 성질이 점검될 수 있다. 두 가지 **PAIRS 박물관 여행 연습**은 이러한 실천을 돕기 위해 설계된 것이다.

PAIRS 연습: 지난 상처를 찾아나서는 박물관 여행

*조지 바흐(George Bach)*의 책에 토대를 둔 친밀한 관계기술의 적용에서 활용하는 몇 가지 중 하나인 이 연습은 우리 삶의 고통과 실망의 표면에 도달하게 하여, 그 원인을 반성할 기회를 제공한다. 이 연습은 2단계와 반성할 수 있는 어느 정도의 시간을 필요로 한다.

1단계: 당신의 인생에서 상처, 위험, 공포를 경험한 사건에 대하여 당신의 개인적 기억의 박물관을 돌아보며 "그림"의 목록을 일지에 적어본다. 당신의 박물관 벽면에 걸린 그림과 같은 각 사건을 생각해 본다. 이 사건은 병원에서의 병고와 외로움, 사고, 낙태, 이혼, 친한 친구의 '배신'과 같은 단일 사건; 일련의 연관되고 반복되는 사건(근친상간, 알코올 중독, 부모들 간의 폭력적인 논쟁으로 인해 밤을 새거나 언쟁, 집에 홀로 남겨진 긴 밤); 경멸(졸업식에 업무 핑계로 불참); 상실 또는 거부를 당한 경우(가족 구성원이나 친구의 죽음, 붕괴된 관계); 배신행동(배우자의 외도, 부모 배우자 친구로부터 당한 방치, 한편의 부모로부터 폭력을 당할 때 다른 편부모가 보호를 거부한 경우, 친구의 중상모략) 등이다.

부모, 형제, 친구, 공부, 학교와 아동기와 관련하여 발생한 사건을 생각해 본다. 현재와 과거의 중요한 관계에 대해 특별한 주의를 기울인다. 그 관계가 "양식(良識) 없는 행위" (예를 들면, 당신이 한 아이로서 생일날에 특별한 선물을 받지 못해 실망을 하거나 또는 당신이 집에 앓아누워있을 때 배우자가 테니스 경기를 하러 감으로써 슬픈 감정을 느낌) 또는 당신이 불공정하다고 여길 경우(예를 들면, 결혼기념일에 그녀가 출장을 갔지만 그 일은 그녀에게 매우 중요한 업무여행이었다) 어느 것도 놓치지 말아야 한다. 사소하게 여겨질 수 있는 사건도 정서적으로 여전히 통렬한 느낌을 지닐 수 있다. 당신은 후에 왜 당신이 특별한 방향으로 느낄 수 있었는지 그 이유를 점검할 기회를 가지게 될 것이다. 각 그림이 나타내거나 느껴지는 바에 대해 그 의미를 기록해본다.

아래에 몇 가지 표본이 되는 기재사항이 있다.

우리의 결혼식 때 삼촌이 만취하여 저지른 불쾌한 일 때문에 부인은 나에게 장황설을 늘어놓고 고함을 질러대었다. 이 사건으로 그녀는 나에게 꿈에도 상상할 수 없는 일종의 괴물로 변한 것 같았다.

내가 아홉 살 때에 개 한 마리가 집으로 나를 따라 왔다. 나는 그 개를 보호해 주기를 원했지만 아버지는 그 개를 우리 속에 집어넣었는데, 그 개가 많은 문제를 유발하였기 때문이다. 그 개가 역마차의 뒤편에 실려 갈 때 그 개가 나타낸 슬픈 표정을 결코 잊을 수 없다.

나의 어머니가 갑자기 병에 걸려 병원으로 이송되는 것을 보면서 나는 내가 그녀를 지치게 만들었다는 생각을 하였다. 나는 연약한 모습으로 침대에 잠들어 있는 그녀의 모습을 상상하고, 만일 그들이 나를 따라가게 하였다면, 내가 어머니의 마음을 더 편안하게 해 줄 수도 있었을 것이라고 생각하였다.

2단계: 이 단계는 보다 많은 탐색을 수반하고 있다. 각 사건을 주시하면서 그 사건에 관하여 아래의 질문을 하고, 일지에 당신의 답변들을 적어본다.

무엇이 나를 혼란하게 만들었고, 분노하게 만들었는가?
무엇으로 인해 내가 상처를 입었는가?
무엇이 나를 두렵고 불안하며, 공포에 질리게 만들었는가?
내가 원하였고 필요로 했던 것은 무엇인가?
나는 무엇을 실천하고 있는가?

한 실례로서, 불화가 생긴 신혼여행 그림을 활용하여, 가정해볼 수 있는 답변을 찾아본다.

그녀는 만취한 삼촌이 유발시킨 일로서 내가 통제할 수 없는데도 나를 책망했기 때문에 화가 났다.

나는 그녀가 신혼여행 중 생겨난 그 사건에 관해 말하는 것을 중단하지 않으려 했기 때문에 상처를 입었지만, 그녀는 이런 특별한 날에 발생한 이 사건을 간과할 수 없었을 것이다.

나는 그녀의 이해를 필요로 했다. 나의 삼촌은 알코올 중독자이지만, 나는 그의 문제점에도 불구하고 사랑하고 있다. 우리에게서 일어난 모든 불운한 일을 받아들이려고 하지 않는 그녀에 대하여 나는 신뢰심을 지닐 필요가 있다. 나는 가끔 책망 대신에 동정심을 베풀 필요가 있다.

나는 우리가 삼촌을 초대하기도 전에 저지른 그의 행동에 관해 그녀가 염려해왔기 때문에 그녀가 화를 내었다고 인식하고 있다. 나는 그녀의 아버지가 알코올 중독자이기 때문에 그와 같은 행동에 대해 알레르기 반응을 나타냈다는 것을 알고 있다.

과거의 고통스런 삽화에 관해 생각하는 것이 어떻게 느껴졌는가? 당신의 유아기에 일어난 사건과 보다 최근에 경험한 과거사 사이에 연결고리가 있는가? 당신은 여전히 기록하고 있는 일부 사람들에 관해 원한을 품고 있는가? 당신이 지금 지니고 있는 신뢰심에 관하여 또는 이 사건과 연계되어 있는 이성(異性)에 관하여 어떠한 태도를 지니고 있으며, 오늘날 당신의 관계 내에 기쁨이나 신뢰심을 회피하고 있지는 않는가?

우리의 인생에서 고통스런 시기를 점검해보는 것은 그 사건이 여전히 지금 우리에게 고통을 유발시키는지, 그리고 정서적 알레르기를 일으키는 이유가 될 수 있는가를 결정하도록 도와준다. 그러나 관계행로에서 기쁨의 측면으로 이동하는 것은 또한 우리에게 기쁨을 가져다주는 사건에 관한 학습을 의미한다. 만일 우리가 인생에서 기쁨을 증진시켜주는 사건에 주목을 한다면, 행운이나 부를 기다리는 대신에 일어날 수 있는 보다 유익한 사건을 만들 수 있다. 우리는 관계지도에서 고통의 측면에 고정되어 있는 해야 할 일을 주시하기보다 기쁨의 측면을 향하여 적극적으로 이동해감으로써 해야 할 일을 실행할 수 있는 것이다.

PAIRS 연습: 지난 기쁨을 찾아나서는 박물관 여행

1단계: 당신 일지에서 새로운 페이지를 연다. 당신에게 즐거움의 근원을 제공해주고 있는 사건과 사람을 나열해본다. 각 사건을 하나의 그림이나 초상화처럼 생각하고, 완전한 그림을 그려낼 정도로 충분히 적어본다. 이 사건들은 아동기의 기억, 낭만적 만남, 배우자의 신체언어에 의해 상처입거나 두려움을 느낌, 성취, 과거의 여행, 발견, 거대한 일과 단순한 일 등이다. 당신이 각자의 인생을 검토하는 동안 현재의 관계나 과거의 특별한 관계에 대해 특별한 주의를 기울인다. 당신이 다른 사람과 더불어 행복을 만들 수 있는 일을 스스로 경험해 본다.

갑순은 다음과 같이 적었다.

우리가 야영을 하는 동안 어떻게 비가 내리기 시작했는지 기억하고 있다. 당신은 나를 값싼 식당으로 데려가는 대신에 보다 아늑한 분위기가 있는 장소를 택하기 위하여 당신은 그날 밤에 호화로운 호텔을 예약해 두었었다. 그 호텔은 개인용 세탁기를 비치하고 있었고, 당신은 물비누를 구입해왔다.

아버지께서는 비록 탐탁하게 여기지 않으셨지만 어머니를 납득시키기 위하여 대학으로 가는 대신에 정시제(定時制) 음악학교에 입학하여 밴드부에서 내 경력을 쌓아가는 길을 선택하게 하셨다는 것을 나는 기억하고 있다.

내가 애써 만들고 마무리 손질하느라고 거의 일 년을 소비했던 그 캐비닛을 감상하는 것을 좋아한다.

2단계: 이제 각 사건에 대하여 아래 질문을 스스로에게 던져본다.

나는 어떻게 느꼈는가?(가치에 대한 평가, 존경의 정도, 만족감, 특수성, 등등)

나는 무엇에 대해 감사할 것인가?(당신의 진로 변경, 나의 감정에 대한 배려, 당신의 신중함)

나는 무엇을 인식하고 있는가?(당신의 분주함, 당신의 나에 대한 동의거부, 그 사건이 당신에게 매우 흥미로운 일이었다는 것)

우리는 야영을 통한 여행의 꿈이 무산되었지만, 그 본보기를 활용하여 아래와 같은 답변을 알아낼 수도 있다:

당신은 대재앙을 경이로운 체험으로 변화시켰다는 것을 나는 느꼈어. 그 사건은 나를 특별한 사람, 사랑받는 사람이라는 것을 느끼게 해주었어.

나는 당신이 지닌 자발성과 창의적인 능력에 대해 감사해.

나는 당신이 그 대금을 지불하는 것이 어려운 일이라는 것을 알고 있어. 우리는 무일푼이고, 당신은 그 후 2주 동안 점심 도시락을 싸가지고 일하러갔었지. 당신은 볼로냐의 대형 훈제 소시지에 땅콩으로 만든 버터를 발라 먹으면서 메스꺼움을 많이 느꼈을 것 같아.

- 즐거운 기억을 함양시키기 위하여 시행한 기쁨을 찾는 여행이 어떻게 느껴졌는가?
- 이전의 연습에서 중점적으로 다루어진 불편한 감정을 경감시키는데 과거의 기쁨을 찾는 여행이 도움이 되었는가?

- 과거의 기쁨을 찾는 여행이 당신을 화나게 만들고, 당신에게 상처를 입힌 사람들에 대하여 좋은 감정을 회복시키는데 도움이 되었는가?
- 당신은 최근에 왜 재미있거나 즐거운 일을 행하지 않는가에 대해 스스로 그 원인을 알 수 있는가?
- 당신에게 엄청난 즐거움을 가져다 준 작은 일에 대해 보다 쉽게 회상하는가?

과거의 상처가 저장된 우리 박물관 안의 기억은 재발방지를 희망하는 경험에 대한 기억이다. 스스로 일어나는 이러한 기억과 강한 감정은 정서적 알레르기- 자주 현재의 사건과 과거 인생 사이의 유대관계에 대한 고려 없이- 에 우리가 반응을 나타내는 현재의 사건에 의해 유발된다. 이번에는 이 사건들이 보다 좋게 귀결되기를 희망하면서 이 사건에 대한 상황을 재창조해내게 한다. 과거의 기쁨을 찾는 박물관 여행은 우리에게 기쁨을 주는 사건에 주의를 기울이며 탐색하도록 도와줄 뿐 아니라 또한 다른 유형의 정서적 알레르기를 발견하도록 도울 수 있다. 만일 인생에서 일어난 좋은 사건들이 있다면, 우리는 그 사건이 발생 유지되기를 바랄 것이다. 만일 좋은 사건들이 일어나지 않는다면-자주 우리 감정의 근원에 대해 이해하지 않고- 실망을 경험하게 될 것이다. 예를 들면, 만약 갑돌이 직장에서 아버지가 집으로 돌아올 때에 가족들이 그를 기다리고 있는 모습을 보고 아버지가 얼마나 행복해하는가를 보아 왔다면, 갑돌이 집에 올 때에 부인과 자녀들이 다른 일로 분주하여 귀가를 환영해주지 않는 경우 불쾌감을 느끼거나 화를 낼 수도 있을 것이다. 그런데 가족들이 명백한 영문도 모른 체 감정을 분출한다면, 짜증이 나거나 성미가 변덕스러워질 수도 있을 것이다.

- 당신의 과거로부터 유래된 고통과 기쁨의 사건 중 어느 것이 현재 당신의 감정에 영향을 미칠 수 있는지 알 수 있는가?
- 이 사건들은 당신이 다가가는 것과 싫증내는 것에 어떻게 영향을 미치는가?

성장하면서 우리에게 발생한 유익한 사건과 해로운 사건은 또한 지금 우리 자신을 바라보는 방식에 깊게 영향을 미치고 있다. 자신에 대해 바라보는 관점이 우리각자에게 미치는 영향이 어떠한지에 관하여 다음 장에서 살펴보게 될 것이다.

당신이 인식하기 시작한 것에 대하여 당신의 일지 노트에 잠시 적어본다.

3
자존감 : 필수적 토대

*** * ***

친밀감을 형성하는데 있어서 자존감에 대한 자각보다 더 중요한 것은 아무 것도 없다. 타인과의 관계에서 당신 자신에 대하여 느끼는 정도는 친밀한 관계의 질을 형성하는 주요인이다. 관계에 있어서의 분쟁은 거의 항상 자존감의 문제를 포함하고 있다.

자기 가치감을 지니기 위해서 자신이 충분히 선하고 사랑스러운 존재라고 믿는 것이 필요하다. 당신은 성장해오면서 세상살이에 대한 능력과 전문적 지식- 학업과 운동수행 능력, 요리, 자전거 타기, 엔진 수리, 여타 기술의 활용 등- 에 대한 자신감을 개발할 필요가 있다. 한 아이가 부모나 다른 성인들로부터 정성스런 돌봄과 승인을 받고 성장하는 것은 그가 이후의 여러 가지 삶의 상황에 대처해 가는데 있어서 자신감을 발달시키도록 도와준다.

당신은 또한 자신이 능력이 있든지 없든지 사랑스러운 존재라는 것을 느끼며 살아야 한다. 당신이 사랑스러운 존재라는 것을 다른 사람들이 인정해줄 때에, 당신은 한 남성이나 한 여성으로서, 성적인 대상이나 친구로서- 함께 시간을 보낼 가치가 있는 사람, 신용할 수 있는 사람- 스스로에 대한 자신감을 함양시킬 수 있다.

우리는 한 분야에서 인정을 받지만 다른 분야에서는 인정을 받지 못할 경우도 있다. 예를 들면, 학교에서 좋은 성적을 획득하여 칭찬을 받을 수 있지만, 어떤 사람은 단지 우리가 예쁘거나 멋진 사람이기 때문에 칭찬해 줄 수도 있다. 어떤 사람들은 "나는 나

자신을 확실히 믿어. 나는 아주 성실하게 잘 살고 있어. 나는 훌륭한 직장, 높은 지위를 지니고 있고 수입도 꽤 괜찮은 편이야- 그래서 나는 아무 문제가 없어" 라고 말할 때에도 사실은 그들은 성적인 인물, 사랑스러운 인물로서 인정을 받지 못하고 있을 수도 있다: 어떤 사람은 당신이 친밀하게 지내고 싶은 사람일 수도 있고, 어떤 사람은 그들이 이룬 업적 때문이 아니라 그들의 현재 존재하는 그 모습 때문에 가슴에 품고 즐기고 싶은 사람일 수도 있다. 무조건적인 사랑은 성인으로서 우리에게도 필요로 하는 것이지만, 특히 우리가 어릴 때 필요로 하는 것이다. 만일 우리가 유아기 때에 사랑스러운 인간이라는 인식을 발달시키지 못한다면, 우리 자신이 사랑받기 위해 태어난 존재라는 사실에 대한 의문이 미래에 다른 사람들과 관계를 발달시키는 과정에 중요한 문제로 대두된다.

버지니아 세티어(Virginia Satir)는 그녀의 책 **"사람 만들기"**에서 그녀가 성장한 농장의 현관에 놓인 세 개의 발이 달린 커다란 무쇠 솥에 대한 이야기를 전해주고 있다. "그 무쇠 솥 안에는 연중 다른 시기마다 다른 물질이 들어 있었습니다. 여름이 되면, 어머니는 타작을 하러 농장에 온 일꾼들을 위해 스프(soup)를 만들기 위해 그 무쇠 솥을 사용했습니다. 겨울이 되면 비누(soap)를 만들어 담아두었어요. 그리고 가을이 되면, 아버지는 어머니의 화단에 줄 거름(shit)을 저장했습니다. 우리는 그 솥을 [3-S 솥]이라고 부르게 되었습니다. 그 솥을 사용하려는 사람은 지금 솥 안에 무엇이 들어 있는지, 그리고 얼마나 채워져 있는지를 알아야 했습니다. 명백히 말해서 그 솥 안에 비누나 거름이 가득 들어있다면, 스프를 보관하려고 하지 않을 겁니다. 이 세 종류의 물질은 각각 나름대로의 가치를 지니고 있지만, 그 솥 안에 한 가지 물질이 가득 차면, 다른 물질이 들어갈 여유가 없습니다." *버지니아*는 솥의 이미지를 자존

감을 측정하는데 적용시키면서 "그 솥 안에는 무엇이 들어있으며, 얼마나 채워져 있는가?" 라는 물음부터 제기한다. 당신 자신 안에는 영양분을 공급하는 스프를 담을 수도 있고, 가치중립적인 비누를, 또는 거름을 담을 수도 있다- 그것은 누군가가 당신 가까이에 왔다가 밖으로 나가려는 이유가 될 수도 있을 것이다. *버지니아 세티어*는 당신의 솥 안에는 무엇이 들어 있으며, 그 솥이 가득 차 있는지(high pot) 또는 조금 차있는지(low pot)에 관해 말한다: 만일 당신이 조금 차 있는 솥이라면, 당신은 그날 기분이 썩 좋다고 느끼지 않는 것이고, 만일 당신의 솥이 가득 차 있다면, 기분이 아주 좋다고 느낄 것이다. *버지니아*의 농장에 있는 그 솥은 결코 비어있지 않고 언제나 그 안에 무엇인가를 담고 있다. 당신의 은유적인 솥도 마찬가지이다. 자기 안에는 항상 무엇인가가 계속 담겨있다.

당신이 "조금 찬" 솥인 경우(당신이 강한 자신감을 지니지 않은 경우), 자존감의 문제에 너무 몰입하는 경향이 있기 때문에 다른 사람, 특히 당신에게 중요한 사람과 상호작용을 할 때 일이 어떻게 진행되고 있는지 감지하지 못할 수도 있다. 당신의 마음은 소중하고 사랑스러운 존재라는 자아인식에 강한 의문을 나타낼 수도 있을 것이다.

나는 충분히 선한 사람인가?
그가 과연 나를 좋아할까?
그녀가 나를 정말로 원할까?
나의 감정이 정말 중요한가?
나는 안전한 상태에 놓여있는가?
나는 마음의 상처를 입게 될 것인가?
나는 조소를 당하거나 모욕을 당하게 될까?

내가 재산을 요구하는 것이 안전한 일인가?
나는 당신을 신뢰할 수 있을까?
당신은 나를 떠날 것인가?

이러한 의심을 불러일으키는 물음이 우리를 괴롭힐 때에, 우리는 현실을 다르게 바라보기 쉽다: 위안을 주기 위해 당신이 보내는 미소를 나는 냉소로 오인할 수 있으며; 내게는 정보를 제공하는 비평으로 보이는데, 당신에게는 약점을 찌르는 비난으로 간주될 수도 있다. 단순한 일상의 사건이 외관상으로 볼 때는 있을 것 같지도 않은 곳으로부터 분출되어 곤혹스런 논쟁으로 발전하기도 한다.

흔히 집안의 자그만 일로 인한 부부간의 논쟁이 큰 분쟁으로 발전할 수 있다.

당신이 나에게 쓰레기통을 비워달라고 요청했었다. 이 일은 수년간 일상사처럼 여겨져 온 것이다. 그러나 만일 당신의 자존감이 낮은 수준으로 떨어져, 내가 쓰레기는 며칠마다 한 번씩 내다 버리면 되겠다는 생각으로 남겨 둔 것을 당신이 비우도록 내버려 둔 것이라고 느낄 수도 있을 것이다. 그런 경우 당신은 내가 문안으로 들어오는 순간에 "당신은 집안일을 결코 도와주지 않는 것 같아요" 또는 "당신은 심지어 쓰레기통을 비우는 것과 같은 작은 잡일도 처리해줄 수 없나요"라고 말하면서 공격할 것이다. 이런 말은 나의 "도피 또는 싸움"의 반응을 유발시키기 쉬우며, 나는 신랄한 언어로 반격하거나 또는 정서적인 폐쇄나 철회로 반응하게 될 것이다.

당신이 나에게 쓰레기통을 비워달라고 요청했을 때, 그 단순한 요청을 경청하는 대신에 나는 당신이 집안에서 상전 역할을 하는 것처럼 여기기나 또는 단순히 쓰레기 비우는 일을 기억하는 내 능력을 의심하는 것으로 여길 때에, 나 자신의 자존감은 아주 낮아질 수도 있다. 그러나 나는 스스로를 성숙하고 합리적인 사람으로 믿고 있기 때문에, 나는 당신을 몰아세우지 않겠다고 단언한다. 이 대신에, 저녁 식사 후에, 당신은 항상 과잉지출을 하며, 돈 문제에 대해 지혜로운 생각을 갖지 못했다는 사실을 문제로 제기할 수 있을 것이다.

이들 예에서, 여러 가지 사건들이 발생했다:

낮은 자존감을 지닌 사람들은 자신들의 불편함의 실제 원인을 자각하지 못하고 있었다.

그들은 자신들이 경험하고 있는 바람직하지 않은 감정에 대해서 자신들의 배우자가 책망할 것이라고 추정하고 있었다.

그들은 이러한 감정을 행동화하였고, 그들의 배우자가 자신들에 대해 비난한다고 간주하였다.

그들은 느꼈던 점을 직접적으로 전달하기 보다는 오히려 분쟁을 유발하였고, 그 분쟁이 배려에서 나온 것인지 또는 짜증(쓰레기통)에서 실제로 비롯된 것인지의 여부를 고려하지 않고, 그들이 승리를 했었다고 느끼고 있었다.

당신은 하나의 작은 논평이 부정적인 사건의 연쇄를 얼마나 빠르게 작동시킬 수 있는가를 볼 수 있다. 관계에 대한 작업의 일부분은 이러한 연쇄반응을 줄이는 방법을 학습하는 일이다. “줄이는” 것은 당신이 지니고 있는 감정을 마치 일어나지 않은 것처럼 가장하려고 무시하거나 기만하려는 것은 아니다. 당신이 문제를 직접적으로 처리하도록 하기 위하여 이러한 감정을 활용하여 그 문제의 근원을 탐색하라고 권유하는 것이다.

당신이 경험하는 감정에 대한 무분별한 행동화로 인한 재앙을 막고, 관계행로의 고통의 측면에서 벗어나기를 시작할 수 있는 세 가지 작업이 있다.

첫째로, 당신의 감정을 무언가 바람직하지 않은 일이 일어날 것 같은 전조(前兆)로 인식하는 점이다. 당신은 스스로 매우 동요를 느끼거나 격노를 느끼게 하는 이유를 스스로에게 물어 본다: 당신 자신의 행위에 대한 탐색가가 되어보시오. 당신은 위협을 느끼는가? 무시당하는가? 통제를 당하는가? 돌봄을 받지 못하는가? 부끄러움을 느끼는가? 죄책감을 느끼는가? 무능력을 느끼는가? 사랑 받지 못함을 느끼는가?

둘째로, 당신에게 떠오르는 대답이 무엇이든지 마음속에 간직하면서, 일어난 일 또는 언표된 것이 당신 감정의 유일한 원인인지, 또는 최근에 발생한 다른 사건과 연관된 것인지 스스로에게 물어 본다. 정서적인 알레르기가 유발되었는가? 당신이 도달한 결론들은 자동적인 반응을 중단하고 사건을 철저하게 생각하는 학습과정만큼 중요하지 않다는 것을 기억하시오. 당신은 강한 동요를 느끼게 된 합리적인 이유를 발견할 수 있을 것이다. 그것은 훌륭하다. 당신은 이제 그 문제를 직접적으로 명백하게 논쟁하는데 필요한 정보를 가지고 있다.

셋째로, 특별히 당신은 자신에 대하여 느끼는 감정이 어떠한지에 관해 당신의 배우자와 규칙적으로, 매일 대화하시오. 당신의 배우자는 당신의 "솥"이 높은지 또는 낮은지의 정도를 알 필요가 있다. 이는 당신의 행동에 관해 그 또는 그녀에게 단서를 제공한다. 의심과 같이 당신의 자존감에 영향을 미친 사건에 관해 당신이 점차 발견해감에 따라 당신의 배우자에게 당신이 알아낸 바를 알려주도록 한다. 이러한 신뢰는 그 또는 그녀가 사랑하는 사람의 내면에서 진행되고 있는 바에 관한 값진 정보를 제공해준다.

당신이 이 기법과 뒤에 올 기법들을 실행하기 시작할 때, 당신은 수십 년 된 습관 및 환경과 싸우는 중이며, 하루 밤에 그 습성이 변화되리라고 기대할 수 없다는 점을 기억하시오. 습관, 심지어 부정적인 습관이 우리 삶을 방해하는 정도를 명백히 볼 수 있을 때에라도, 우리에게는 자연스럽게 느껴진다. 자신과 배우자에 대하여 인내심을 지니도록 하시오. 만일 당신 스스로 과거의 경향으로 후퇴한다면, 서로 휴식을 취하도록 하시오. 스트레스를 받으면 우리는 퇴행하게 된다. 스트레스를 받고 있는 중인데도 새로운 삶의 방식을 유지해갈 수 있을 때에, 당신은 과거의 경향을 변화시켰다는 것을 알게 될 것이다.

> 당신이 논쟁을 하고 있었던 쟁점을 끝내기보다 당신의 자존감에 보다 영향을 주었던 배우자와의 최근의 싸움을 상기할 수 있는가?
> - 당신은 그 쟁점을 다른 관점에서 지금 처리할 수 있는가?
> - 당신이 당연하다는 느낌이나 혹사당했다는 느낌을 지닐 때, 배우자에게 그 점을 전달하는 데 어려움을 지니고 있는가? 만일 그러하다면, 이유는?

자존감 패턴들 및 통제

지속적인 낮은 자존감은 오해나 일시적인 격노를 불러오는 문제들을 야기한다. 당신이 강한 자존감을 소유한 사람일 때, 당신에게 기쁨을 줄 수 있는 특성을 지닌 배우자를 선택하는 경향이 있다. 당신은 자신의 능력에 대한 명확한 지각을 소유하고 있으므로, 배우자에게 권력을 빼앗기지도 않을 뿐만 아니라 통제하지도 않는다.

그러나 만일 당신이 낮은 자기 가치감을 소유하고 있다면, 잘못된 이유로 누군가에게 연루될 수 있다. 당신은 계속적인 칭찬, 헌신, 아첨으로 당신의 자아를 강화시켜주는 사람과 결혼할 수도 있다. 그러나 당신 배우자의 사랑과 칭찬이 흔들림을 나타내면(만일 그녀가 파티에서 새롱거리거나 또는 그가 예쁜 사무실 여직원과 점심식사를 한다면), 질투와 의심, 심지어는 공황이나 우울증으로 고통을 받을 수도 있다. 다른 한편, 당신의 외관을 돋보이게 하기 위하여 수려한 외모, 안정된 신분과 명성을 획득한 사람과 결혼하기 위하여 당신은 동분서주할 수도 있다. 그러고 나서 배우자가 지속적으로 당신을 훌륭하게 만들기 위해 정성을 쏟는 일은 매우 중요하게 된다. 당신의 아이들 또는 당신의 친구들이 당신을 훌륭하게 보이도록 만드는 것 역시 중요하게 될 수 있다. 당신은 그 사람들을 당신 자신의 연장(延長)으로 바라보게 될 수도 있고, 매우 통제적이고, 경직되거나 또는 조종을 시도하는 사람이 될 수도 있다.

이러한 애매한 구분에서 생겨난 혼란은 다른 방면으로 확대되기도 한다.

당신이 성장하면서 당신의 가치는 생산성("게으른 손은 악마의 일터이다")에 달려있다고 학습했다면, 당신의 배우자가 "게을러" 보일 때에 당신의 감정이 상해있음을 알 수 있을 것이다. 만일 당신이 "옷이 날개다" 또는 여성은 항상 옷을 매력적이고 단정하게 입어야만 한다고 믿는다면, 지속적으로 배우자나 아이들의 외모를 감찰할 수 있고 만일 그들이 단정치 못하게 보인다면 못마땅하게 여길 수 있을 것이다. 당신이 자신에 대한 확신이 결여되어 있다면, 정치에서부터 극장가에 이르는 제반분야에 대한 타인의 견해나 사고를 취향이 다른 것으로 보기보다 당신 자신에 대한 하나의 도전처럼 느껴질 것이다. 당신은 친한 사람들에게 당신이 원하는 방식대로 그들 자신을 표현하도록 하는 것을 매우 중요시하게 된다. 낮은 자존감을 지닌 사람들은 통제를 심하게 하는 사람이 될 수 있다.

이상하게도, 낮은 자존감은 외관상으로 정반대 행동을 이끌 수 있다. 그들 중 일부는 쉽게 통제하도록 가만히 있거나 고분고분하게 굴며, 또는 "쐐기로 고정된 내 몸 위를 마음대로 밟고 지나가도 좋다"는 속담대로 처신한다. 당신은 사람들이 함부로 취급해도 실제로 다른 대우를 받을 자격이 없다고 여기기 때문에 고함을 치거나 저항하지 않는다. 당신은 타인에게 기쁨과 위안을 주기 위해 자신을 희생시킬 수 있으며, 스스로에게는 동일한 배려를 하지 않는다. 많은 사람들이 자신의 자존감을 강화시키는데 필요한 감정을 이러한 방법으로 조달한다. 가끔 낮은 자존감을 지닌 사람들은 다른 사람들이 "빚을 진" 느낌을 지니게 만든다. 불행히도, 이처럼 타인에 대해 일관되게 몰입하는 것은 아마도 자신이 타인으로부터 돌봄을 받는 기쁨을 체험하지 못하게 방해할 것이다. 만일 당신이 "돌보는 자" 유형이고, 누군가가 당신의 욕구에 대해 관심을 나타낸다면, 당신은 불편함을 느낄지 모르며("당신은 무엇을 실제로 원하고 있는가?" 또는 "당신은 언제 돌봄을 중단할 것인가?"), 당신은 결코 자신을 누군가의 관심과 사랑을 받을 가치가 있다고 믿지 못할 것이다. 당신은 부단하게 사랑을 제공하겠다는 요청을 하겠지만, 결국 당신은 실망하게 될 것이다. 돌봄을 받는 것은 당신으로 하여금 불편하고 나약함을 느끼게 만들지 모르는데, 왜냐하면 누군가가 당신의 욕구들에 반응을 하고 있다면, 당신은 그를 더 이상 통제할 수 없다고 느끼기 때문이다.

두 가지 경우는 실제로 같은 동전의 다른 측면들이다. 각 유형은, 자기 자신의 인생에 대한 통제(control) 및 숙련(mastery)의 결여의 느낌으로, 자신과 가장 가까운 사람들에 대한 통제를 능동적으로(과도한 요구나 우두머리 역할 수행을 통해) 또는 수동적으로(돌봄의 행위를 통해) 추구하고 있다.

우리는 이들 특성을 혼합하여 조화시키고자 한다. PAIRS에서 많은 사람들은 한 관계에서는 주로 한 가지 방식, 다른 배우자와의 관계에서는 주로 다른 방식이 된다고 보고한다. 낮은 자존감을 지닌 사람들은 서로 그들의 특성들에서 상보적으로 되는 것을 발견하는데- 한 쪽은 의존적이고 궁핍한 사람의 역할을 하고 반면에 다른 쪽은 돌보는 자 역할을 한다.

- 항상 일을 당신의 방식으로 추진해가는 것이 당신에게 중요한가?
- 당신이 논쟁에서 패배한다거나 또는 당신이 하던 방식대로 업무수행을 추진하지 못했을 경우에 당신은 통제력을 상실하거나 명성이 실추된 것처럼 느끼는가?
- 타협을 하는 것은 균형을 이룬 관계를 유지시키도록 도와주는 동의보다는 패배처럼 느끼는가?
- 당신은 돌보는 자인가? 당신은 자신의 욕구보다 다른 사람의 욕구를 항상 우선시하는가?
- 당신은 자신보다 타인을 위해 음식을 준비하는데 보다 많은 시간을 사용하는가?
- 당신이 불쾌함이나 분노를 느낄 때에 사람들에게 그 감정을 전하는 것이 어렵다고 생각하는가?

감정에 관한 규칙 정하기

낮은 자존감을 지닌 사람의 가장 골치 아픈 한 가지 징후는 어떤 감정에 반(反)하는 규칙을 지니는 것이다. 당신은 "실수"를 감지하고 있기 때문에 결함 혹은 수치심 혹은 기분 나쁨을 느낄지도 모른다. 이는 특히 분노, 고통 그리고 두려움에 해당되지만 또한 어떠한 감정에도 해당될 수도 있다. 사랑까지도 만일 당신이 거절을 예상하거나 그것이 "틀린" 사람을 위한 것이라면, 불쾌한 감정을 갖게 될 수 있다. 결국 당신은 자신의 지각에 대한 의심을 중단시키게 된다. 어떤 일에 관하여 당신이 분노를 느낄 때에, 스스로를 억제할 수 있다: "정말 우스꽝스러운 일이야, 그것에 관해 화낼 게 전혀 없어." 사실은 하나의 감정에 대한 타당성을 결정할 수 있는 유일한 길은 그 감정을 체험해 보는 것이며, 그러고 나서 그 감정의 근원에 대한 타당성을 발견하려고 노력하는 것이다. 감정 자체에는 아무런 잘못이 없다; 문제는 당신이 그 감정을 표현하는 방법에 있다.

낮은 자존감은 이 장에서 기술된 방식 중 어느 것으로도 또는 모든 방식으로 나타낼 수 있다. 만일 당신이 낮은 자존감을 지닌 두 사람을 하나의 관계 속에 둔다면, 그 방의 혼란이 전체 저택으로 퍼질 것이다.

경숙은 자신의 가치에 대해 결코 확신을 느껴보지 못한 아름다운 여성이다. 그녀는 어릴 때 학습장애를 지녀 결코 잘 읽을 수도 잘 쓸 수도 없었으므로, 그것이 그녀로 하여금 결함 많고 사랑받을 수 없는 존재라고 느끼게 만들었다. 그녀는 이미 두 번의 결혼 실패의 경험을 한데다가 현재의 관계가 와해되었을 때 상담을 요청해 왔다. 그녀의 남자 친구는 아이 때에 부모에게 방치를 당했었고, 그가 갈망했던 관심과 사랑에 대한 엄청난 양의 확신을 요구하였다. 자신의 견해와 감정이 결코 중요하지 않다고 믿고 있는 경숙은 그 확신을 제공할 방법을 알지 못했다. 그는 떠나버렸다.

이 이야기는 상대를 신뢰하는 것이 친밀한 관계의 안녕(安寧)에 얼마나 본질적인가를 말해준다. 당신이 한 때 어리석고 나약함을 느낄지라도, 상대를 신뢰하는 것은 당신의 배우자에게 값진 정보를 제공해줄 뿐만 아니라, 또한 당신 감정의 전 영역을 수용하는 방법을 가르쳐준다.

자존감 개선하기 및 비방어적으로 되기

자존감을 높일 쉬운 묘책이나 연습은 없다. 모험하기 - 처음에는 부자연스럽고 불편을 느끼는 무언가를 행하고, 스스로가 불완전함을 허용하며 학습함으로써 당신 자신에 대해 느끼는 방식을 변화시키는 것이다. 우리 중의 많은 사람들은 어떤 것을 시도하는 것에 대해 불안해한다. 이를 테면, 스키타기, 피아노 연주하기, 심지어 성관계 맺는 것 등을 "올바르게" 행할 수 없을 것이라고 두려워하기 때문이다. 모든 시작은 성인(成人)이라고 할지라도 서툰 법이다. 모험하기를 통해 우리는 기쁨을 가로막는 자신의 무능한 태도에 도전하여 변화시킨다. 우리가 모험하지 못하도록 가끔 막는 것은 내적인 메시지- 부정적 태도- 로서 모험할 필요가 없다는 것을 우리에게 암시하는 것이다: 우리는 실패할 것이다, 우리는 상처받을 것이다, 그 경험은 할 만한 가치가 없다. 이러한 메시지들을 대체할 긍정적인 태도를 발달시키고 실행하는 것은 우리가 모험적이라고 느끼는 일을 행하도록 도와준다.

낮은 자존감을 수반하는 몇 가지 부정적 태도는 "나는 충분히 선하지 않다," "나는 사랑스럽지 않다," 그리고 "나는 행복하게 살 자격이 없다." 우리는 이 태도를 변화시켜 보다 긍정적인 태도로 대체하는 노력을 구체적으로 실천할 수 있다:

"나는 존재한다." 태어난 덕택에 나는 존재한다. 나는 하나의 독립된 인간이다. 나는 나만의 독특성을 지니고 있다. 나는 존재할 권리가 있다. 나는 내 스스로 판단하고 선택하며 결정할 수 있다.

"나는 요구한다." 나는 존재하는 덕분에 욕구들을 지닌다. 게다가 안식처와 음식을 필요로 하며, 접근과 친밀에 대한 정서적 욕구를 지니고 있다. 나는 욕구를 가지며 욕구를 충족시키려고 노력할 자격이 있다. 나는 타인을 도울 수 있지만, 오직 타인의 욕구를 충족시켜주려고 내 정체성을 희생시키고 싶지는 않다. 나는 내게 닥아와서 나를 돌보아줄 다른 누군가를 기다리지 않겠다. 나는 나 자신을 돌볼 수 있다.

"나는 권리가 있다." 나는 행복하고 미완성인 내 욕구를 충족시킬 권리가 있다. "나는 사랑스런 존재이다." 당신은 나를 사랑하지 않을 수도 있지만, 나는 사랑스럽다. 나는 비록 매력이 부족한 성격을 지닐 수도 있지만, 만일 내가 현재의 참된 나의 모습을 드러내는데 있어서 정직할 수 있다면, 세상에 대한 나의 방어를 표출시키기를 중단할 것이며, 당신은 사랑스러운 존재라는 것을 알게 될 것이다. 먼저 내 스스로 사랑스럽다는 것을 인식해야만 한다.

"나는 충분할 정도로 선하다." 내가 완벽하게 되어야만 하는 것은 아니다. 나는 확실히 실수할 수 있다. 나는 또한 도움을 필요로 할 수 있고, 어떤 주어진 상황에서도 최고가 되어야 하는 것은 아니지만, 나는 충분할 정도로 선하다.

관계행로

친밀에 영향을 미치는 태도 및 신념들

연결하기

기쁨	고통
소망	공포
사랑	분노
안락	불편
노력	근심
신뢰	불신

친밀을 격려하는 신념들	친밀의 성취를 방해하는 신념들
나는 존재한다.	나는 권리가 없다.
나는 요구한다.	나는 사랑스럽지 않다.
나는 권리가 있다.	나는 착하지 않다.
• 행복할 • 사랑받을 • 실수할 수 있는	나는 감추고 체하는 행동을 해야 한다.
나는 사랑스럽다. 나는 착하다. 나는 완벽할 필요가 없다.	

우리가 PAIRS에서, 이 새로운 태도를 논의할 때, 처음 참가자들은 불편할 것 같다. 일부 참가자들은 이런 진술들은 명백하지만 거

의 어른답지 못하다고 생각한다. 그러나 우리가 매 진술을 상세히 논의해감에 따라, 이 교실의 거의 모든 사람들은 이 태도들 중 전체는 아니지만 적어도 한 가지와 개인적인 연관을 지울 수 있을 것이다. 참가자들은 스스로 결정해 오고 있는 그 오해를 이해하기 시작한다.

유순하고 수용적이 되려는 경향을 지닌 사람들을 위해 "나는 존재한다." 는 주장을 하도록 하는 것("나는 내가 여기 있다는 사실에 대해 사과할 필요가 없다" 는 말은 한 사람이 주장하는 방식이다)은 가끔 마음의 문을 여는 사람이다. 일 중독자와 완벽주의자들이 "나는 충분할 정도로 선하다" 는 진술을 할 때 그들 자신을 보다 자유롭게 해주며, 자신들이 일을 성취만을 위해서뿐만 아니라 즐거운 생각을 지니고도 할 수 있다는 것을 알게 해 준다. 그들이 처음에는 어색하다 할지라도, 그들은 모험을 할 수 있고, 새로운 일들을 학습하기 위해 마음을 개방할 수 있다. 돌보는 자들은 다른 사람들의 욕구를 충족시켜주는 만큼 자신의 욕구들을 지닐 권리를 가지고 있다는 사실을 알 수 있다.

관계 면에서, 낮은 자존감을 지닌 우리들에게 가장 힘든 것은 우리의 욕구들, 결점들 그리고 두려움들을 믿게 만드는 것이다. 우리는 배우자에게 항상 가장 좋은 모습을 보여주는 데 익숙해져있으므로 약하거나 상처받은 느낌을 갖게 하는 것을 싫어한다. 그러나 우리 자신의 마음과 감정을 충분히 표현하는 위험을 감수하지 않고서는, 관계를 강화시켜주고 관계를 지속적으로 성장하게 만드는 친밀성과 신뢰를 결코 발견할 수 없다. 이러한 자기표현은 배우자들이 낮은 자존감을 지닌 기간 동안 서로를 격려하도록 허용할 수 있다.

PAIRS 프로그램의 한 참가자인 갑순은 그것을 다음과 같이 설명

하고 있다:

내가 아이들과 마음이 상하여 짜증이 날 때, 갑돌은 "나는 지금 당신이 싸움을 걸어오기를 원치 않아요. 나는 당신이 그렇게 불쾌하게 느끼는 이유를 알기를 원해요." 나는 실제로 그를 위해 그렇게 할 필요가 있으며, 그것은 내가 지금 우리의 관계를 사랑하는 일들 중의 하나이다- 그가 내게 실제로 일어나고 있는 것에 대해 손가락질 대신에 그렇게 할 수 있을 만큼 나를 잘 아는 누군가가 있다는 것이다. 그리고 그 반대의 경우도 일어나기 시작하고 있다. 그가 마음이 상했을 때에, 나는 방어적인 태도보다는 보다 큰 호기심이나 동정심의 태도를 지니는 경향이 있다. 이러한 나의 태도는 그가 더 자유로운 느낌과 개방적인 태도를 갖게 하고, 힘든 시간이 보다 빨리 지나가게 만든다. 지금 우리 사이에는 거의 긴장이 없는 상태이다.

4

털어놓기: 매일 온도 읽기

* * *

털어놓기- 자신을 충분히, 정직하게, 직접적으로 상대에게 드러내는 능력은 친밀성에 활력을 불어넣는 근원이다.

침묵, 숨은 주제들, 모순과 불일치가 가까운 관계 속에서 다반사로 발생한다는 것은 끔찍한 일이다. 두 사람이 아무리 많은 사랑을 나누고 아무리 서로 잘 어울린다고 하더라도, 그런 긴장 속에서는 관계가 발달할 수 없는 것이다. 명료하고 규칙적인 의사소통은 두 사람이 만족스럽게 생활하고 일하는데 필요한 요소이다.

튼튼한 관계를 지속시키는 부부는 자기 삶에서 일어나는 크고 작은 일에 관하여 쉽고 활발한 의사소통을 유지하는 경향이 있다. 이 관찰을 근거로 하여, 버지니아 세티어는 매일의 온도 점검하기라고 일컫는 서로를 유지시키는 기법을 개발하였다. 이 단순한 기법은 많은 부부들에게 관계의 기쁨을 제공하는 주요근원이 되고 있다. 이 기법은 다른 상황과 다른 관계 안에서도 잘 활용될 수 있다.

PAIRS 연습: 매일 온도 읽기

PAIRS 수강생들은 매일 온도 읽기 기법에 관해 두 가지 점을 발견한다. 그것은 부부들이 가까이 머물게 하는 가장 중요한 기법 중의 하나이며, 그리고 그들이 바쁠 때는 종종 **되어가는 대로** 맡긴다는 점이다.

-감사 <u>매일 온도 읽기</u>

● 감사

-새로운 정보

● 새로운 정보

-난제들

● 난제들

-변화를 요청하는 불평

● 변화를 요청하는 불평

-소망, 희망, 그리고 꿈

● 소망, 희망, 그리고 꿈

이 기법의 실행을 되어가는 대로 맡기지 마시오!

부부들이 하루에 한 번씩 온도 읽기를 수행하는 것이 좋다. 이 실천은 당신의 관계에서 개방적이고 활발한 의사소통을 유지 발달시키는 중요한 방법이다. 당신은 온도 읽기에 대한 각자의 양식을 개발할 수 있지만, 당신이 원한다면 기본적 형식이 여기 있다.

첫째 단계: 감사. 우리는 자신에 관해 좋은 말을 듣기를 원한다. 우리와 가장 가까운 사람보다 우리에게 필요한 것을 더 잘 마련해줄 사람은 아무도 없다. 우리가 지니고 있는 나쁜 점에 관해서는 넓게는 타인들로부터, 그리고 우리 자신들로부터(우리는 통상 자신에 내한 최악의 비평가이다) 많은 것을 듣게 된다. 당신이 배우자

에게 감사할 무언가를 알고 있다면, 그것을 언어나 몸짓으로 표현하는 것이 좋을 것이다. 우리 모두 배우자의 감사를 수용하는 방법을 익혀야 한다. 우리는 종종 감사를 간단히 표현하고, 조건화된 반응을 보인다("오, 이건 얼마나 오래된 물건인데?" , "그건 아무것도 아니야"). 우리는 배우자가 말하는 내용을 수용할 필요가 있으며, 그 말에 대해 감사를 표명해야 한다.

둘째 단계: 새로운 정보. 우리가 어떻게 지내고 있는지에 관한 일상의 정보를 배우자에게 제공하지 못할 때, 추정을 할 수 있는 여지가 너무 많다. 배우자들이 각자 생활에서 발생한 중요한 사건뿐만 아니라 하찮은 사건까지도 서로 인식할 때에 친밀성이 강화된다. 이는 업무와 관련된 것일 수도 있고("나는 드디어 새로운 계약체결에 성공했어요."), 가족("숙모가 회갑잔치를 하신데요"), 상호관심과 흥미("나는 너의 목에 있는 사마귀가 염려돼" 또는 "내 생각에 당신이 즐겁게 읽을 수 있는 글이 여기 있어"), 또는 친구("나는 옛 친구와 점심을 먹었다네"), 접촉을 유지하기 위해 얻은 것이 무엇이든지, 배우자에게 당신의 기분, 말, 경험-당신의 삶을 알도록 해야 한다. 많은 문제와 오해는 배우자에게 무슨 일이 일어나고 있는가에 관해 아무도 현재의 정보를 제공해주지 않아서 우리가 추정하기 때문에 발생한다.

셋째 단계: 난제. 만일 당신이 이해하지 못하는 일(당신의 배우자가 왜 지난밤에 기분이 그렇게 저하되어 있었는지, 사무실 직원재편에 대한 최근의 소식, 가까운 친구의 이사소식)이 있는데, 배우자가 설명할 수 있는 일이면, 질문해 보시오. 배우자가 당신이 흥미를 지니고 있는 것에 대하여 알고 있다고 추정해서는 안 된다. 질문하지

않는 것은 당연히 무관심한 것처럼 비춰질 것이다. 일부 사람들은 "만일 당신이 알기를 원한다면, 당신이 나에게 물어볼 것이다" 라고 믿고 있다. 다른 사람들은 "만일 당신이 나에게 알리기를 원하는 것이 있었다면, 당신이 나에게 전달했을 것이다" 라고 생각한다. 따라서 많은 난제가 미해결로 남고, 의문에 해답이 주어지지 않은 채 추정과 마음읽기로 어려운 상황이 진전된다. 만일 배우자가 명료화시키도록 도와줄 수 있는 일을 당신이 이해하지 못하고 있다면, 명료화시켜달라고 요청하시오.

이 요청은 또한 당신이 자신에 대하여 지닐 수도 있는 어려운 문제를 탐색하고 언어로 진술할 좋은 기회이다. ("나는 업무상 계획서 완성이 시간적으로 너무 늦어지고 있다. 나는 왜 내가 장시간 앉아서 매듭을 짓지 못하는지 이해할 수가 없다. 나는 실제 장애물을 가지고 있는 것 같다." "우리가 가계부 수지를 맞추려고 애를 쓰면서 내가 지난밤에 왜 그렇게 화를 냈는지 참으로 알 수가 없다." "누군가가 무언가 사소한 일로 업무 중에 내 머리를 때려서 나를 몹시 마음 상하게 했다. 그 일이 작은 일이고 무언가가 나를 분명히 귀찮게 하던 중이었기 때문에, 나는 그 일이 왜 나를 그렇게 심하게 괴롭혔는지를 알 수 없다.") 이러한 곤경을 제시하는 것은 당신이 갑자기 해답을 찾게 되리라는 것을 의미하지는 않지만, 그 곤란한 문제를 논의하는 것은 배우자가 당신의 갈등과 생각에 보다 중요한 통찰력을 줄 수 있다는 것을 뜻한다. 배우자는 또한 당신의 생각에 대한 통찰력을 얻을 수도 있다.

넷째 단계: **변화를 요청하는 불평.** 불평을 토로하는 것이 비난을 하거나 비판적이 되어서는 안 된다. "이번 일은 나를 괴롭혔던 일이 발생한 것이며, 만일 당신이 이 일 대신에 다른 일을 했더라면

나는 보다 기분 좋게 느꼈을 것이다.” 당신이 불평을 진술할 때, 당신이 요청하고 있는 행동을 진술하는 대신에 당신을 괴롭히고 있는 행동에 관해 구체적으로 표명해야한다. 모든 사람들이 그러하듯이, 우리는 우리가 원하는 것을 배우자들에게 전혀 전달하지 않고, 사람들을 “이것을 하지 말라” 그리고 “저것을 하지 말라”는 긴 목록에 종속시킨다. “왜 당신은 전혀 정시에 집으로 퇴근하지 않느냐?” 는 고함은 “만일 당신이 늦게 퇴근해야 할 경우에는 반드시 전화해 주세요. 그 방식이 내가 자신의 계획을 수립할 수 있고, 당신에 관해 걱정하지 않아도 되니까요” 와 동일한 응답을 얻을 수 없다. 만일 긴 논의가 필요한 정서적 문제 또는 접촉에 대한 쟁점이 제기되면, 배우자와 함께 심층적으로 다룰 보다 적절한 시간을 마련하도록 요청하는 것이 좋다.

매일 온도 읽기는 정보제공 목적으로 고안된 것이다. 이 양식은 심각한 갈등해결 도구로 제공된 것이 아니라 그 목적은 오해를 예방하도록 도와주려는 것이다. 다음의 장들은 당신이 전에 경험한 원한으로 전면전이 발발하지 않도록 문제를 예방하기 위한 다양한 방법을 제시하고 있다.

다섯 째 단계: 소망, 희망, 꿈. 희망과 꿈은 우리가 누구이며 어떤 사람인지에 대한 총체적이면서도 중요한 부분이다. 만일 우리가 꿈과 희망을 배우자와 함께 나눌 수 없다면, 우리가 배우자로부터 자신의 중요한 일부분을 박탈하는 것이 될 것이다. 시간의 많은 부분을 여러 가지 압력에 대응하는데 사용하는데, 우리는 그 순간을 초월하여 생각할 시간을 거의 갖지 못한다. 이 매일 온도 읽기 부분은 우리 자신으로부터, 우리 배우자로부터, 그리고 우리 인생으로부터 우리가 원하는 것에 대하여 반성할 기회를 제공해준다. 우리

의 기대와 희망을 자신과 배우자의 자각 안으로 많이 전달하면 할수록, 서로 배우자를 인식하는 방법을 더 많이 알아낼 수 있는 것이다. 배우자를 세속적인 것으로부터 고상한 것으로 확장시킬 수 있다: "나는 우리가 보다 많은 시간을 함께 보낼 수 있도록 이번 주말 휴가를 얻을 수 있기를 희망하고 있다." "나는 우리가 아기를 가질 수 있기를 바라고 있어." "나는 언젠가 이 나라에 집 한 채를 소유하기를 희망하고 있어." "나는 한 달 동안 집을 떠나 알라스카로 등반을 갈 시간을 갖기를 꿈꾸고 있어." "나는 집중하여 나의 그림을 그릴 시간을 원하고 있어."

처음에 매일 체온 읽기를 시행하는 것은 어색하고 인위적인 것으로 여겨질 것이다. 그러나 온도 점검하기를 중지하지 마시오. 당신이 온도 읽기에 익숙해져감에 따라, 당신 스스로 많은 영역에 접촉하고 있음을 알게 될 것이다. 당신은 매일 다섯 가지 범주 모두에 관해 무언가를 말할 필요는 없겠지만, 스스로에게 각 영역에 관해 생각해볼 기회를 지닐 짬을 내라고 격려하고 싶다. 감사는 관계를 강화시키고, 새로운 정보, 난제와 불평은 오해를 막고 문제를 해소시키며, 소망, 희망, 꿈은 즐거운 마음으로 기다리게 될 미래를 약속한다.

처음으로 PAIRS과정을 수강하는 일부 사람들은 온도 점검하기가 부부들이 관계 속에서 원하고 있는 자발성을 거스르는 것처럼 여겨지기 때문에 이러한 생각에 저항한다. 그러나 만일 부부들이 온도 점검하기 연습을 지속한다면, 그 구조가 실제 나눔을 실행하도록 하며, 그들이 찾고 있는 자발성이 이내 활기를 띠게 된다는 것을 알게 된다. 그들이 온도 점검하기에 관해 생각할 때 업무에 종사하는 낮 시간은 그들이 생각했던 것만큼 지루하지 않았으며, 그들이 행하고 있는 귀찮고 짜증스런 무언가를 전달할 때 직접적이고 친절하게 말하는 것이 종전에 생각했던 것보다 훨씬 쉽다는 것을 알아내고 또한 그 결과를 얻어내고는 많은 사람들이 놀람을 금치 못한다.

만일 당신이 공상에 잠길 수 있고, 배우자와 공상을 나눌 수 있는 시간을 할애하지 않았다면, 당신은 잠자리나 식사를 시작할 때 당신이 꿈꾸었던 것과 당신이 아마도 온도 점검하기를 시도할 근거를 다시 세울 수 있다는 것을 결코 발견하지 못했을 것이다.

저명한 철학자인 마르틴 부버는 그의 저서 "나와 너"라는 책에서 두 사람이 어떠한 가식이나 어떠한 핑계를 대지 않고 함께 살 수 있다면, 그것은 인생에서 최상의 활력을 가져다주는 체험이 될 것이라고 말했다. 타인을 당신 스스로 참된 자기를 숨겨서는 안되는 어떤 사람으로 다룬다면, 당신의 에너지의 흐름과 즐거움이 증가될 것이다.

- 매일의 온도 점검하기에 있어서 당신이 불편을 느끼거나 또는 회피하고 싶은 특정 단계가 있는가?
- 당신이 당신의 배우자에게 감사를 표명할 일을 알아내거나 또는 불평을 진술하는 것이 어렵다고 여기고 있는가?
- 당신이 던질 수 있는 몇 가지 질문, 당신이 지닌 꿈 또는 당신이 표현하기를 바라는 두려움 때문에 당신이 어리석음, 우둔함, 나약함을 느끼게 될 것이라고 걱정하는가?
- 당신의 배우자로부터 유래했거나 함께 나누었던 그 염려들에 관해 탐색해왔는가?

당신이 인식하기 시작한 것에 관해 잠시 동안 당신의 일지 노트에 적어봅시다.

제 3 부

기술의 도입

1. 당신의 스트레스 유형은 무엇인가?
2. 말하기 기술
3. 듣기 기술
4. 마음읽기 기술
5. 분노에 대한 기술
6. 공정한 싸움 기술
7. 원한 씻어버리기

제 3 부

기술의 도입

■ ■ ■

좋은 인간관계는 상호 존중과 힘의 평등한 균형을 기초로 이루어진다. 이것은 상대방을 특별한 존재로 만들려고 하는 노력은 물론, 상대방의 느낌 및 욕구에 대한 관심과 감수성을 필요로 하는 일이다---. 이 속에는 논쟁, 언짢은 기분, 의견 차이, 심지어 분노 등에 대한 것들도 포함되어 있다. 어쨌든, 서로 사랑하는 사람들은 둘 사이의 차이점을 효과적으로 다루어나갈 수 있는 방법을 찾아낸다; 이들은 결코 둘 사이의 만남을 승패가 따르는 전투로 보지 않는다.

- 수잔 포워드

1
당신의 스트레스 유형은 어떤 것인가?

* * *

"그게 새로 산 옷인가요? 우리가 가계비를 아껴 쓰자고 합의한 게 엊그젠데, 어떻게 당신이 그렇게 많은 돈은 무책임하게 쓸 수 있어요? 어찌 된 일이오?"

"그렇게 화내지 마세요. 당신이 정 싫다면 돌려주면 되잖아요. 미안해요."

"가계비를 아껴 쓰지 않으면, 우리 살림살이가 파탄이 날 테니까 내가 이러는 거 아니오."

"알았어요. 오늘 우리 중국 음식이나 먹으러 가요. 튀긴 경단과 원톤 수프가 어때요?"

약간 과장된 이 대화는 사람들이 화가 나거나 방어적이 될 때 흔히 사용하는 스트레스 의사소통 유형들을 보여주기 위하여 만든 PAIRS용 대화 모형의 하나이다. PAIRS에 참석하는 사람들은 이모형을 직접 연기(演技)하기도 한다. 이모형과 관련지어 아주 분명한 두 가지는: 첫째, 우리 중 누구도 위의 유형과 유사한 대화를 실생활에서 전혀 하지 않는다고 장담하기 어렵다는 것, 그리고, 둘째, 이런 대화가 의사소통을 향상시키거나 새로운 정보를 얻거나 문제를 해결하는 데 거의 도움이 되지 않는다는 것이다.

관계행로

친밀에 영향을 미치는 의사소통 유형들

연결하기

기쁨	고통
소망	공포
사랑	분노
안락	불편
노력	근심
신뢰	불신

친밀로 향하는 의사소통 유형들	친밀에서 멀어지는 의사소통 유형들
대등하기/일치하기	**회유자**
떨어놓기	**산만자/무관하기**
반응적	**컴퓨터/초이성적으로 되기**
정직	**비난자**
개방	**(언어적 통제)**
성실	

버지니아 세티어(Virginia Satir)는 사람들이, 자존감을 손상시킬 수 있는, 스트레스나 위협에 대하여 다음과 같은 네 가지의 방어적 의사소통 유형으로 반응하는 경향이 있음을 관찰했다: 회유하기(Placating), 비난하기(Blaming), 계산하기(Computing) 또는 초이성적으로 되기(being Super-Reasonable), 산만하기(Distracting) 또는 딴청부리기(Irrelevant). 사람들은 긴장의 순간에 자신들을 보호하기 위하여 사용하는 이런 의사소통 유형에 아주 길들여져 있어서 자

신들은 물론 상대방을 은연중에 소외시키고 있다는 사실을 모르는 경우가 많다. 그리고 이런 유형들을 습관적으로 사용하다보면 결국에는 유형 자체가 *핵심 문제*가 되기도 한다.

네 개의 스트레스 유형은 지금까지 서로를 이해하지 못하게 방해했던 불안이나 근심을 인식하지 못하게 한다. 그리고 또 우리들을 관계행로에서 고통 쪽에 붙잡아두는 역할을 한다.

먼저 다음에 기술된 네 개의 방어 유형 중 어떤 것(들)이 앞에 예시된 대화에 나타나있는지 생각해보시오. 아마도 당신들은 네 개 유형 모두를 발견할 수 있을 것이다. 다음에는 당신이 흔히 사용하는 유형은 어떤 것인지를 말해보시오. 그리고 당신이 그런 유형을 사용했던 특별한 경우를 한 가지만 예로 들어, 그때 느꼈던 것들을 회상해보시오. 그 사건은 어떤 상황에서 일어났습니까?

네 개의 스트레스 유형

회유자(Placater)는 자기(Self)를 제외시킨다.

회유형: 상대방의 비위를 맞추고, 호감을 사려고 노력하고, 변명과 사과를 하고, 무어든 "예" 라고 하는 사람으로, 극단적인 경우에는 아첨꾼이나 순교자로 보인다. 이들은 흔히 다음과 같이 이야기한다: "당신이 원하는 건 무엇이든지." "당신이 없으면 나는 아무것도 아냐." "평지풍파를 일으키지 마." "나는 신경 쓰지 마. 무어든 다 좋으니까."

이들은 "나는 아무것도 아니야. 당신이 없다면 나는 아무것도 할 수 없고 존재할 가치도 없어. 어떤 일이 있어도 평화는 지켜져야 돼." 라는 느낌을 갖고 있다. 이들은 다른 사람의 사랑과 인정

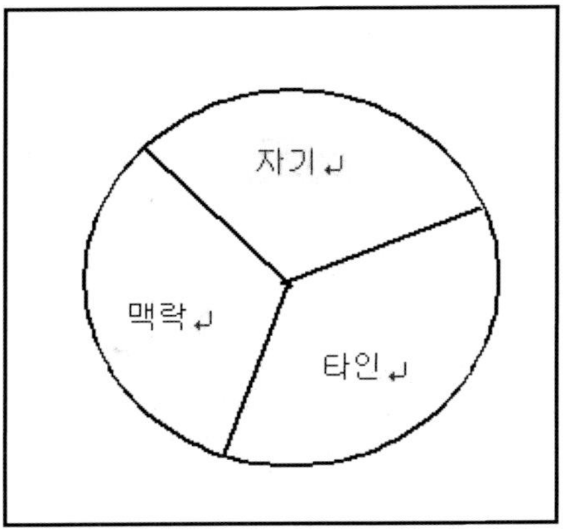

회유자[자기 제외]↵

을 통해서만 자신에 대한 가치감을 느낀다. 이들은 분노를 표현하지 못하고 마음속에 담아두기 때문에, 나중에 우울증이나 정신신체 질환에 걸릴 가능성이 크다.

비난자(Blamer)는 다른 사람(Other)을 제외시킨다.

비난형: 상대방의 잘못을 찾아내는 데 명수(名手)인 독재자로 언제나 상대방에 대하여 통제하고, 꼬치꼬치 캐고, 무자비한 비판을 가하고, 잘못을 일반화 시킨다: "너는 제대로 하는 게 없어." "네가 아니었으면, 모든 게 다 잘되었을 텐데." "너는 참 어리석어(병들어 있어, 나빠, 제정신이 아냐, 죄가 많아 등등)." "너는 네 엄마(아빠 또는 다른 사람)와 똑같아."

이들은 "나는 외롭고 아마도 좋아하지 않을 거야." 라는 느낌을 갖고 있다. 이들은 자신이 원하고 있거나 자신에게 필요한 것을 얻을 수 없을 것이라는 예감 때문에 늘 화가 나있고, 이런 위협적인 상황에 대한 가장 좋은 방어가 강한 공격이라고 여긴다.

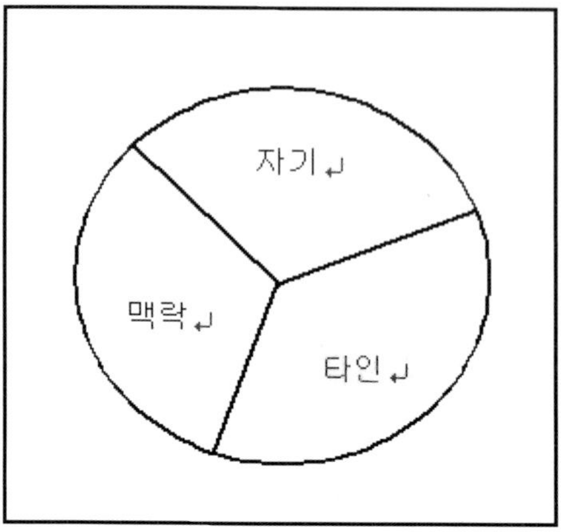

비난자[타인 제외]

이들은 흔히 통제적인, 까다로운, 적대적인, 폭군 같은, 졸라대어 괴롭히는, 캐기 잘하는, 흠잡기 잘하는 사람으로 묘사되며, 극단적인 경우에는 망상적이거나 난폭하다는 평을 받는다. 이들은 툭하면 상대방을 공격하는 등 분노를 폭발시키는데, 고통이나 두려움을 적절히 처리하거나 표현하지는 못한다.

계산자(Computer)는 자기(Self)와 타인(Other)의 모든 감정을 제외시킨다.

계산형(초이성형): 언제나 조용하고 냉정하고 침착하며 초(超)이성적이다. 이들은 조심스럽게 옳은 말만 골라 하면서 다른 사람들도 그렇게 해주기를 기대하며, 실수를 용납하지 않고, 느낌을 부정한다. 그리고 사실들, 통계 수치, 근거 자료, 및 관습을 자주 인용한다. 이들 초이성형은 흔히 "내가 화가 났다고? 천만에 그렇지 않아. 왜 그렇게 얘기하지?" "누구나 다 알고 있다시피---" "이 책

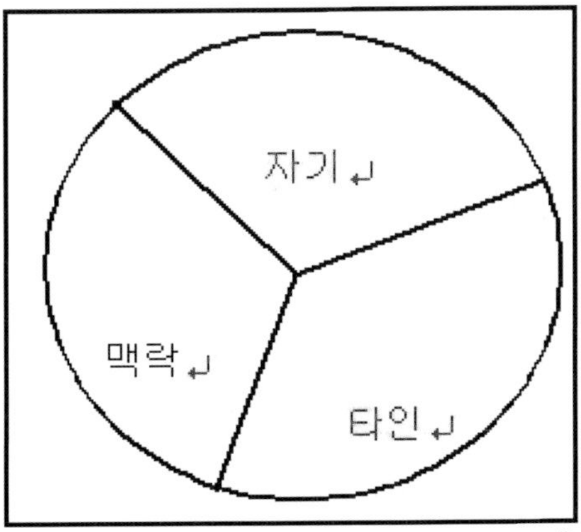

계산자[자기 및 타인 제외]

에 나와 있기를---" "꼭 해야 될 일은---" 식으로 이야기한다.

이 초이성형은 감정표현을 두려워하며 다음과 같은 원칙을 지킨다: 어떤 문제가 생겼거나 스트레스를 만났을 때, 가장 좋은 해결책은 근거 자료, 객관적 사실과 수치를 동원하는 것이다. 절대로 감정표현은 하지 않는다. 감정은 믿을 것이 못되고, 예측불가능하며, 위험한 것이다. "나는 절대로 나의 감정을 드러내지 않으며 다른 사람의 감정에도 관심이 없다."

이 유형의 사람들은 흔히 율법적, 군국주의적, 강박적, 교조적, 완고한, 경직된, 원칙주의자, 무신경한, 감정이 없는 등의 용어로, 또는 감정이입이나 동정심 또는 사랑이 결여된 사람으로 묘사되며, 극단적인 경우는 로봇 같은 인간으로 보여 진다.

산만자는 자신, 타인, 및 맥락 모두를 제외시킨다.

산만하기 또는 딴청부리기 형: 언제나 말이 많고, 초점이 없으며, 흔히 미친 듯이 적극적으로 행동한다. 이들은 시선(視線)과 직접적

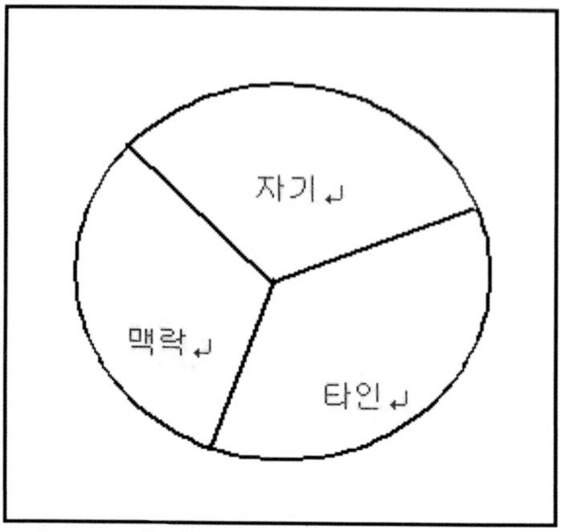

산만자[자기, 타인, 맥락 제외]↵

인 답변을 피하며, 주제를 빨리 바꾸거나 논의의 요점을 무시한다: "문제가 있다고? 문제는 무슨 문제. 영화나 보러가지(술이나 마시지, 섹스나 즐기지, 친구들이나 부르지 등등)" 식으로.

그러나 이들의 마음속은 무서움과 불신과 근심걱정으로 가득 차 있다. 이들의 행동 원칙은 다음과 같다: 내가 어떤 문제를 무시한다면, 그 문제는 존재하지 않게 된다. 그 문제는 스스로 사라지거나 해결될 것이다. 문제에 정면으로 부딪치면 불필요한 위험스런 싸움이 일어나 나와 상대방의 관계는 파탄이 나고 말 것이다.

산만형은 변덕스러운, 부적당한, 말이 많은, 미친 듯한, 지나치게 활동적인, 맹목적인, 그리고 간혹 현실감이 결여된 사람으로 묘사된다.

그러나 이상의 네 유형 중 어느 하나에만 해당되는 경우는 거의 없다. 실제로는 네 유형이 섞여서 또는 짝을 지어서 나타난다. 따라서 수많은 조합과 패턴들을 이루게 되는데, 남녀 성에 따라 약간의 차이를 보인다. 남성은 일반적으로 고통이나 두려움을 인정하지 않으려 하고, 여성은 분노를 두려워하는 경향을 보인다. 이에 따라 남성은 초이성적 비난자가 되어 수행과 복종을 강조하는 "의무(義務, shoulds)"의 폭군이 되기 쉽다. 우리 사회가 남성에게 직업의 효율성에 대한 보상을 크게 해주는 것도 한 이유가 될 것이다.

여성은 힘이나 분노의 표출을 두려워하기 때문에 딴청부리는 회유자가 되기 쉽다. 이것은 일반적으로 여성의 경우 인생에서의 성공이 남성으로부터 사랑과 돌봄과 인정을 받는 것에 달려있다는 저변의 생각과 관련이 있을 것이다.

우리는 지금 사람들이 스트레스를 만났을 때 보이는 전형적인 행동 유형에 대하여 이야기하고 있다. 그러나 누구나 다 이런 유형들을 사용한다고 할 수는 없으며, 성의 역할의 변화가 급속도로 일어나고 있기 때문에 성에 따른 차이도 점차 없어져가고 있는 게 현실이다. (어쨌든, 바람직하지 않은 요즈음의 추세는 이런 유형에 의지하는 사람들보다 여성 비난형이나 남성 회유형의 증가가 더 두드러진다는 것이다.)

PAIRS 훈련: 이것이 나의 유형이군!

이 훈련에서는 우리 모두의 마음속에 있는 들어있는 쾌활한 비극배우의 역할이 매우 중요할 것이다. 다양한 유형을 연기하는 것은 일상생활에서의 실제적인 경험보다 더 재미있고 도움이 되기까지 한다. 당신이 그런 유형들과 그다지 관련이 깊지 않은 경우라 하더라도, 당신은 가능한 한 적극적으로 이 연습에 참여하는 것이 좋다. 그러다보면 당신은 생각하던 것 이상으로 당신에게 자연스러운 한 두 개의 유형이 있음을 알게 될 것이다.

가능한 한 과장된 신체 언어 동작을 사용하여 해당된 유형을 다음과 같이 재미있게 연기하시오.

회유형: 무릎을 꿇고, 움츠러든 채, 매달리고, 애걸하고, 변명 사죄한다.
비난형: 성난 손가락질을 하고, 준엄하고 호전적인 표정을 짓는다.
산만형: 딴청부리고, 시선을 자주 옮기고, 눈 맞춤을 피하고, 흥미 없는 표정을 짓고, 빠르고 갑작스러운 동작을 보이고, 사지를 미친 듯 움직거린다.
계산형: 지나치게 논리적이며, 뻣뻣하고 경직된 자세를 보이고, 우월하고 초연한 표정을 짓는다.

이 연습은 적어도 45분 정도의 시간적 여유를 갖고 시작하는 것이 좋다. 미리 다음 장의 내용을 공부하고 거기에 나와 있는 내용을 함께 연습하는 것이 더 효과적이기 때문이다.

먼저 같이 연기할 배우자나 친구와 공동으로, 쉽게 문제 상황(가사, 문제 아동, 휴가계획, 돈, 인척방문 등)에 접근할 수 있는, 시나리오를 만드시오. 연습 도중에는 두 사람 사이에 현존하는 "분쟁점"은 건들이지 않도록 노력한다. 그러기 위해 실생활에서 주된 쟁점이 되지 않는 문제 중 한 개를 선택하는 게 좋다. 자, *이제 말은 그만하고,* 어떤 유형을 선택할지를 결정하시오. 이제 네 유형 중 문제가 되는 두 개를 교대로 또는 짝을 지어 5분 안에 모두 연기하게 될 것인데, 순서는 상관이 없다.

예로써, 당신이 먼저 약 30초 동안 비난형을 연기한다면, 배우자는 회유형으로 이에 응답하는 게 좋다. 다음에는 당신이 초이성형, 상대방은 산만형이 되고---등등으로 바꾸어 가면서 진행한다.

다음, 내용이 중요하지 않다고 생각되면, 당신이 생각하는 것이나 원하는 것을 분명하게 이야기한다. 적당한 자세와 동작을 유지하는 것을 잊지 마시오. 확신을 갖고, 연기하는 것에 정신을 집중하시오. 그러나 상대방의 연기가 당신에게 미치는 영향에 대하여도 알아야 한다. 어떤 제지나 논평 없이 네 유형 모두에 대한 연기를 마친다.

이 장 서두에 예시한 대화를 실습 모형으로 채택해도 좋다. 성인인 우리가 실생활에서 이런 연기 같은 행동을 하는 경우는 거의 없을 것이다. 어쨌든, 아무도 당신들을 주시하지 않으니, 마음 놓고 그대로 즐기면 된다.

- 이번 실습에서 당신이 선택한 쟁점을 이해하고 해결하는 데 도움이 되는 유형은 어떤것이었는가?
- 그 쟁점은 당신이 느끼는 것들 중 가장 뒷자리를 차지하고 있었다고 생각하는가?
- 어떤 유형(들)이 가장 자연스럽게 느껴졌는가? 가장 부자연스럽다고 느껴졌던 것은?
- 당신의 배우자에게 가장 자연스럽게 느껴졌던 유형(들)은?
- 당신의 배우자가 한 유형에서 다른 유형으로 옮겨 간 경우, 각 유형 연기에서 당신이 느꼈던 것은?
- 일상생활에서 당신과 당신의 배우자가 함께 사용하는 경향이 있는 유형들은?
- 처음의 쟁점을 해결해 준 유형은?

유형들로부터 학습하기

이 실습을 하고나서 보이는 반응들은 아주 비슷하다. 사람들은 회유형의 연기를 하고 난 후 "거의 병에 걸릴 뻔했다." 거나 "나

자신의 인격은 존재하지 않는 것처럼 느꼈다." 고 보고한다. 비난형의 연기는 흔히 사람들에게 "힘 있고" "두려운" 느낌을 갖게 하거나, "다른 사람을 두려워할 필요가 없었다.", "아무런 책임감을 느끼지 않았다." 는 경험을 하게 한다. 계산형 연기는 보통 "로봇이 된 듯한", "초연한", "안전한" 느낌을 갖게 한다. 산만형 연기는 대개 "방을 떠나고 싶은", "불안한" 느낌을 갖게 하고, "다른 산만형과 같이 있을 때만 마음이 편하였다." 고 보고한다.

이런 논평들은 우리가 스트레스 유형들을 사용할 때 우리의 *생각*을 액면그대로 전달하려고 하지 않는다는 것을 분명하게 보여준다고 할 수 있다. 우리는 매우 왜곡되고 애매한 태도로 *스트레스 아래서의 정서 상태*를 표현하는 것이다. 우리는 우리가 느끼는 방식을 표현하기 위해 어떤 쟁점을 동원하는데, *우리가 사용하는 유형이 바로 문제가 된다.*

이런 유형들에 대한 공부는 우리에게 우리의 정서와 그 결과로 나타나는 행동의 특성을 이해할 수 있는 중요한 단서를 제공한다.

정서는 나름대로의 논리—즉, 기쁨과 고통의 논리—에 따라 작동되고 있음을 기억할 필요가 있다. 인간은 고통이나 위험을 경험하게 되면 "싸움-도주" 반응을 일으킨다. 이 유형들은 모든 형태의 싸움, 얼어붙음, 및 도주 반응을 포함하고 있다. 각 유형은 고통, 분노, 및 두려움에 대한 특징적인 반응인 것이다.

인간의 행동을 동물의 반응과 비교 설명한 것은 재미로 한 것이 아니라, 인간의 정서에 대한 행동 반응이 얼마나 자연적이고 본능적일 수 있는가를 보여주기 위한 것이다. 동물들은 환경에 대한 제어 능력이 없고, 본능을 따르는 것 이외의 행동을 취하지 못한다. 그러니 인간인 우리는 우리의 정서를 해결의 실마리로 사용할 수

있는 능력을 갖고 있다. 일단 우리가 우리에게 어떤 특별한 감정을

> **회유형**은 분노가 드러나는 것을 두려워하여 토끼처럼 달아난다.
> **비난형**은 고통이나 취약성이 드러나는 것을 두려워하여 사자처럼 싸운다.
> **계산형**은 감정반응을 조절력 상실로 여겨 이를 극구 피하며 로봇처럼 행동한다.
> **산만형**은 공포를 두려워한다. 이들은 모든 어려움을 위험으로 보고 모래밭 속에 머리를 쳐 박고 있는 타조처럼 자신을 숨김으로써 이를 해결하려 한다.

일으키는 것이 무엇인가를 확인하기만 하면 우리는 그것에 대하여 생각하고, 이야기하고, 변화시키고, 또 그것을 가장 효과적으로 처리할 수 있는 방법을 선택하는 능력을 발휘할 수 있게 된다.

만일 우리가 우리 자신이 사자처럼 싸우거나 꾸중을 일삼는 비난형이라는 것을 알아낸다면, 우리는 거기에 수반되는 고통스럽거나 두려운 그 무엇이 있다는 것, 그리고 그것이 무엇인지를 이해하려 노력할 수 있다는 사실도 알게 될 것이다. 또 만일 배우자가 비난형이라면, 그(녀)가 공격적이거나 악의가 있어서라기보다는 차라리 그(녀) 자신이 상처를 받고 겁을 먹고 있기 때문에 공격을 하고 있다는 사실을 깨닫게 될 것이다. 이때 우리가 그들의 고통과 두려움에 대하여 이야기하거나 단지 그들을 괴롭히는 어떤 것이 있는지를 물어보는 것이 더 안전한 방법이라는 것을 알아낸다면, 그들도 감추어진 감정들을 더 직접적으로 다룰 수 있는 방법을 찾아낼 수 있을 것이다. 회유형은 분노를 표현해도 좋다는 것, 그리고 지금까지처럼 그렇게 몰아가야 할 이유가 없다는 것을 알 필요가 있다. 비난형은 배우자를 꾸짖지 않고 자기 자신을 위해서 이야기할 수 있게 바뀔 필요가 있다. 계산형에게는 누군가가 어떤 사물에 대한 *느낌(feeling)*—생각(thinking)이 아님—을 계속 물어봄으로써 느낌을 피하지 않도록 도와줄 필요가 있다. 그들은 생각과 느낌의 차

이를 알지 않으면 안 되는 것이다. 산만형에게는 그들이 안전하고, 고립무원의 상태가 아니며, 생각을 통하여 문제와 갈등을 해결할 수 있기 때문에 지금까지처럼 그렇게 자동적으로 행동하고, 숨고, 접촉을 피하려고 할 필요가 없음을 깨닫게 해주어야 한다.

주의 사항 하나: 당신 배우자의 행동에 대하여, "또 달래려고 하는군.", "당신은 들볶기나 하는 비난 꾼에 지나지 않아.", "그 불쌍한 토끼 흉내는 이제 집어 쳐." 식으로, 어떤 딱지를 붙이거나 무시하는 말을 해서는 안 된다. 이런 말들은 단지 비난일 뿐, 이해를 증진시키는 방법이 결코 아닌 것이다.

스트레스 의사소통 유형을 알아내기 위한 공부는 잘못된 점을 찾아내기 위한 것이 아니다. 이것은 우리를 불행하게 만드는 습관을 알아내고 변화시키기 위한 공부이다. 스트레스 유형들은 바로, 우리 모두가 수시로 잘못 걷고 있는, 관계행로 상의 길들인 것이다. 속임수 때문에 이 길들이 자연스럽고 편안하다고 느껴질 수는 있지만, 이 길들은 결국 우리를 걱정, 고통, 및 곤궁 속에서 헤어나오지 못하도록 만든다. 관계행로의 고통 쪽에서 빠져나오는 유일한 길은 새로운 길을 찾아 나서는 것이다. 의사소통이라는 측면에서 볼 때, 이 새 길은 다음 장에서 설명될 다른 유형의 스트레스 대처유형, 즉 동등화 또는 일치유형이 된다.

자, 이제, 잠시, 당신이 깨닫기 시작한 것들을 노트에 기록하기 위한 시간을 갖도록 하세요.

2

말하기 기술

* * *

단 하나의 의사소통 유형만이 속마음을 털어놓고, 문제를 해결하고, 정보를 전달하는 데 정말로 유용하게 사용될 수 있다. 우리는 이것을 동등 또는 일치형이라고 부른다. 일치라는 말은 마음속으로 느끼는 것을 그대로 말이나 행동으로 표현한다는 뜻이다. 그러면서도 신기하게 이 유형은 앞에서 설명한 네 가지 스트레스 유형의 특성의 일부를 받아들임으로써 그 역할을 한다. 네 유형 모두의 긍정적인 수정판을 갖는 셈이다. 동등화를 통하여 네 유형은 인간화되거나 긍정적으로 수정된 새로운 형태로 바뀐다.

긍정적인 형태의 회유형은 감수성이 풍부하고, 다른 사람을 사랑하고 돌볼 줄 알며, 배우자에 대하여 공감적 이해를 하고, 두려움 때문이 아니라 배우자가 행복하게 되기를 바라는 진실한 소망에서 행동한다.

인간화된 비난형은 배우자를 꾸짖으려는 의도에서가 아니라, *우리 자신의 이익을 위해서* 진실을 이야기한다. 우리 모두는 우리의 느낌과 생각을 있는 그대로 이야기할 수 있는 능력을 갖추려고 노력해야 한다. 사람들은 대개 다른 사람의 마음을 읽는 능력이 없고, 또 우리는 투명한 존재가 아니기 때문이다.

긍정적인 형태의 계산형(초이성형)은 우리와 배우자의 느낌을 배척하지 않으면서 지적 능력과 논리를 문제해결에 활용한다.

긍정적인 형태의 산만형은 재미와 놀이를 활용할 수 있는 능력을 발휘하여 기쁨을 추구하지만, 목적성과의 균형 감각을 잃지 않는다: "오늘밤엔 그 문제를 생각하지 말자. 오늘밤은 그냥 즐기고 싶으니까. 그 일은 내일 처리하면 되겠지. 내일은 꼭 그 문제를 해결하고 말거야."

만일 당신이 이런 유형의 특성들을 잘 조합하여 활용하는 "동등성 추구자"이라면, 다음과 같이 이야기할 것이다:

"나는 상대방을 달래려 노력하지 않으면서도 풍부한 감수성을 갖고 돌보아줄 수 있다. 나는 상대방이나 나의 분노를 내적 결핍과 욕구를 표현하는 자연스러운 방법으로 받아들인다."

"나는, 상대방을 꾸짖지 않으면서, 나에게 상처를 주고 걱정스럽게 만드는 일들에 대하여 솔직히 이야기할 수 있다."

"나와 당신의 느낌은 상호간의 이해를 증진시킬 수 있는 중요한 정보가 된다."

"나는 골치 아픈 일을 일단 미루고 현재의 즐거움과 재미를 지속시킬 수 있다. 나는 적절한 다른 시간에 그 일을 처리할 것이다. 나의 행동과 반응은 나의 생각과 느낌을 솔직히 드러낸다. 나는 필요 없는 웃음, 멍한 표정, 공허하거나 냉정한 응시, 무감각함 등으로 속마음을 감추지 않는다. 나는 기분이 좋지 않을 때 기분이 좋다고 거짓말을 하지 않는다."

이제 일치형에 대해 이야기해봅시다. 만일 당신이 솔직하고 직접적으로 이야기하고, 말과 정서를 합치시킨다면 당신은 일치형이라고 할 수 있다. 일치형은 자신의 느낌을 다른 정서적 표현으로 위장하려 하지 않는다. 그리고 토론하고 싶지 않거나 잘 알고 있지 못한 어떤 일 때문에 마음이 상했다고 하여 필요 이상으로 화를 내지 않는다.

동등형의 관대한 전망은 가장(假裝), 방어, 비난, 회피, 유희(遊戲) 등이 없이도 다루기 어려운 주제를 잘 소화할 수 있게 해준다. 이 형을 지탱해주는 가정은, "모든 것을 고려해 볼 때, 나는 괜찮다. 내가 생각하고 느끼는 것은 무어든 틀림없이 정상적이고, 또 다른 사람들에게 받아들여질 수 있는 것들일 것이다. 설령 그렇지 않거나 심지어 내가 옳지 않은 경우라도 나는 그것에 대하여 숙고하고, 필요한 경우 고칠 수 있는 능력을 갖고 있다."는 것이다. 동등형의 의도는 실현가능한 해결을 위해 실제적 정보를 공유하자는 것이다. 동등형이 자주 사용하는 말들은 다음과 같다:

"나는 당신이 나와 다른 견해를 갖고 있다는 것을 잘 알고 있다. 그러나 내 생각은---"

"나는 당신이 말하고 있는 것이 무엇인지 잘 알고 있다."

"그래, 나는 당신이 옳다고 생각한다! 내가 왜 지금까지 그런 생각을 하지 못했지?"

"그래, 그렇다면 당신이 내 말을 잘못 들었거나 내가 잘못 말했을 거야. 내가 말하고자 하는 것은---"

"나" 자세

PAIRS 훈련을 받은 거의 모든 사람들은 동등화의 중요성을 금방 깨닫는다. 그러나 흔히 다음과 같은 말을 하면서 다시 이 모임을 찾거나 개인 훈련을 받으러 온다: "나는 아무래도 그렇게 솔직하게 말할 수 없어요."(회유하기), "내 배우자가 협조를 하지 않아요."(비난하기), "나는 이 방법이 너무 인위적이라고 생각해요. 더 효과적인 방법이 있지 않을까요?"(계산하기), "우리 문제는 의사소통에 있는 게 아니에요. 우리에게 필요한 것은 성생활에 대한 조언이죠."(산만하기). 이들은 자신들이 너무도 익숙했던 이전의 스트레스 유형으로 다시 돌아갔음을 조금도 깨닫지 못한 채 이런 말들을 한다!

지금까지 사용해오던 스트레스 유형들은 하룻밤에 없어지지 않는다. 따라서 꾸준한 훈련과 대안의 습득이 필요하다. 한 가지 꼭 기억해야 할 것은 동등화의 궁극적인 목표가 당신 자신에 대한 설명—즉, 당신의 배우자로 하여금 당신의 마음을 알도록 해 주는 것—에 있다는 사실이다.

동등화란 "나"의 자세에 대하여 이야기하는 것이다. "나는 느낀다.", "나는 ---때 상처를 받는다.", "나는 두렵다."등. "당신(You)"으로 시작되는 이야기는 흔히 어떤 추측이나 비난을 동반한다. 이들은 또한 마치 그 '당신'이 최종적인, 그리고 결정적이라고 여겨지는 판단을 하는 것처럼 말한다: "당신은 언제나 ---", "당신은 ---을 결코 알려고 하지 않는다." 그러나 대화가 "나(I)"로 시작될 때는 내용이 당사자의 지각(知覺)에 국한되기 때문에, 분위기가 덜 위협적이 되고 더 쉽게 진지한 논의로 이어질 수 있게 된다.

이런 "나(I)" 기법의 바탕이 되고 있는 기본 정신을 기억할 필요가 있다. 만일 내가 당신에게, "나는 이제 당신이 벗어놓은 양말이 마룻바닥에 흐트러져 있는 꼴을 더 이상 그냥 두고 보지 않을 거예요."라고 이야기한다면, 내가 상대방이 벗어놓은 양말에 대한 나의 반응을 이야기하는 것처럼 보일 수는 있으나, 실제로는 내가 상대방에게 무엇을 하시오고 말할 권리를 갖고 있다는 것, 그리고 지금까지의 나의 말이 상대방의 잘못된 양말 처리 습관을 개선시키지 못했다는 것을 알리고 있는 것이다. 만일 당신이 비난이나 요구 없이 당신이 원하는 것을 이야기할 수 있다면 당신의 배우자는 당신의 말에 더 잘 귀를 기울일 것이다. 이런 경우 당신은, "당신이 벗은 양말을 마루에 아무렇게나 그냥 놔두면 나는 짜증이 나요."라고 말할 수 있을 것이다. 이때 만일 당신의 배우자가 더 많은 것을 알기를 원한다면, 당신은 "나는 당신이 우리 집안이 어떻게 되든 신경을 쓰지 않는 것처럼 느끼게 되어요."라고 덧붙일 수 있을 것이다. "당신의 그런 행동이 나를 몹시 기분 상하게 해요. 그건 모두 당신 탓이죠."라고 말하기보다는 "당신의 그런 행동이 나를 몹시 기분 상하게 해요. 그런데 내가 당신에게 바라는 것은---."라고 하는 것이 낫다.

동등화란 막연하거나 상처를 줄 수 있는 주장들("당신은 나를 성가시게해요.", "나는 더 이상 참을 수 없어요.", "당신은 너무 충동적이에요.", "나는 더 이상 당신과 상대하고 싶지 않아요." 등)을 피하고, 대신 상대방이 하는 *구체적인* 일 중 어떤 것이 자신을 성가시게 하는지를 말하는 것이다. **매일 온도 읽기** 시간에 이를 구체화시키고 필요한 처방을 받는다: "이것이 나를 성가시게 하는 것인데, 내가 당신께 부탁하는 것은---". 이것은 공정하게 다투는 방법을 배우는 첫걸음으로, 자세한 것은 앞으로 다루게 될 것이다.

우리들 대부분은 비록 스스로 깨닫지는 못할지라도 대개 동등형으로 이야기한다. 그 이유는 우리들이 하는 말의 대부분은 어떤 정보, 단순한 관찰 사항, 나날의 느낌—"OO가 전화를 했었는데---", "일하러 가기 싫어."등—에 대한 것들이기 때문이다. 그러나 우리가 아주 강한 정서적 문제나 깊은 사적 감정 및 생각에 대하여 이야기하고자 할 때는 이런 자신에 대한 노출이 배우자에게 마음의 상처를 주거나 거부감을 불러일으키거나 웃음꺼리가 되지 않을까 하는 두려움 때문에 동등화 기술을 포기하기 쉽다.

당신 자신을 설명하시오

이따금 우리는 우리가 이전에 배워 조건화되어 있는 것들이 현재의 싸움-도주 반응에 어떻게 영향을 미치고 있는지를 우리의 배우자에게 말해줄 필요가 있다. 한 PAIRS 훈련 참석자는 어린 시절 아버지가 준엄한 목소리로 "너에게 꼭 할 말이 있어."—이 말은 "너는 아주 크게 잘못한 게 있기 때문에 내가 그것을 깨닫게 해주어야 해."라는 의미로 들렸음—하는 선포를 자주 했던 기억을 갖고 있었다. 그는 아내가 "여보, 말할 게 있어요."라고 이야기를 할 때면, 그 말이 마치 못으로 칠판을 긁을 때 나는 소리처럼 들려 그녀를 피해 도망을 가곤 하였다. 일단 그가 그의 아내에 대한 이 조건화된 반응을 털어놓자, 아내는 별로 어렵지 않게 덜 긴장을 일으키는 말을 선택할 수 있게 되었다. 한 예로, "우리 같이 이야기 좀 할 수 있을까요?"라는 식의 표현은 그에게 일종의 초대처럼 들리고 그로 하여금 그 주제를 이해할 수 있는 길로 안내하는 역할을 하였다. 아내의 이런 변화는 그를 힘들게 하던 폭탄이 떨어질듯 한 느낌에서 그를 해방시켜 주었다.

사람들은 이따금 두 사람이 진정으로 서로 사랑한다면 무슨 말이든 무슨 행동이든 할 수 있어야 하고, 또 상대방은 이를 무조건 받아들이고 이해해야 하는 것이 아니냐고 항변을 한다. 그러나 그렇지 않다. 우리는 우리의 말과 행동이 어떻게 *받아들여지고* 있는지를 이해할 필요가 있다. 만일 내가 상대방이 나의 말을 위협적인 "법정" 언어, 즉 "당신은 이것을 인정하나요?"라는 식의 추궁으로 받아들였다는 것을 알게 된다면, 내가 상대방에게 정서적 알레르기 반응을 일으키지 않는 다른 말—"나는 당신이 어떻게 생각하는지 알고 싶어요." 등—로 바꾸어 표현하기는 그다지 어렵지 않을 것이다.

많은 사람들에게 있어서, 상대방의 목소리의 *특성*은 아주 강한, 그러나 의도되지 않은 어떤 메시지를 전달하는 수단이 된다. 준엄한 어조는 사람들에게 부모나 권위자로부터 받은 꾸지람이나 학대를 선명하게 떠올리게 할 수 있다. 이럴 때는, "그는 나의 아버지(또는 어머니)가 아니다."라는 사실을 스스로에게 상기시키는 것이 중요하다. 또한 배우자에게 배우자의 어떤 특별한 어조가 자신에게 미치는 부정적인 영향에 대하여 분명하게 알려주는 것이 좋다. 예를 들어, "당신의 목소리가 날카로워지면, 나는 떨려서 당신의 말을 알아들을 수가 없게 돼요. 만일 나로 하여금 당신의 말을 알아듣게 하려면 조용히 이야기하는 게 도움이 될 거예요."라고 말할 수 있을 것이다.

만일 당신의 배우자가 자신이 날카롭거나 크게 이야기한다는 사실을 인식하지 못하는 경우에는 그때그때 마다 당신이 배우자에게 주의를 환기시키는 방법—가령, 약속된 동작을 취하는 것—을 정해놓고 실행하는 것이 도움이 된다. 그리고 당신의 배우자의 목소리는 마음이 혼란스러울 때 올라가거나 커지는 것이지 당신을 위협하려는 의도가 들어있지는 않다는 것을 당신이 깨닫게 된다면 당신은 당신 배우자가 태도를 완전히 바꾸기 전이라도 훨씬 마음 편히 배우자의 이야기를 들을 수 있게 될 것이다. 다음 장에서 우리는 그런 분노 표현에 대처하는 방법에 대하여 좀 더 공부를 하게 될 것이다.

동등화 학습: "대화 지침"

우리는 흔히 우리들 자신에게 무엇이 잘못되어 있는지를 모르고 있기 때문에 어떤 느낌이나 문제를 동등화하는 데 어려움을 겪는다. 우리는 분노, 심적 고통, 두려움, 혼란 등에 휩싸여 있을 때도 그 이유를 잘 설명하지 못한다. 이렇게 정확한 이유나 설명할 말을 찾아내지 못하면 우리는 과거의 익숙한 방어들을 다시 동원하게 되고 이렇게 되면 결코 목적을 달성할 수 없는 것이다.

나는 전형적인 갈등 시나리오를 제시한 후 대화 지침을 설명하고자 하는데, 이것은 PAIRS 훈련 이수자들이 불편한 주제에 대한 논의에서 가장 가치가 있었던 것 중 하나라고 평가했던 동등화 지침이다.

당신은 갑돌이, 당신의 아내는 갑순이라고 가정하자. 비 오는 금요일 저녁, 당신은 방금 저녁 식사를 마치고 당신이 좋아하는 안락의자에 앉아 신문을 보며 휴식시간을 가지려 한다. 당신은 창을 때리며 쏟아지는 비에는 그다지 신경 쓰지 않는다. 당신은 갑순이 방으로 들어와 소파에 앉는 것을 흘끗 쳐다본다. 그녀는 당신을 훑어보고는 당신 쪽으로 몸을 기울인 후 말한다: ",당신 처남이 전화했어요. 어젯밤 친구들과 함께 극장에서 새로 상영하는 코미디 영화를 보러 갔었데요. 아주 재미있다고 하던데, 우리도 보러가요."

당신은 처남이 재미있다고 했다면 "틀림없이 싸구려 슬랩스틱 코미디일거야."라고 생각한다. 그러면서, 한편, 당신은 갑순이 "당신이 내일 많은 집안일을 해야 하기 때문에 오늘밤은 쉬고 일찍 자는 게 좋을 것이라는 것을 알고 있었을 것임에도 불구하고, 오늘 밤 그 싸구려 코미디를 같이 보러가고 싶어 한다."고 생각한다. 또, 당신은 "만일 내가 가고 싶지 않다고 한다면, 틀림없이 말다툼을 하게 되거나 냉랭한 대우를 받게 되고, 그렇게 되면 주말이 엉망진창이 될 것이다. 그리고 만일 영화를 보러 간다면, 영화가 끝나고 틀림없이 처남 집에 들르게 되고, 따라서 밤늦게나 집에 오게 될 텐데, 파김치가 될 것은 불을 보듯 뻔하다. 갑순이 오늘밤 볼링이나 하러 가자는 데 찬성하지도 않을 것이다."라고 생각한다. 당신은 지금 불쾌하고 실망스러운(평범하고 편안한 밤이 망쳐졌다), 참을 수 없이 성급하고 초조한(갑순은 당신이 무엇을 하고 싶어 하는지 알고, 당신에게 공감했어야 했다), 혼란스러운(당신은 몇 가지 상반되는 충동들 사이에서 괴롭다), 또 약간 죄스러운(아내는 당신에게 어떤 특별한 것을 요청하는 경우가 별로 없다) 아주 복잡한 느낌을 갖고 있다. 당신은 집에 있기를 바라지만 아내와의 싸움이라는 대가를 치르고 싶지는 않다. 당신이 *정말로* 원하는 것은 갑순이 *당신을 책망하지 않으면서 자신의 마음을 바꾸는 것*이다.

당신은, 할 수 없이 체념한다는 듯, 보던 신문을 탁 소리가 나도록 접어 무릎위에 내려놓는다. 그리고는 눈을 치켜뜨면서 한숨을 푹 내쉬고는, "그래요---? 당신이 *정말로* 영화 보러 가고 싶어 한다면---, 그러죠, 뭐. 비는 오지만----"라고 말한다.

이때 당신은 마음속을 오가는 적절한 생각들을 어렴풋이 감지하고 있다. 그러나 많은 사람들과 마찬가지로 당신도 상황을 정확히 평가하고 결과를 합리적으로 조절할 수 있도록 이런 생각들을 의식으로 불러올리는 훈련이 되어 있지 않다. 당신의 마지막 말 역시 진정한 해결책이 되지 못한다. 당신은 상반되고 정직하지 못한 메시지를 보냄으로써 갑순이 시작한 게임을 지속시키고 있는 것이다. (그녀는 "오늘밤 나는 극장에 가고 싶지만, 당신은 집에서 쉬는 게 좋겠다고 생각해요."라고 말할 수도 있었다.) 이런 유의 시나리오에서 예견되는 결과는 마치 새도 복싱처럼 불완전하고 부정직한 정보를 주고받음으로써 점차 분노와 좌절감이 증가한다는 것이다.

"그래요---? 당신이 *정말로* 원한다면, 그러죠, 뭐."란 말에 대한 갑순의 반응은 필경 냉소적으로 어깨를 으쓱거리거나 다음과 같은 성난 비난일 것이다: "그래, 좋아요. 나는 당신이 그 의자에 계속 죽치고 앉아있든 말든 신경 안 써요. 어쨌든 나는 영화를 보러 갈 테니까요. 볼링은 부슨 볼링이에요. 빌어먹을."

당신들 모두는 지금 각자가 정말로 *하고* 싶은 것을 감추고 이야기하지 않으면서 "승리하고자" (즉, 다른 사람으로 하여금 자신이 원하는 것을 원하도록 만들고자) 노력하고 있는 것이다.

만일 갑돌이 동등화형이었다면, 보던 신문을 요란스럽지 않게 조용히 내려놓고, 잠시 의자에 깊숙이 앉아 있다가, 갑순을 사랑스럽게 바라보면서 마음속으로 자신의 기분을 점검하고 여러 대책들을 모색할 것이다. 그리고는 조용하나 솔직한 어조로, "나는 마음이 착잡하네요. 처남의 취향도 그렇고---. 이번은 그의 말이 옳을지도 모르지만. 나는 그냥 집에서 쉬다가 일찍 잠자리에 들고 싶은데, 그러면 안 될까요? 물론 나는 당신이 정말로 영화를 보러가고 싶어 한다는 것을 알고 있어요. 그리고 나는 당신을 절대로 실망시키고 싶지도 않고요. 오늘은 그냥 쉬고 내일 당신이 좋아하는 볼링이나 하러 가면 안 될까요? 내가 정말 꺼려하는 것은 우리가 영화를 보고 난 후 처남 집에 들렀다가 아주 오랫동안 거기 머물러 있게 되는 거예요. 당신도 알다시피 나는 내일 아침에 할 일이 너무 많거든요. 이러면 어떻겠어요? 내가 극장에 전화를 해 언제까지 상영하는지 알아볼게요. 지난 주말만 같았어도 갈 수 있었을 텐데. 그러나 바로 집으로 돌아와야 했겠지요. 어쨌든, 날씨가 좋아지면 그때 우리 함께 보러가요. 오늘밤엔 채널 4에서 상영하는 영화나 봤으면 좋겠네요."라고 말했을 것이다.

동등화형으로 이야기하고 모든 가능성을 고려할 수 있게 되려면 지식과 훈련이 필요하다. 이것이 대화 지침을 계발하게 된 이유이다.

대화지침

(출발점) 나는 주목한다.(행동)→나는 가정(생각)한다.(의미)→나는 궁금하다.→나는 의심한다.(당신에 대하여)→(한편)나는 믿는다.(나에

대하여)→나는 화가 난다.→나는 당혹스럽다.→나는 상처를 받는다.→나는 후회한다.→(과거 경험을 토대로)나는 두려워한다.→나는 좌절감을 느낀다.→나는 이럴 때 더 행복하다.→(구체적 요구)나는 원한다.→(과거 경험을 토대로)나는 예상(기대)한다.→나는 감사한다.→나는 깨닫는다.→나는 희망한다.

PAIRS 훈련: 대화 지침

이 대화 지침은 주어진 상황에 대한 생각과 느낌을 섬세하게 조정해주고 그것을 위협적이지 않게 표현할 수 있도록 도와준다.

이 지침에는 시작 문장들이 있는데, 이것들은 개인이 자신의 지각, 생각, 느낌, 소망들—즉, 어떤 쟁점이 있을 때 드러나는 모든 요소들—을 분류하고 기술하는 것을 도와주기 위해서 마련되었다. 이 대화 지침은 어떤 상황에 대한 막연한 느낌을 아주 구체적으로 만들어 주기 때문에, 이것을 잘 활용하면 지금까지 모르고 있던, 자신의 반응에 포함되어 있는, 미묘한 부분들을 발견하게 될 것이다.

만일 당신들 둘 사이에 논의가 필요한 어떤 중요한 문제가 있다고 생각한다면, 나의 제안을 따라해 보시오: '둘이 마주 보고 앉아 서로 눈을 바라보면서 손을 잡고 대화를 한다.' 왜 그렇게 해야 하느냐고? 그것은 상대방과 신체적 접촉을 유지하고 시선을 마주할 때, 메시지가 왜곡되고 오해될 소지가 훨씬 줄어들기 때문이다. 어떤 부부들은 서로 간에 차이를 느끼게 되면 신체적 접촉과 상호 응시를 좀체 하지 않으려고 한다. 만일 당신이 그만두고 싶은 본능적 충동에도 불구하고 신체적 접촉을 하는 훈련을 지속한다면, 당신은 결국 더 쉽게 분노와 고통을 극복하고 오해를 피하는 길을 발견하게 될 것이다, 손을 마주 잡고 서로 시선까지 교환한다면 오해의 소지는 더욱 줄어들 것이다. 해결이 불가능할 듯 보이던 많은 문제들이 바로 이런 방법으로 해소가 되는 것이다.

자, 이제 한 시간 동안 대화 지침을 사용하는 훈련을 해보자. 우선 다음의 지시사항과 예들을 잘 읽는다. 그리고 이 대화 지침은 필요할 때 쉽게 참조할 수 있도록 늘 곁에 지니고 있어야 한다.

다음, 자주 당신을 괴롭히거나 화나게 만들었던 배우자의 쟁점이나 행동 들 중 한 개를 선택한다. 이때 선택하는 쟁점이 지나치게 거창해서는 안 된다. 상대적으로 사소한 것들, 가령 "왜 시키지도 않았는데 쓰레기를 갖다 버렸어요?", "왜 나에게 한마디 말도 없이 가계수표를 쓰죠?" 등이 좋다.

십분 동안 대화 지침을 보면서 생각을 정리한다. 다음, 지침을 들고 편안히 얼굴을 맞대고 앉아서 손을 마주 잡고, 둘 중 한 사람이 지침에 나와 있는 말들을 하기 시작한다: "나는 당신의 ---한 행동에 주목해요", "나는 이것이 ---을 의미한다고 생각해요" 순으로 진행해 나간다. 상대방은 그저 주의 깊게 듣고만 있으면 된다. 말을 중단시키고 조언, 항변, 판단, 의견 제시 등을 해서는 안 된다. 이해가 안 되는 경우, 다시 이야기해 달라고 요청할 수는 있다. 정확히 기억하고 반복할 수 있도록 두 세 개의 진술 후 잠시 쉬었다 하자고 부탁할 수도 있다.

당신의 말은 언제나 논쟁적이지 않고 조심스러워야 한다는 사실을 기억해야 한다: 누구도 이기려하거나 무엇을 입증하려고 해서는 안 된다. 당신들은 단지 서로 정보를 교환하려고 하는 것이다.

이제 당신의 배우자가 지금까지 들은 것을 당신에게 이야기한다. 당신은 배우자가 당신이 말한 것을 남김없이 모두 다 알아듣도록 해야 한다. 끝난 다음에는 말이나 동작—어루만짐이나 가벼운 포옹 같은—으로 배우자가 경청하고 정확히 이해해준 데 대하여 감사를 표시한다. 비밀을 털어놓을 수 있고, 그것을 정확히 알아들을 수 있는 배우자가 있다는 것은 하나의 축복이다. 따라서 감사를 표시하는 것은 지극히 당연한 일이다.

자, 이제는 배우자의 차례이다. 배우자는 당신이 한 진술과 관련된 쟁점을 택할 수도 있고, 전혀 다른 새로운 문제를 제기할 수도 있다.

다음은 첫 시간에 진행된 한 예이다:

"나는 주목한다: 당신은 내가 운전을 할 때면, 여기저기를 잘 살펴라, 왜 그렇게 빨리 가니, 왜 추월하니(안 하니) 등 쉬지 않고 잔소리를 하곤 했어요."

"나는 가정한다: 당신은 내가 운전할 때는 조언이 반드시 필요하다고 생각하는 것 같아요."

"나는 궁금하다: 당신이 왜 그러는지 나는 궁금해요. 나는 20년도 넘게 운전을 해 왔는데."

"나는 의심한다: 당신은 지시하는 습관이 있는 게 아닌가 하는 의심이 들어요."

"나는 믿는다: 나는 내가 운전할 때 다른 사람의 지시는 필요 없다고 믿어요. 필요한 경우에는 내가 부탁을 할게요."

"나는 화가 난다: 당신의 지시가 나를 화나게 만들어요."

"나는 당혹스럽다: 당신이 계속 그러면 나는 당혹스러워져요."

"나는 상처를 받는다: 나의 운전 능력을 못미더워하는 것 같은 당신의 행동은 나에게 상처를 줘요."

"나는 후회한다: 이런 사실을 미리 당신에게 이야기하지 못한 게 후회스러워요."

"나는 두렵다: 나는 내가 당신과 함께 드라이브하는 것을 원하지 않게 되거나 당신의 잔소리 때문에 당황하여 사고를 내게 되지 않을까 두려워요."

"나는 좌절감을 느낀다: 이런 일들이 나를 얼마나 짜증나게 하는지를 당신이 이해하지 못한다면 나는 좌절감을 느낄 거예요."

"나는 더 행복하다: 내가 운전할 때는 내가, 당신이 운전할 때는 당신이 결정을 한다면 나는 더 행복할 거예요."

"나는 원한다: 당신이 힘들더라도 그렇게 해주었으면 좋겠어요."

"나는 예상한다: 나는 당신이 한 일주일 동안만 그걸 기억하고 그 뒤에는 잊어버릴 거라고 예상해요."

"나는 감사한다: 나는 당신이 인정 많고 친절한 사람이며, 나를 모욕하거나 화나게 할 의도가 전혀 없다는 사실에 감사해요."

"나는 깨닫는다: 나는 당신이 지시하는 습관이 있고 그것을 고치기가 힘들다는 것을 알고 있어요."

"나는 희망한다: 나는 당신이 태도를 바꾸어주기를 희망해요. 그것이 나에게는 정말로 중요한 일이니까요."

두 사람의 발표가 모두 끝난 후에는 5-10분간 일반적인 비평 시간을 갖는다. 이 시간에는 이미 다룬 문제에 대하여 재차 이야기하는 것이 아니라 방금 겪었던 경험—즉, 지침 사용에 대한 느낌, 새롭게 알게 된 정보, 이전 자료에 대한 이해 증진 등—에 대하여 논의를 한다. 아울러 대화 지침이 지금까지 모르고 있던 자신의 감정을 알도록 해 주는 데 어떻게 도움이 되었는가를 논의하는 것이 유익하다. 그리고 여기서 제시하는 의사소통의 일반적 원칙들을 당신들이 얼마나 잘 따랐는가에 대해서도 논의한다. 가령, 당신의 배우자가, "나는 당신이 '부엌에선 당신이 전혀 쓸모가 없어.'라는 말로 시작을 했기 때문에 그 후 당신이 하는 말을 경청하기 어려웠다고 고백하지 않을 수 없네요. 만일 당신이 그렇게 극단적인 말을 하지만 않아도 내가 훨씬 더 편할 텐데요."라고 말할 수 있다. 또는 당신이 배우자에게, "나는 당신이 정말로 내 말을 알아듣고 있는지 의심스러웠어요. 당신은 내 말을 중단시키고 싶어 곧 폭발할 것처럼 보였으니까요. 나는 당신이 내 말이 끝나자마자 곧 시비를 걸어오려고 억지로 기다리고 있다는 느낌을 받았어요."라고 할 수도 있을 것이다.

이 대화 지침은 당신에게 너무 인위적이라는 인상을 줄지 모른다. 그러나 만일 당신이 이 훈련을 받으면서도 대화의 폭이 넓어지는 경험을 하지 못한다면 오히려 나는 매우 놀랄 것이다. 이 훈련을 받지 않았다면 모르고 있었을 많은 정보들이 당신 자신으로부터 나온다는 사실에 당신 역시 매우 놀라게 될 것이다.

지침의 진술들을 언제나 모두 사용해야 하는 것은 아니지만, 처음 몇 번은 모두 사용해보는 것이 좋다. 그리고 상황에 맞추어 진술의 일부를 바꾸어도 된다. 예를 들어, "이것이 당신에게 어떤 느낌을 주나요?"라는 질문을 추가할 수도 있다.

개인적인 소망과 욕구의 차이는 가장 가까운 관계에서도 존재한다. 완전히 닮은 두 사람은 이 세상에 존재하지 않는다. 당신이 실재적 또는 잠재적 갈등이 있는 "쟁점" 영역에 접근하고 있다고 느낄 때, 대화 지침에 나오는 모든 진술들을 점검해보려는 의식적 노력은 당신의 시간과 고통을 모두 감소시켜 줄 것이다.

- 대화 지침 이용에 대하여 어떻게 느꼈는가? 편안했는가? 아니면 어색했는가?
- 대화 도중 당신과 당신의 배우자는 어떻게 앉아 있었는가? 서로 간에 신체적 접촉이 있었는가?
- 당신들은 서로 신체적 접촉을 하고 마주 바라보면서 이런 토론을 해본 적이 있었는가?
- 화가 나거나 속이 뒤집히거나 신경질이 나거나 하지는 않았는가?
- 대화 지침 사용 도중이나 사용 후에 배우자에게 당신의 느낌에 대하여 이야기를 했는가?
- 당신의 쟁점이 이해된 듯한 느낌이 들지는 않았는가? 과거에 이와 같거나 유사한 문제가 제기되었을 때와는 다른 결과가 나타나지 않았는가? 그렇다면 그 차이는 무엇이었는가?
- 당신의 배우자가 이전보다 더 주의 깊게 경청하는 것 같았는가?
- 배우자에게 경청해준 데 대하여 감사의 표시를 하였는가?

이제 잠시 당신이 알기 시작한 것들을 노트에 기록하기 위한 시간을 갖는다.

3
듣기 기술

* * *

상대방에게 자신의 비밀을 털어놓는 일은 다른 사람에게 자신을 드러내는 것 이상의 의미를 갖는다. 당신들이 선택한 어떤 한 사람이 당신들의 생각과 감정을 집중적으로 듣고 *이해한다*는 것은 물론 아주 분명한 하나의 인식 과정이다. 그러나 이것은 또한 어떤 한 인간이 우리에게 온전히 집중하며 신뢰한다는 것을 의미하기도 한다. 우리 모두는 다른 사람들에게 감정이입을 해주어야 하지만, 또 이것을 요구할 수도 있어야 한다.

우리 모두는 수동적으로 듣는 경향이 있다. 그리고 상대방이 말하는 내용이 상대방에게 *어떤 영향을 미치며 어떤 의미가 있는지*에 대하여 경청하는 것이 아니라 두 사람에게 직접적인 영향을 미치는 부분만을 선택하여 듣는다.

동등화와 마찬가지로, 감정이입적 경청도 저절로 획득되지 않기 때문에 학습이 절대적으로 필요한 기술이다. 여기에는 빼어놓을 수 없는 중요한 두 필수 요소가 있다:

집중: 배우자가 확실하게 말로 설명하기 전에 배우자의 생각이나 의도를 예단해서는 안 된다. 만일 분명하지 않거나 공백이 있다고 여겨지면 그때그때 질문을 하여 명확히 하여야 한다.

감정이입: 배우자의 생각과 감정이 그에게 갖는 의미에 대하여 충분히 이해할 필요가 있다. 배우자의 말이 당신에게 미치는 영향

을 탐색하고 싶은 본능적인 욕망은 억제되어야 한다. 당신을 배우자의 입장에 놓고 생각하시오 상대방의 정서, 얼굴 표정, 긴장 수준에 주목하시오 배우자가 느끼는 것을 당신도 느껴보시오.

- 당신의 경청 습관은 어떤 것인가?
- 당신은 자주 상대방의 말을 중단시키는가?
- 당신은 당신이 반박할 수 있는 상대방의 허점이나 쟁점에 대하여도 경청을 하는가?
- 당신은 상대방의 말이 상대방에게 갖고 있는 의미나 당신들에게 미칠 수 있는 영향을 생각하면서 경청을 하고 있는가?
- 당신은 상대방을 통하여 새로운 것을 배우게 되는 것에 상당할 만큼 상대방에게 만족을 주려고 노력하면서 경청을 하는가?

혼합된 메시지

우리들 대부분은 추정(推定)에 의한 듣기를 한다. 우리는 *흔히 상대방이 말하는 것에 우리 자신의 문제를 덧붙이고 그 의미를 바꾸어 버린다.* 우리는 상대방의 신체 언어와 음색을 우리 뜻대로 번역한다. 요컨대, 우리는 대개 우리의 배우자가 말하는 것을 진심으로 듣는 예의바른 청자가 아니다. 우리의 뇌는 식품 가공기의 역할을 하여 상대방이 제공하는 사과를 사과 소스로 만들어버리곤 한다.

이런 왜곡의 예를 소개하면:

갑순이: 엄마가 오늘 나에게 우리가 아이를 낳을 계획을 갖고 있는지 물어보셨어요. 나는 당신이 망설이고 있다고 대답했어요. (그녀의 뜻은 그가 혼합된 감정을 갖고 있다는 것)

갑돌이: 무지하게 고맙군! 당신이 그렇게 얘기했단 말이요? 빌어먹을! (그의 해석은 아내가 장모에게 그가 아이를 갖는 것에 반대하고 있다고 말했다는 것)

갑순이: 당신 왜 그렇게 화를 내요? 엄마가 그걸 물어볼 권리도 없단 말인가요?

갑돌이: 물어볼 권리! 아무렴 있고말고! 그래서 장모님은 우리 집 모든 일에 시시콜콜 간섭하시는 모양이네. 돈 문제까지도.

갑순이: 그래도 우리 엄마는 당신 어머니처럼 신혼여행 때 전화를 걸어대지는 않았어요.

갑돌이: 내가 말하고자 하는 요점은, 당신이 나에게 불가능한 일을 시키고 늘 비난을 퍼붓는다는 거요. 당신은 나와 달리 당신의 오지랖 넓은 엄마에게 말하는 것쯤은 얼마쯤이라도 자제할 수 있지 않나요?

아무도 그들을 싸우게 만든 오해에 대하여는 생각을 하지 않고 있다. 이들은 사실을 분명히 밝혀보려는 노력이 없이 곧바로 이미 훈련이 되어있어 익숙한 싸움으로 돌입하였다. 여기서 필요했던 것은 단지 갑돌이 갑순에게 "망설이고 있다."는 것이 무슨 뜻인지를 물어보는 것이었다. 만일 그가 평소에 자존감이 충분하여 아내로부터 공격이나 비난을 받지 않을 거라고 생각하고 있었다면 그런 질문을 했을지도 모른다. 또, 그녀가 그렇게 쉽게 흥분을 하지 않았다면, "여보, 내가 당신이 망설이고 있다고 표현한 것에 대하여 당신은 어떻게 생각해요?" 라고 물어볼 수도 있었을 것이다.

각자는 상대방의 생각과 말을 잘못 해석할 가능성이 있다는 것을 알고 제대로 이해될 수 있도록 늘 세심한 주의를 기울이지 않으면 안 된다. 상대방의 마음을 읽거나 어떤 추정을 할 때, 오해를 피하고 제대로 깨달을 수 있도록 하는 공부와 훈련이 절대적으로 필요하다. 이때 가장 중요한 것은 질문이다. 질문을 하시오 질문을 하시오 질문을 하시오! 무어든, 어떤 것이든. 그리고 감정이입적 경청에 대한 실습을 하시오

감정이입적 경청과 의미공유

감정이입적 경청은 판단, 논박, 충고, 및 반박을 하지 않으면서 배우자가 뜻하고 느끼는 것을 이해하려는 목적에서만 기꺼이 귀를 기울여 듣는 것을 말한다. 상대방이 말하는 것을 그냥 듣고, 잘 이해되지 않는 부분은 추측하면서 즉각적인 답변을 구상하는 것이 아니라, 말을 아끼면서 상대방이 당신에게 전달하고자 하는 것에 전적으로 초점을 맞추려는 노력이 반드시 필요하다. 그때 당신은 일시적으로, 고도의 친밀 상태 속에서, 배우자와 하나가 된다.

감정이입적 경청의 가장 큰 장애물은 자기추구 및 자기보호 기제이다. 우리는 우리에게 도움이 되는 것과 우리의 입장이나 상태를 강화시키는 것만을 듣고, 틈만 있으면 상대방의 이야기에 끼어들려고 하며, 우리 자신의 견해나 경험을 상대방의 이야기에 연관지우려든다. 이런 태도는 자연스럽기는 하지만 친밀에는 장해물이 된다. 당신이 배우자의 말의 실제적인 의미를 진실로 이해하지 못한다면, 당신의 반응이 배우자에게 결코 도움이 되거나 이해될 수는 없을 것이다.

의미공유 기법은 당신이 들은 것의 의미를 상대방과 함께 나누고, 당신이 상대방의 실제적인 뜻을 제대로 이해했는지를 점검하도록 해준다. 그러나 이것이 제대로 이루어지는 경우는 드물다. 여러

분들은 "당신은 내가 말한 것을 들었다고 생각할 것이다. 그러나 나는 당신이, 내가 말한 것의 의미를 제대로 이해하지는 못했다는 것을, 알고 있다고 생각하지 않는다." 라는 포스터를 보았을 것이다. 성공적인 경청의 첫 단계는 상대방이 전념할 시간과 에너지를 갖출 때까지는 중요하다고 생각되는 것에 대한 논의를 하지 않는 것이다. 준비가 되지 않은 상태에서는 상대방의 이야기를 들으면서도 다른 것을 생각하거나 다른 어떤 일을 하게 되기 쉬운데, 이렇게 되면 오해의 소지는 그만큼 증가할 것이기 때문이다.

일단 적어도 10-15분의 시간을 마련한다. 먼저, 당신이 자신의 생각을 간단한 짧은 문장으로(대화지침을 이용하는 것이 좋음) 이야기한다. 다음에 배우자가 첨가, 비평, 또는 조언 없이 들은 것을 그대로 반복한다. 이 간단해 보이는 것도 실천이 쉽지 않아 PAIRS 실습의 경우 처음에는 보통 30분 정도의 시간이 필요하다. 이전의 의사소통 습관이 쉽게 고쳐지지 않기 때문이다. PAIRS 참석자들은 상대방으로부터 들은 것에 대해서만 생각하도록 하는 훈련을 통해서 이전에는 결코 들을 수 없었던 것들을 듣는 자신을 발견하게 된다.

PAIRS 실습: 의미의 감정이입적 공유

이 기법(혹은 변형된 형태의 것)이 몸에 밸 때까지는, 당신의 배우자가 당신의 말을 듣지 않으면 안 된다는 생각이 들 때마다, 기법의 원칙을 지키려는 노력을 의식적으로 하여야 한다.

다음의 지시사항을 읽은 후 배우자와 함께 감정이입적 의미공유 실습을 시작한다.

1단계:

첫 메시지. 마주 보고 앉아 손을 잡는다. 배우자가 가능한 한 간단히 어떤 쟁점을 제기한다. 내용이 복잡한 경우에는 부분 부분으로 나누어 이야기하고, 모든 내용이 전달되었는지를 확인해야 한다. 청자가 할 일은 오로지 *경청, 즉 잘 듣는 것*뿐이다. 그런 뒤에 청자가 반응을 보일 시간이 주어질 것이다.

그: 당신이 골치 아픈 문제를 밤늦게, 10시넘어서, 특히 주말에 끄집어내면 나는 속이 뒤집어져요. 그 이야기를 다 할 수 있을만 한시간도 없고, 잠까지 설치게 되니까요. (멈춤)게다가.

2단계:

첫 감정이입적 반응. 청자는 더 많은 이야기가 있을 것이라는 암시를 받았지만, 일단 여기서 끊고 지금까지 들은 메시지의 요점을 반복하면서 들은 것의 의미를 함께 나눈다. 앵무새 같은 반복이 아니라 이해했음을 보여주는 것이다. 어쨌든, 청자는 들은 메시지에 대한 확대 해석이나 논평, 그리고 이야기할 나머지 부분에 대한 기대감의 표시를 하지 않는다. 즉, 그녀는 말, 어조, 또는 태도로 화자의 이야기가 들려졌고 이해되었음을 입증해주기만 하면 되는 것이다.

그녀: 내가 밤늦은 시간에 어떤 골치 아픈 문제에 대한 이야기를 꺼내면 당신은 속이 뒤집어진다고요. 우리가 그 문제를 쉽게 풀 수 있는 것도 아니고, 또 그러면 당신은 잠을 이룰 수도 없기 때문에.

3단계:

계속되는 메시지. 화자(話者)는 자신의 이야기가 옳게 들려졌음을 확인하고, 청자에게 감사를 표시한 후 메시지의 다음 부분을 계속하여 이야기한다. 만일 자신의 이야기가 충분히 들려지고 이해되지 못했다고 판단되는 경우에는 청자의 반응이 정확해 질 때까지 빠졌거나 잘못된 부분을 다시 들려준다. 큰 소리로 반복해서 이야기해 주는 동안에 화자 자신이 말한 것과 실제 말하고자 했던 것이 다르다는 것을 깨닫게 되는 경우도 있다. 그런 경우에는 화자가 자신의 잘못을 시인하고 메시지를 다시 전달해야 한다.

그: 맞아요. 고마워요. 나도 그것이 당신에게 힘든 일이라는 건 알고 있어요. 그러나 내가 집에 와서 밥 먹고 씻고 나면 벌써 10시가 다 되는데, 그러고 나서 나는 또 신문을 보는 습관이 있잖아요. 그래서 그때가 낮에 일어났던 골치 아픈 일을 논의하기에 결코 좋은 시간은 아닐 거라는 거죠.

그녀: 당신은 내 입장에서도 이해를 하는 것 같군요. 우리가 저녁 일들을 끝내고 나면 보통 밤늦은 시간이 되잖아요. 그 시간은 나에게도 골치 아픈 일을 당신에게 말하기에 결코 좋은 때가 아니죠.

그: 그래요. 첫 부분은 옳아요. 그러나 그 다음에 내가 당신에게도 그 때가 나에게 말하기에 결코 좋은 시간 같지는 않다고 이야기했잖아요.

그녀: 아, 그렇군요. 미안해요. 당신은 우리가 보통 밤늦게야 저녁 일을 마치기 때문에 내가 힘들 거라고 했죠. 그리고 당신은 나

도 어떤문제에 대하여 의논하는 데 그 시간이 적절하지 않다고 느끼고 있을 것이라고 걱정을 했어요.

그: 맞아요. 고마워요. 거기에 대하여 생각할 때마다 나는 그건 불공평하다고 느껴요. 회사에서 어떤 기분 나쁜 일이 있었던 경우, 나는 별 망설임 없이 당신에게 털어놓으니까요.

그녀: 아, 나는 괜찮아요. 내가 당신에게
바라는 건---

그: 아, 그만. 당신, 규칙을 지켜야죠.(그녀는 그가 한 말을 반복하지 않고,그 대신 반응을 보임으로써 규칙을 어긴 것이다.)

그녀: 아! 미안해요. 당신은 객관적 시각을 갖고 회사에서의 문제를 거리낌 없이 나에게 이야기해 온 것에 대하여 일종의 죄책감을 갖고 있군요.

그: 나는 실제로 "죄책감" 이라는 표현을 쓰지는 않았어요. 그러나 당신이 옳아요. 고마워요. 어쨌든, 나는 그 불공평을 시정할 수 있는 어떤 일을 하고 싶은데, 무슨 제안이든 좋으니, 한번 해봐요.

그녀: 당신은 우리가 그 문제를 공평하게 다룰 수 있는 방법에 대하여 의논하고 싶어 하는군요.

그: 그래, 좋아요. 정말 고마워요.

자, 이제 마칩시다.

4단계:
종합. 만일 메시지가 너무 길거나 복잡하다면 화자는 그것을 간단하면서도 이해하기 쉽게 축소하여 다시 말하여야 한다. 청자는 위의 예에서처럼 응답한다.

5단계:
역할교대. 화자의 메시지가 완전히 전달되고 이해되었으면 교대하여 진행한다.

6단계:
만일 표현된 생각이 둘 사이의 관계에서 비롯된 문제였다면, 당신들은 자유롭게 해결책을 모색하여야 한다. 이에 대한 다양한 전략은 다음 장에서 다루어질 것이다.

이 감정이입적 의미공유 연습이 당신과 당신의 배우자가 의미 있는 정보를 교환하는 데 얼마나 효과적으로 도움을 주었는가?
- 유사한 쟁점에 대한 이전의 대화와 비교해 볼 때 긴장, 혼동, 및 증오의 수준은 어떠했는가?
- 정해진 규범을 지키는 데 어려움은 없었는가?
- 규칙에 대한 논쟁은 없었는가?

PAIRS에서 사용하는 다른 몇 가지 도구들처럼 이 기법도 처음에는 힘들게 느껴질 수 있다. 조금은 자연스럽지 못하고 오히려 분위기가 어색해질 가능성이 커 보이기 때문이다. 그러나 실제로 이 방법은 관계의 단절이 아니라 자발성의 향상을 돕기 위한 목적으로 계발되었다.

다음에 나오는 갑순의 의견 제시가 경청 실습 후에 보이는 PAIRS 참가자들의 전형적인 반응이다: "갑돌이 이야기하고 있는 동안 나는 반박할 내용들을 머릿속으로 정리하곤 했었어요. 그러나 그렇게 해서는 그의 말을 제대로 경청할 수 없다는 것을 깨달았어요. 그래서 바꿀 수밖에 없었어요. 이제는 갑돌이 우울한 얼굴을 하고 있으면 무슨 좋지 않은 일이 있는지 내가 묻지요. 그러면 그는 해소가 필요한 고민거리 목록을 꺼내놓아요. 이전에는 내가 그런 항목들에 더 큰 손상을 입히고 나 자신을 그것으로부터 방어하려 했었는데, 이제는 그렇지 않아요. 그렇게 하지 않으니까, 그도 말을 마치고 나면 훨씬 기분이 좋아진대요. *(a)그가 목록 전체를 이야기 할 수 있고, (b)내가 그를 고쳐주려는 노력을 지나치게 하지 않는 게 그 이유일거에요."*

감정이입적 의미공유가 가져다주는 놀라운 일은 바로 이것이다. 즉, 문제 해결을 위해 해야 될 일은 단지 배우자의 말을 *경청하는 것*뿐이라는 것. 거론하기에 너무 큰 짐이 되거나 위험스러운 쟁점이라고 여겨졌던 일들도 만일 당신이 그것에 대하여 경청했다는 것을 배우자가 알게 되면 그는 한결 마음 가벼워질 것이다. 이것은 쌍방 통행 도로이다: 당신이 느끼고 있는 것을 당신의 배우자가 제대로 이해하고 있다는 것을 당신이 알게 되면 당신의 고통과 분노도 한결 수그러들 것이다.

잠시 시간을 내어 당신이 깨닫기 시작한 것을 기록한다.

4
마음읽기 기술

＊ ＊ ＊

우리 모두는 아주 가까운 관계에 대해서 보통의 관계와는 다른 어떤 특별한 기대를 갖는다. 가장 가까운 관계라면 특히 더 그러하다. 이때 흔히 볼 수 있는 긍정적 기대는 집중, 사랑과 관심을 나타내는 말이나 동작, 성실성, 항구성, 성적 관계, 동반자 관계, 동의, 우정, 믿음, 정직, 신뢰, 존중, 수용 등이다. 물론 이와 반대되는 부정적인 기대들도 있다. 이런 기대들은 마치 곧 터지려고 하는 지뢰와 같다. 이것들은 흔히 갑작스럽게 폭발한다. 그리고 그렇게 된 원인에 대한 오해가 끝없는 혼란을 불러오기도 한다.

우리는 보통 이런 기대가 무엇인지에 대해서는 생각하지 않는다. 그러나 긍정적인 기대가 충족되지 않으면 곧 분노, 실망, 정신적 고통, 원망, 쓰라림, 걱정 등의 감정에 빠져들게 된다. 그리고 이런 부정적인 감정에 대한 반응이 또 다른 나쁜 결과를 초래하는 주원인이 된다.

따라서 우리는 가장 가까운 배우자에 대하여 갖고 있는 우리의 기대와 추정이 무엇인지를 정확히 아는 것이 중요하다. 즉, 가끔은 마음 읽기의 전문가가 되어야 하는 것이다. 다음의 시나리오를 보자.

새 집으로 이사를 한 갑돌과 갑순은 오후에 가구를 재배치하기로 하였다. 지금까지 이들은 가구를 장식보다 편의성 위주로 배치해놓고 있었다. 이들이 물건들을 이리저리 옮기기 시작하자 갑돌이 이내 짜증을 내기 시작하였다. 갑순은 더 열심히 일에 매달림으로써 다가오는 폭풍을 잠재우려고 하였다. "이 의자는 여기에, 저 탁자는 그쪽 구석에 놓는 게 좋겠네요. 여보, 안 그래요?" 라고 수다를 떨면서. 그녀의 이런 노력은 한 순간 분위기를 밝게 만드는 듯 보였다. 그러나 이내 갑돌이 폭발하고 말았다. 그는 화난 어조로 더 이상 가구를 옮기는 하찮은 일에 시간을 낭비하지 않겠다고 선언하였다. 그는 화가 난 채, 자기 방으로 들어가 서류작업을 시작하였다. 당장은 아무 것도 소용이 없음을 잘 알고 있는 갑순은 그냥 기다렸다가 그가 진정되었다고 생각되었을 때, 왜 그렇게 화가 났었느냐고 물었다. 그는 다시 불같이 화를 내면서 그녀에게 대어들었다. "왜 당신은 언제나 나를 그냥 내버려두지 않는 거요? 아니, 당신은 *무어든* 그냥 놔두는 법이 없어. 왜 당신은 모든 걸 항상 바꾸는 거요?" 갑순은 자신의 선의의 시도가 오히려 불쾌한 강요로 비쳐졌음에 충격을 받고는 방을 나가버렸다. 이후 수개월 동안 이들은 이 사건에 대하여 전혀 언급하지 않고 지냈다.

우리가 PAIRS에서 이 자료를 거론했을 때, 갑순은 갑돌에게 이 사건에 대하여 충분히 검토하고 이해하는 게 아주 중요할 것 같다고 말하였다.

그러면 여기에 충족되지 못한 그녀의 기대나 불문(不文) 규칙이 드러나 있는가?

그때까지 이 사건이 중요하고 그에 대한 그녀의 신뢰에 큰 손상을 주었다는 사실을 모르고 있던 갑돌은 다음과 같이 회상하였다.

"우리는 3년도 안되어 세 번이나 이사를 했잖아요. 그리고 나는 새 일을 시작한지 얼마 안 되었고요. 우리 집에서 거실은 우리가 완전히 함께 있다고 느낄 수 있는, 그리고 내가 편안히 쉴 수 있는 유일한 공간이라고 생각해요. 어리석게 들릴지 모르지만, 나는 그 방이 나에게 가져다주는 안정감이 필요하다고요. 그것이 내가 화가 난 이유에요. 그리고 당신이 나를 무시한다고 보여 더 화가 났었지요. 당신이 가구를 이렇게 저렇게 옮기라고 말하면서 나를 마구 부리고 조종하려 하는 것같이 느껴져 내가 폭발하고 말았던 거죠."

이 사건에 포함되어 있는 일련의 기대와 태도를 분류해 볼 때, 갑돌의 숨겨진 기대는:

1. 나를 사랑하는 것은 내가 안정이 필요하다는 것을 알고 나에게 안전감을 주는 것들을 빼앗아가지 않는 것을 의미한다.

2. 나를 사랑하는 것은 나에게 관심을 가져주는 것을 의미한다. 당신은 내가 화가 났었다는 것과 화가 난 이유가 무엇인지를 알고 있었어야 했다.

3. 나를 사랑하는 것은 나를 조종하려고 하지 않는 것을 의미한다. 내가 화가 났을 때도 당신이 재미있게 가구를 옮기는 것을 보고 나는 당신이 나를 어린아이처럼 여기면서 조종하고 있다고 느꼈다.

갑돌은 "나는 이 목록을 보면서 나를 괴롭게 한 게 뭔지에 대하여 그렇게 오래 생각할 필요가 없었다는 생각이 들었어요. 내가 당신에게 비현실적인 기대를 해온 것 같소." 라고 말했다.

다음은 이들이 유사한 오해를 피하기 위해 갑돌의 기대에 관하여 재검토한 내용이다:

1. 만일 내가 필요로 하는 것을 당신이 알아주기를 기대했다면 나는 당신에게 그것을 이야기했어야 했다. 그것은 내가 필요로 하는 것을 내가 알고 있어야 한다는 것을 의미한다. 만일 내가 이런 생각을 전에도 했었다면, 나는 우리가 가구를 옮기는 도중 내가 왜 화가 났었는지에 대하여 이해할 수 있었을 것이다.
2. 만일 내가 당신에게 내가 어떻게 느끼는지를 말해주지 않는다면, 당신이 그 점에 관하여 나에게 어떤 도움을 주기를 기대할 수 없다.

3. 만일 내가 당신에게 왜 나를 무시하고 내가 좋아하지 않는 일을 하려고 하는지를 물어 보았다면, 나는 당신이 나를 조종하려고 한 것이 아니라 단지 싸움을 피하려고 했었다는 것을 이해했을 것이다. 나는 내가 당신을 위해, 또 당신과 함께 하는 일을 선택할 수 있고, 당신이 나에게 무엇을 하시오고 요청하는 것이 나를 조정하려고 하는 것이 아님을 알게 되었다.

이 논의는 갑순에게도 자신의 감춰졌던 추정들의 일부를 알도록 해주었다. 그녀는 갑돌에게, 자신이 싸움을 피하려고 하는 데 덜 신경을 쓰고(그녀의 생각은 분노는 위험하기 때문에 가라앉혀야만 한다는 것이었음), 무엇이 진행되고 있는지를 알아내려는 노력을 좀 더 했더라면 남편을 괴롭히는 것이 무엇이었는지를 알아낼 수 있었을 것이라는 사실을 이제야 비로소 깨달았다고 털어놓았다. 이들은 모두, 만일 그가 자신의 분노와 불편함에 대하여 스스로 말을 하거나 그녀가 거기에 대하여 질문을 했더라면, 가구 재배치는 다른 날 하자는 데 어렵지 않게 합의했을 것이라고 주장하였다.

우리는 모두 우리들 각자의 감추어진 추정과 기대를 갖고 있긴 하지만, 공통되는 부분들도 많이 있다. 몇 예를 소개하면:

• ***나를 사랑하는 것은***--- 내가 말하고, 생각하고, 일하고, 이야기할 때 *중단시키지 않는 것을 의미한다.*

• ***나를 사랑하는 것은***--- *내가 원하고 느끼는 것을 아는 것을 의미한다.* 만일 당신이 내가 무엇을 원하고 어떻게 느끼는지를 모른다면, 그것은 당신이 나를 사랑하지 않는 것이다. 그런 경우에는 나도 당신이 원하고 느끼는 것에 관심을 가질 이유가 없다. 당신이 말할 기분이 나지 않는다고 나에게 말할지라도.

• ***나를 사랑하는 것은***--- *나를 조종하려고 하지 않는 것을 의미한다.* 이것은 당신이 나에게 당신이 원하는 것이 무엇인지를 이야

기할 때 내가 겪게 되는 일들이다. 내가 조종받고 있다고 느끼게 되면 나는 약하거나 모자라거나 조정 받아야 하는 사람이란 생각이 든다. 만일 내가 당신이 원하는 대로 한다고 하더라도 나는 무척 화가 날 것이다.

• ***나를 사랑하는 것은***--- *나와 의견이 일치하는 것을 의미한다.* 우리가 서로 의견이 일치하지 않는다면 둘 중 하나는 잘못된 것이다. 그것은 내가 어리석거나 모자란다는 것을 의미할 수도 있기 때문에 내가 받아들일 수 없다. 오히려 나는 당신이 어리석거나 모자란다고 생각하기 때문에 나는 어떻게 해서든 그걸 당신에게 입증해보일 것이다.

• ***나를 사랑하는 것은***--- *나에게 당신이 필요하다는 것을 의미한다.* 만일 내가 당신과 너무 가까워진다면 나는 당신에게 의존적이 되고, 당신이 나를 떠나는 경우 홀로서기가 불가능해질 것이다. 따라서 나는 당신은 물론 다른 누구와도 그렇게 가까워져서는 안된다. 나는 언제나 당신과 조금 떨어져있고, 당신에 대한 관심을 줄이고, 내가 실제로 느끼고 있는 것을 당신이 알지 못하게 함으로써 내가 당신에게 의존적이 되거나 마음에 상처를 받는 경우가 생기기 않도록 할 것이다.

우리는 배우자가 자신의 분노와 고통의 감정을 과감히 표현할 때 마치 "지뢰"가 터지는 것 같은 경험을 수도 없이 많이 하게 된다:

• *내가 당신에게 내가 어떻게 느끼고 있는지를 이야기하면, 당신은 내 느낌을 비판하고, 판단하고, 없애버리려고 조언을 할 것이다.* 그렇게 되면 나는 좌절하고, 모욕을 느끼면서 당신의 말에

귀를 기울이지 않게 될 것이다. 그래서 나는 당신에게 내가 어떻게 느끼는지를 이야기하지 않는다.

• *당신이 고통을 겪고 있다면, 나는 그것을 고쳐줄 의무가 있다고 느끼지만, 고쳐줄 방법을 모르기 때문에 내가 모자란다고 생각하게 된다.* 따라서 당신이 고통 중에 있을 때, 나는 당신에게 화가 난다. 당신이 나를 모자란 사람으로 느끼게 만들어 주었기 때문이다.

• *당신이 불행하다면, 그것은 틀림없이 내가 무언가를 잘못했기 때문일 것이다.* 당신이 불행할 때 나는 내가 모자란 사람이라고 느끼게 되기 때문에, 그것이 싫어서 나는 당신에게서 떨어지려고 하는 것이다.

이따금, 우리의 추정들은 여러 개가 한꺼번에 작동하기 때문에 우리의 배우자가 결코 승리할 수 없는 일련의 상황들을 만들어내기도 한다. 예를 들면:

• *내가 당신에게 내가 원하는 것을 부탁했을 때 당신이 그것을 했다면 그것은 별로 대단한 일이 아니다. 내가 부탁을 하지 않았으면 당신은 그것을 하지 않았을 것이기 때문이다.* 내가 당신에게 내가 원하는 것을 이야기하지 않았을 때 당신이 그것을 하지 않는 경우, 나는 오해받고 있다고 느끼면서 화가 난다. 당신이 내가 원하는 것을 했더라도 내가 원하는 방식이 아니라면 아직도 별로 대단한 것이 아니다.

• *당신이 나에게 당신이 어떻게 느끼고 있는지를 이야기하면, 내가 그것을 고쳐줄 수 없다거나 비난받고 있다고 느껴지기 때문에 화가 난다.* 그렇다고 이야기를 하지 않으면, 내가 버려지고 불

신당하고 있다는 느낌이 들기 때문에 또 화가 난다.

• *내가 당신에 대하여 얼마나 화가 나 있는지를 이야기하면, 당신은 나를 멀리할 것이다.* 그러나 그렇다고 그것을 이야기하지 않으면, 나는 당신과 거리를 둘 수밖에 없을 것이다.

• 마지막으로, 우리는 흔히, *'만일 당신이 나에 대해서 너무 많이 알게 되면, 나를 진실로 사랑할 수 없게 될 것이다.'* 라는 두려움 때문에 상대방과 팔 길이만큼의 거리를 유지하려고 한다.

(관계에서의 지뢰 목록에 대한 더 자세한 것은, *〈사랑의 매듭(Love Knots)〉*, by Lori H. Gordon, Dell, 1990을 참조할 것)

우리는 또한 우리를 사랑하는 사람은 무언가 결점을 갖고 있을 것이라는 생각 때문에 이들을 사랑하기가 어렵다는 사실을 알게 되기도 한다. 우리는 우리 자신에 대해서 관대해질 필요가 있다. 우리도 다른 사람처럼 행복해 질 권리, 실수를 할 권리, 약점이 있을 권리를 모두 갖고 있는 것이다. 우리는 또 누군가가 우리를 잘 알게 되었을 때 그가 우리를 거부할 위험성이 있다는 것에 대하여도 알고 있어야 한다. 그러나 우리의 약점까지를 털어놓은 후에도 우리가 받아들여진다면 우리는 드디어 신뢰의 문제에서 완전히 자유로워졌다고 할 수 있는 것이다.

지뢰 제거하기

어떤 한 행동은 분노, 불안, 두려움, 슬픔 같은 일련의 내적 반응들을 불러일으키기 때문에 이런 지뢰들을 찾아내기가 그렇게 용이한 것은 아니다. 이런 감정들이 쌓여지면 사람들은 흔히 다른 사람을 비난함으로써 긴장을 해소하려고 한다. 이때, 흔히 하는 말이나 생각은 “당신이 나를 화나게 만들었어.” 또는 “당신이 나를 좌절시키고 있어.” 이다. 이러면서 우리는 이런 느낌에 대한 책임을 배우자에게 전가시키는 것이다. 우리는 또 어떤 특별한 감정—외부 요인 때문에 생겨난—을 자신의 것으로 받아드림으로써 그 책임이 자신의 내부에 있는 어떤 것에 있다고 생각하기도 한다.

우리의 추정과 기대들을 알아내는 한 가지 방법은 문장 완성을 통하여 한 사건과 감정들을 연계시켜보는 것이다. 완성시킬 문장의 예는:

당신이

1. 늦는다면---
2. 돈을 많이 쓰면---
3. 나에게 말하지 않고 아이들에게 벌을 준다면---
4. 부부관계를 거부한다면---
5. 울거나, 소리치거나, 무례하게 행동한다면---
6. 다른 사람들과 너무 시간을 보낸다면---

나는 --- 느낀다

1. 당연하다고
2. 속았다고
3. 무력하다고
4. 거부되었다고
5. 조정되고 있다고
6. 질투심을

나는 그것이 ---을 의미한다고 생각하기 때문에

1. 당신은 내가 가치가 있거나 내 시간이 중요하다고 생각하지 않는다는 것
2. 당신에게는 돈을 많이 쓰는 것이 내 감정보다 더 중요하다는 것
3. 당신이 내가 아이들을 다루는 방법을 알고 있다고 생각하지 않는다는 것
4. 당신이 더 이상 나를 원하지 않는다는 것
5. 내가 그것에 대해서 무언가를 해야만 한다는 것
6. 당신은 나 아닌 다른 사람과 더 함께 시간을 보내고 싶어 한다는 것

두렵게 보일지라도, 주어진 상황에 대한 당신의 감정을 표현하고, 다음에 배우자의 성의 있는 반응을 요청하는 것, 그것만이 두 사람의 관계 속에 들어있는 진실을 찾을 수 있는 길이다. 그러나 아주 친한 사람 사이의 의사소통은 대부분 비언어적으로, 그리고 특히 마음 읽기로 이루어진다. 당신이 의지하지 않으면 안 되는 유일한 것은, 다양한 요인들에 의해서 쉽게 왜곡될 수 있는, 내적 정보이다. 이것은 또한 진실한 응답이 아주 중요하다는 사실의 근거도 된다. 누군가에게, 실제로 진행되고 있는 것 대신, 그가 듣기를 원한다고 당신이 생각하는 것만을 이야기한다면 문제는 더욱 복잡해지고 해결은 지연되게 마련이다.

잘못되었거나 비현실적인 추정들로 인한 감정들이라 할지라도 그런 감정들을 완전히 없앨 수는 없다는 사실을 명심하지 않으면

안 된다. 우리는 이해하지 못하는 어떤 것 때문에 강한 감정의 소용돌이에 빠지게 될 때 흔히 그것을 억제하거나 충동적인 행동으로 반응하려고 한다. 어떤 감정이 어리석거나, 부적절하거나, 상황에 전혀 어울리지 않는 듯 보인다 해서 그것을 무시하거나 무효화시키려들면 우리 자신에 대한 이해를 증진시킬 수 있는 좋은 기회는 무산되고 만다. 만일 갑돌이 가구를 옮기던 날 밤에 느꼈던 불쾌함을 계속해서 무시했다면, 그와 갑순은 반복되는 분노와 오해 속에 갇히게 되고 결국 둘 사이의 틈은 더욱 벌어졌을 것이다. 갑돌과 갑순은 그 사건을 갑돌의 기본적 욕구—편안하고 안전한 느낌 속에서 휴식을 할 수 있는 장소를 찾는—를 이해하는 데 활용함으로써 이 욕구를 충족시키는 일의 첫 걸음을 내디딜 수 있었다. 이들은 함께하는 일과를 만들고, 집안에 갑돌만을 위한 공간을 마련하였다. 이런 것들은 갑돌에게 안전감을 주어 그로 하여금 필요했던 또 다른 변화—거실을 새로 꾸미는 일 같은—를 받아들이도록 만들었다. 더 나아가, 그는, 2세를 갖는 것 같은, 더 훗날의 문제들에 대해서도 관심을 갖게 되었다.

지뢰의 방아쇠들

흔히 지뢰는 알력과 실망의 원인이 되는 몇몇 영역의 언저리에서 발견된다.

견해의 차이. 인간관계에서의 파국은 대부분 의견 불일치를 사랑이 식었다는 표시로 생각하는 데서 발생한다. 많은 사람들은 배우자가 자신을 사랑하지 않는다는 근거로 서로간의 차이점(입맛, 육아 철학, 정치 등)을 열거한다. 그러나 우리는 차이점이 발생하지

않기를 *기대할* 수가 없다. "선한 하느님께서 만일 우리가 모두 똑같기를 바라셨다면, 한 사람만 창조하셨을 것이다." 라는 격언이 있다. 더구나, 우리는 그런 차이가 사랑의 결핍을 의미한다고 *생각해서도* 안 된다. 이따금 우리는 서로 간에 어떤 차이점이 드러났을 때 이를 둘 중 하나가 잘못되었다는 것을 의미하는 것으로 느낀다. 그때 자신에게 잘못이 없다는 것을 입증하기 위해서 소리를 지르거나, 거칠게 행동하거나, 다른 더 과격한 수단을 사용하는 경우도 있다. 그러나 만일 차이를 인정하려는 노력이 *두 사람의 관계를 개선시킨다는 사실*을 이해하면 이런 교착상태는 피할 수 있다. 누가 그르고 누가 옳은가를 찾는 것은 아무 소용이 없고, 이해와 감정이입만이 그것을 가능하게 하는 것이다. 우리는 다음 장에서 두 사람의 차이를 조정하는 기술을 배우게 될 것이다.

힘의 불균형. 마찰은 흔히 다른 사람이 자신을 조종하거나 변화시키려하거나 억누른다고 생각할 때 발생한다. 예를 들어, 많은 사람들은 아내가 자신을 숨막혀죽게 만들려고 한다고 주장한다. 이들은 종종 자신이 덫에 갇히거나 질식해 죽지 않을까 하는 두려움을 갖는다. 이것을 변화시킬 수 있는 유일한 방법은 태도를 바꾸는 것이다. 이들은 먼저 우리 모두가 독립해서 존재할 수 있는 힘과 능력을 갖고 있다는 사실을 이해할 필요가 있다. 아무도 그것을 빼앗아 갈 수는 없다. 이런 두려움 때문에 친밀을 회피하는 것은 인생에서 가장 요긴한 즐거움의 하나를 우리 스스로 박탈해버리는 행위이다. 사람들은 흔히 배우자보다는 자신의 태도 변화에 의해 스스로 변화할 수 있으며 무력하다는 느낌에서 벗어날 수 있게 된다.

정서적 쟁점들. "그녀는 항상 울고 있어요. 나는 그녀를 조금도 행복하게 만들어줄 수 없나 봐요.", "그는 늘 화를 내요. 나를 미워하는 게 틀림없어요." 많은 사람들은 누군가가 화가 났을 경우

자신이 그를 달래주거나, 아니면 자신이 달라져야만 한다는 생각을 한다. 그리고 이것이 이루질 수 없을 때는 분노심이나 자신이 모자란다는 느낌을 갖는다. 사람들은 이런 느낌을 피하기 위해서 배우자의 감정에 대해 아예 귀를 막기도 한다. 그러나 이런 태도는 소외와 고립을 불러온다. 따라서 우리는 배우자에게 귀를 기울이고, 또 자신을 털어놓을 필요가 있다. 경청하는 쪽은 경청과 감정이입을 하려는 노력 이외에 다른 무언가를 *할* 필요가 없다는 사실을 알아야 한다. 나중에 배우자는 자신이 편안한 마음으로 무언가를 할 수 있다는 사실을 알게 될 것이다—그러나 경청과 감정이입은 여전히 가장 중요한 부분들이다.

자존감의 문제들. 많은 지뢰들은 낮은 자존감과 관련된다. 이따금 우리는 우리 스스로 성취하는 것에 만족하지 않고, 우리의 이익을 위해 배우자가 성공하기를 기대한다. 또 우리는 배우자가 성공하고 자신은 못하게 되면 그가 자신을 낮추어 볼 수 있다고 생각하면서 배우자에게 경쟁심을 느끼기도 한다. 간혹 우리는 우리가 해야 할 모든 일을 다 할 때만 배우자가 행복해할 거라고 생각한다. 그리고 우리는 타인의 비판을 우리가 한 일에 대한 것이 아니라 우리 자신에 대한 공격이라고 간주하기도 한다. 어쨌든, 진정한 성공에 대한 평가는 우리가 우리 자신을 위해 설정한 목표, 과거에 우리가 있던 곳과 현재 우리가 있는 곳의 차이, 우리 자신이 얼마나 배우고 성장했는지 등에 따라 이루어져야지, 다른 사람이 기대하는 목표나 남과의 비교에 의해 영향을 받아서는 안 되는 것이다.

인간관계에서 지뢰를 피하는 가장 좋은 방법은 당신과 배우자의 추정들을 솔직하게 검토하는 것이다. 배우자가 행동하거나 말한 것에 대하여 혼란이 생길 때는(그다지 혼란이 심하지 않을 때라도 필요하다고 느껴지면) 반드시 그때그때 무슨 일이냐고 물어보아야 한다. 이것은 **매일 온도 읽기**에서 "수수께끼"가 갖는 가장 큰 가치 중 하나이다. PAIRS 참가자들이 관계를 더욱 더 즐기고 지뢰를 피하기 위해 배우게 되는 또 다른 놀라운 방법은 곧 설명하려고 하는 마음읽기실습을 통하여 익힐 수 있다. 이 실습은 우리 배우자의 생각이나 감정에 대하여 우리가 갖고 있는 어떤 추정이 과연 옳은가를 점검하기 위한 목적으로 고안되었다. 우리의 추정들이 옳지 않을 때가 많이 있는데, 그럴 경우 점검을 하지 않으면, 우리가 그 사실을 모르거나 거기에 대해 적절히 반응을 할 수가 없을 것이다. 그리고 잘못된 추정에 근거한 반응적 행동은 아주 큰 오해와 소외감을 불러올 것이다. 전형적인 예를 들어보면:

추정: 당신이 나에게 생각이나 느낌을 이야기하면, 나는 당신이 동의, 반대, 조언, 판단 같은 어떤 반응을 *원하고* 있다고 믿게 된다.

전형적 반응: 그건 사실이 아니다. 나는 단지 당신이 *경청*을 하고, 그래서 알고 이해하게 되기를 원한다. 만일 당신의 조언이 필요하다면 내가 부탁을 할 것이다!

또 다른 전형적 추정은:

추정: 당신이 속이 상하거나 불행할 때, 나는 당신이 내가 당신의 기분을 고쳐주기를 원하고 있다고 믿게 된다. 그리고 내가 방법을 모르거나 당신의 기분을 고쳐주기를 원하지 않기 때문에, 당신이 나에게 실망을 하고 화를 낼 것이라고 믿는다.

전형적 반응: 그건 사실이 아니다. 나는 화가 날 때, 그저 당신이 *무엇이 잘못되었는지에 관심*을 갖고 나에게 물어봐 주는 것을 원할 뿐이다. 당신이 나를 껴안고 동정을 표시해 주면 더욱 좋겠지만.

당신이 갖고 있는 추정들을 생각해보자. 예를 들어보면:

1. 내가 장거리 전화를 걸 때, 당신은 전화 거는 데 드는 시간과 돈이 아까워 내 곁을 떠나지 않고 있다.

2. 내가 집에 늦게 들어올 때, 당신은 내가 배려심이 없고 심지어 늦은 이유에 대하여 거짓을 말한다고 생각한다.

3. 내가 아이들과 함께 놀아줄 때, 당신은 경시되고 있다고 느낀다. 당신은 내가 당신보다 아이들에게 더 관심이 크다고 생각한다.

필수적인 첫 단계는 바로 이런 추정들을 알아내는 것이다. 다음에 배우자에게, "당신 마음을 알고 싶은 데 괜찮아요?" 라는 질문을 하고, 그 다음에 자신의 추정을 이야기하고 사실을 확인하는 순서를 밟는다. 조지 바흐(George Bach)는 배우자의 허락과 자체 점검이 없는 마음읽기는 일종의 폭행이라고 생각한다. 그는 이것을 마음폭행이라고 불렀다. 그러나 우리는 친한 사람들에게 늘 이렇게 행동하고 있다. 결혼생활에서의 소외감은 흔히 오해와 잘못된 추정들 때문에 발생한다.

- 인간관계에서의 실망으로 괴로워할 때, 당신은 자동적으로, '만일 배우자나 당신 자신이 달리 행동했다면 이런 일이 생기지 않았을 것이다.' 라고 생각하는가?
- 인간관계에서 괴로움을 주었던 가장 큰 실망들은 무엇이었는가?
- 그때 당신에게 충족되지 못하였던 기대는 어떤 것들이었나?
- 당신은 실망하기 전이나 후에 그런 기대를 분명하게 표현하였는가?

- 당신은 당신 자신의 그런 기대에 대하여 분명하게 알고 있었는가?
- 당신에 대한 배우자의 기대와 추정은 어떤 것들이었다고 생각하는가?

다음에 마음읽기 연습 예 두개를 소개한다:

마음읽기 연습

표본 대화 I

송신자: 당신 마음을 좀 읽어도 될까요?

수신자: 되고말고요. 어서 해보세요.

송신자: 나는 당신이 내가 무엇을 하든 *결코 잘하지 못한다고* 생각한다고 생각해요.

수신자: 당신은 내가 당신이 무엇을 하든 결코 잘하지 못한다고 생각한다고 생각하시는 군요.

송신자: 그래요. 나는 내가 무엇을 하든-내가 하지 않았거나 제대로 하지 못했다고 당신에게 비판을 받았어요.

수신자: 당신이 무엇을 하든, 당신이 하지 않았거나 제대로 하지 못했다고 내가 비판을 했다고요?

송신자: 그래요. 내가 집에 돌아올 때마다, 나는 늦었다는 핀잔을 들었어요. 당신은 내가 바쁜 걸 원하지 않는 것 같아요. 내가 청소를 하거나 방을 치울 때, 당신은 항상 내가 무언가를 덜 치웠다고 지적을 하죠. 내가 어떤 음식을 만들면 당신은 언제나 다른 음식을 찾고, 내가 쉬고 있으면 당신은 내가 계속 일을 해야 한다고 하고요.

수신자: (반복한 다음 덧붙인다.) 그러나 그건 사실이 아니에요. 나는 당신이 한 일 중에 좋아하는 것도 많은 데---

송신자: 사실이 아니고, 내가 한 일 중에 당신이 좋아하는 것도 많다고요?

수신자: 그래요.

송신자: 그러면 당신이 좋아하는 것을 말해줘요. 당신이 좋게 평가하는 것을 이야기해줘요. 내가 하지 않은 다른 것에 대하여는 이야기하지 말고요.

수신자: 당신은 내가 좋아하는 것을 당신에게 이야기해주길 원하고 있군요. 내가 좋게 평가하는 것도요. 그러나 당신이 하지 않았거나 내가 당신에게 하기를 바라는 것에 대하여는 지적하지 말아달라고요?

송신자: 그래요.

수신자: 좋아요. 나는 그랬었다는 걸 알지 못했어요. (꼭 껴안는다.)

표본 대화 II

송신자: 당신 마음을 좀 읽어도 될까요?

수신자: 예, 좋아요.

송신자: 나는 내가 당신에게 내가 원하는 것이나 느끼고 있는 것을 이야기할 때마다 당신은 내가 당신을 비판하거나 헐뜯고 있다고 생각한다고 생각해요.

수신자: 당신은 당신이 나에게 원하는 것이나 느끼고 있는 것을 이야기할 때마다 당신이 나를 비판하고 헐뜯고 있다고 내가 생각한다고 생각하는군요.

송신자: 그래요.

수신자: 좋아요. 나는 당신을 기쁘게 해주고 싶어요. 나는 당신을 행복하게 해주고 싶어요. 그런데 당신은 불평이 많아요.

송신자: 당신이 나를 기쁘게 해주고 싶다고요? 당신이 내가 행복하게 되기를 원한다고요? 그런데 내가 불평이 많다고요?

수신자: 바로 그래요.

송신자: 자, 그런데--- 나는, 당신이 비판으로 받아들이지 않도록 하면서, 내가 원하는 것이나 나를 화나게 하는 것에 대하여 당신에게 이야기할 수 있었으면 좋겠어요.

수신자: (반복한다.)

송신자: 옳아요.

수신자: 에---그러면---일요일 일에 대하여 우리가 이야기할 때 당신이 불평이나 "요구"를 하지 않으면 어떨까요? 그리고 당신이 그것을 말하기 전에---당신이 나에 관하여 좋게 평가하는 게 무언지---말해주면 좋겠네요. 그러면 내가 더 잘 경청하게 될 테니까요.

송신자: (반복한다.)

수신자: 맞아요.

송신자: 노력을 해볼게요. 그러나 나는 당신이 내가 원하는 것을 이야기할 때 *당신을* 비판하고 있는 것이 *아니라는* 사실을 알아주기를 바라요. 나는 단지 당신에게 나를기쁘게 하거나 화나가 하는 게 무엇인지를 이야기하는 것이지, *당신을 헐뜯는 것이 결코 아니에요.* 나는 당신을 사랑해요. 나는 우리가 함께 행복해지기를 원해요.

수신자: (반복한다.)

송신자: 잘하셨어요.

수신자: 자, 그러면, 무엇이 옳은 것인지에 대하여 내가 더 이야기를 들을 필요가 있을 것 같네요. 나는 언제나 그른 일만 하고 있는 것처럼 보이니까요.

송신자: (반복한다.)

수신자: 맞아요.

송신자: 내가 당신에게 나의 감정을 이야기하는 것은 내가 당신을 사랑하기 때문이에요.

수신자: 당신이 나에게 당신의 감정을 이야기하는 것이 당신이 나를 사랑하기 때문이라고요?

송신자: 그래요.

수신자: 자, 그러면, 이제는 당신이 좋아하는 것에 대하여 좀 더 이야기해주시겠어요? 그래야 내가 들은 것이 *모두* 불평은 아니라고 느끼게 될 테니까요.

송신자: 당신은 내가 좋아하는 것에 대하여 당신에게 좀 더 많이 이야기해주기를 원하는군요. 당신이 듣는 모든 것이 다 불평은 아니라고 느낄 수 있으니까.

수신자: 맞아요.

송신자: 노력을 해볼게요. 그리고 당신도, 내가 당신을 헐뜯고 있다는 느낌 없이, 내 이야기를 경청하려고 노력할 필요가 있어요.

수신자: 당신이 노력할거라고요? 그리고 내가, 나를 헐뜯고 있다는 느낌 없이, 경청하려고 노력할 필요가 있다고요?

송신자: 그래요.

수신자: 내가 아무래도 너무 예민한가 봐요.

송신자: 당신은 당신이 너무 예민하다고 생각한다고요?

수신자: 맞아요.

송신자: 좋아요. 나는 당신이 내가 좋게 평가하는 것에 대하여 좀 더 많이, 그리고 내가 당신을 사랑한다는 것을 알 수 있도록 노력할게요. 그러나 나는, 무엇인가가 나를 괴롭히고 있지만 아직은 화가 나지 않았을 때도, 당신이 나의 말을 경청할 수 있었으면 좋겠다고 생각해요.

수신자: (반복한다.)

송신자: 맞아요.

수신자: 내가 노력할게요. 나에게 솔직하게 이야기를 해줘서 고마워요. 지금까지 나는 모르고 있었어요. (꽉 껴안는다.)

우리는 배우자에게 우리를 기쁘게 하거나 괴롭게 만드는 것이 무엇인지를 알려 줄 필요가 있다. 우리는 배우자가 말을 할 때—그것을 비판으로 보지 말고—정보를 얻겠다는 목적으로 경청할 수 있어야 하며, 더 나아가 관계 개선을 위하여 우리가 변화시킬 수 있거나 변화시키기를 원하는 것이 무엇인지를 찾아내지 않으면 안 된다. 만일, 배우자의 모든 말이 비판적으로 들린다면, 우리는 기가 죽게 되고, 또 우리가 정말로 사랑스럽고 충분히 착하며 배우자가 우리를 사랑할 것이라는 생각에도 의심을 품게 될 것이다. 이때 배우자의 말을 직접 경청하지 않는다면, 그것은 다른 방법으로 "표출" 되어 결국 관계를 파괴시키는 결과를 초래할 수도 있다. 한편, 모든 말이 불평으로 들린다면, 정신과 의사 다니엘 케스리얼(Daniel Casriel)의 다음과 같은 말이 참고가 될 것이다: "당신이 어딜 가서 구린 냄새를 맡아오든, 그것은 단지 한번 씻어버리면 그만인 코끝의 작은 얼룩에 불과할 것이다. 당신이 스스로에게 '너는 무엇을 찾고 있는가?' 라는 질문을 할 수 있다면 당신은 결국 원하는 것을 발견하게 될 것이다."

우리는 배우자로부터 우리의 결점보다 장점에 대하여 더 많이 들을 필요가 있다. 장점은 두 사람이 삶을 함께 하기로 결정했던 이유와 관련된다. 우리는 우리가 원하는 것이 무엇인지를 물어보고, 우리가 원하지 않는 것이 무엇인지에 대하여 말할 수 있어야 한다. 정말로 결점이 너무 많았다면 아예 함께 하지도 않았을 것이다.

어쨌든, 우리가 정말로 변화되지 않으면 안 되는, 그리고 변화될 수 있는 일들이 분명히 있을 것이다. 서로 사랑하는 관계 속에서 주고받는 것을 배우는 일은 그 자체로 큰 기쁨의 원천이 된다.

PAIRS 연습: 마음읽기

1. 당신의 배우자가 생각하고 느끼는 것에 대하여 당신이 추정하는 것들을 모두 쓴다.

2. 당신의 배우자가 당신에 대하여 갖고 있다고 의심되는 추정들을 모두 쓴다.

3. 대화 시간을 마련한다.

4. 허락을 구한다: “내가 당신의 마음을 좀 읽어도 될까요?”

5. 당신의 추정을 이야기한다: “나는 당신이 ----게 생각한다고 생각해요.”

6. 배우자가, 감정이입적 의미공유 기법을 사용하여, 들은 추정들을 그대로 반복한다.

7. 추정에 대하여 배우자는 정직하게 대답한다. 이제 당신은, 예기치 않게 폭발하여 당신이나 배우자를 큰 충격에 빠뜨리고 희생자로 만들고 끔찍한 오해의 소용돌이에 밀어 넣을 수도 있었던

지뢰밭 대신, 정말로 진실한 것에로 당신의 행동과 믿음을 안내할 수 있는 소중한 정보를 손에 넣게 되었다.

다음 장에서 우리는 사랑을 파괴시키지 않고 오히려 성장시키는 건설적인 방법으로 원망과 실망을 표현하는 기법을 배우게 될 것이다.

잠시 당신이 깨닫기 시작한 것을 노트에 기록하기 위한 시간을 갖는다.

5
분노에 대한 기술

* * *

당신의 배우자가 당신을 폭발시킬 수 있는 어떤 일을 할 때 당신의 논리성이나 고상함은 잃고 마는 경우가 종종 있을 것이다. 이럴 때 당신은 더 이상 고상해지기를 원하지 않는다. 당신은 인내심도 원하지 않는다. 당신은 이성적인 것에 지쳐버렸다. 당신은 정서적 알레르기 반응을 일으키는 게 무언지, 또는 당신의 부정적인 느낌을 매일 온도 읽기에서 다루어야 할 것인지에 대하여도 알기를 원하지 않는다. 당신은 다만 배우자가 지금까지 하던 일을, 그것이 무엇이든, 빨리 그만두기만을 바랄 뿐이다: 벗은 속옷을 마룻바닥에 그냥 던져 놓는 것, 마지막 순간에 계획을 바꾸는 것, 식탁에서 트림하는 것, 영화 보면서 떠드는 것 등. 당신은 끔찍한 하루를 보냈으며, 배우자가 했던 모든 것은 오로지 상황을 악화시켰을 뿐이다. 그런 기분 속에 빠지게 되면 논리. 심리, 사실 등은 별 의미가 없게 된다. 그리고 이런 기분은 흔히 심한 싸움으로 이어진다.

그런데, 불행하게도, 우리는 흔히 논리나 돌봄을 통해서가 아니라 분노, 방어, 또는 협박으로 이 갈등을 해결하려고 한다. 승리 아니면 패배라는 준엄한 법칙만이 존재한다. 우리는 그 순간 어쩔 수 없다고 여겨지는 해결책을 찾으려고 하지만, 이것들은 결코 우리가 원하는 것을 가져다주지 못하며, 나중에 후회 섞인 말들을 하게 만

들곤 한다: “나는 그때 당신이 콱 쓰러져 죽기를 바랐어요.”, “그때, 당신, 왜 짐 싸들고 나가버리지 않았어요?”, “그때 당신이 입을 닫지 않았으면, 같이 파티에 가지 않았을 거예요.” 등등. 우리는 우리의 감정을 솔직하게 표현하는 대신 행동화하는 잘못을 저지르기도 한다. 반대로, 불유쾌함을 분노의 병 속에 가둬둠으로써 해결하려고 하는 경우도 있다. 이런 경우, 우리는 부인하더라도, 분노는 그대로 남아있기 때문에, 우리는 우리도 모르게 배우자로부터 멀어지게 되며, 흠잡기, 잔소리하기, 냉소주의 등으로 이를 발산한다. 그리고 더러는 이런 상황이 신체적 및 정서적 질환을 유발하기도 한다.

그러나 분노를 피하는 것은 불가능할 뿐만 아니라, 앞에서 이야기한 대로, 건강한 태도도 아니다. 그러면 분노가 우리 관계 속의 기쁨을 빼어가지 못하게 하는 방법은 없는 것일까?

분노의 의식

저술가이며 인간관계센터를 직접 운영했던 고(故) 조지 바흐 박사(Dr. George Bach)는 분노와 싸우는 유일한 방법은 그것에 정면으로 부딪치는, 즉 직면하는 것이라고 생각했다. 그는, 문제를 조금씩 완화시키고 부부가 자유롭게 논리적 해결을 추구함으로써 분노의 파괴력(분노의 강도와 반드시 일치하는 것은 아님)을 줄일 수 있는, 일련의 분노 발산 의식들을 계발했다.

PAIRS에서 한번 이 의식을 실습한 사람들은 대부분 차후에 다시 이 의식을 공식적으로는 사용하지 않는다. 이것은 마치 자전거의 보조 바퀴 같은 것으로 더 편안히 분노를 다룰 수 있도록 돕는 연습이다. 그러나 어떤 사람들은 이 연습의 기본 원칙들을 일반적인 인간관계 행위 속에 끌어들인다.

이 의식은 싸움 유형을 바꾸는 데 도움을 준다. 만일 당신이 비난형이라면, 당신은 분노를 억압하지 않고 비(非)파괴적으로 표현하며, 다른 사람의 분노를 보복 없이 받아들이는 방법을 익힐 수 있다. 만일 당신이 회유형이라면, 이 연습이 힘들지 모른다—그러나 그만큼 더 중요하다.

- 이 분노 의식 실습에 대하여 어떻게 느끼는가?
- 어리석거나 위협적이거나 터무니없는 것으로 보이지는 않는가?
- 예상되는 것은 무엇인가? 해프닝(쇼)? 당혹스러움? 더 먼 거리감? 더 심한 고통?
- 배우자에게(또는 배우자가 당신에게) 화를 내면 둘 사이의 친교가 향상될 수 있다는 사실이 이해가 되는가?

폭발시키기

분노 발산 의식은 청자의 허락아래 한시적으로 고함, 폭언, 혹평 등의 행동을 하는 일종의 비난 의식으로, 정서가 충분히 표현되도록 고안되어 있다. 그러나 난폭하거나 파괴적인 행동은 용납되지 않는다.

이 의식은 두 사람 모두의 선의(善意)가 없으면 시행이 불가능하다. 두 사람 모두 상대방이 궁극적으로는 관계개선을 좋아하고, 또 소망하고 있다고 믿고 있어야 한다. 이 의식의 목표는 건강한 분노 발산이 갖는 정화효과를 경험하고, 또 5분전까지는 상대방을 죽이고 싶을 정도로 미워했던 사람에게 다시 사랑의 감정을 갖게 될 가능성을 찾도록 해주는 것이다. 우리가 강한 분노를 경계해야 하는 이유의 하나는 그 분노가 어느 시점에서 분노를 일으킨 상대방에게 위해(危害)를 가하고 싶은 소망으로 경험될 수 있다는 것이다. 이 의식을 통하여 우리는 조절된 환경—사랑의 관계로 다시 돌아갈 것을 목표로 만들어진—안에서 강한 수준의 분노 발산이 가능하다는 것을 배우게 된다.

분노의식의 주요소는 허락을 받는 것이다. 상대방의 폭발을 매복공격으로 경험하면서 이에 대해 철수나 반격으로 반응하는 것과 폭발을 허락하고 다가올 일을 미리 알고 있는 것은 아주 다른 것이다. 의식에 동의하는 것은 상대방이 지금까지 이야기해왔던 것과 당면한 문제가 다를 수도 있음을 받아들이는 것이다. 문제는 분노의 강도인데, 경청할 것에 동의하면 강한 분노라도 비교적 쉽게 다룰 수 있게 된다. 그러나 만일 당신이 아직도 화가 나 있거나 기존의 체계에서 벗어나지 못했다면 이 의식이 별 도움이 되지 못할 것이다. 허락을 한다는 것은 "당신이 분노를 표시하더라도 나는 당신을 추궁하지 않을 것이다. 나는 당신이 지금까지의 체계에서 벗어나는 것을 돕기 위해 경청을 할 것이다. 우리가 새로운 이해와 감정을 갖는 것이 중요하기 때문이다." 라는 의미이다.

의식 I: 베스비우스

아이들이 화장지 세 통을 변기에 풀어 배수구가 막히고, 변기 물이 넘쳐흘러 욕실이 물바다가 되었으며, 다시 물이 부엌 천정으로

스며들어 정전을 일으켰다; 차를 등록하려고 세 시간이나 기다려 접수를 했더니, 서류 하나가 빠졌다고 하여 다시 돌아올 수밖에 없었는데, 차에는 주차 위반 딱지가 붙어있었다; 사장이 직원들 앞에서 당신이 깜빡 잊고 할 일을 안 했기 때문에 할 수 없이 다른 사람에게 그 일을 처리하시오고 시켰다며 당신을 질책했다. 우리는 이런 상황들—더 나쁜 것이든 더 사소한 것이든—에 대한 반응으로 흔히 "폭발시키는" 방법을 사용한다. 이태리의 유명한 화산의 이름인 베스비우스 과정에서도 모든 일—어이없거나 귀찮은 것에서부터 무섭고 파괴적인 것에 이르는—에 대한 분노를 표출하도록 하는 방법을 사용한다.

이 기법은 분노가 폭발 직전의 화산수준으로 접근해가는 때를 확인하고, 또 그것을 의식화(儀式化)함으로써 기존체계에서 탈피할 수 있도록 하는 데 초점을 맞춘다. 이때 배우자의 역할은 상대방의 분노 표현을, 그것이 마치 자신과는 무관한 자연 현상인 것처럼, 공손히 바라보는 것뿐이다.

이 의식의 기본적인 주제는, "나에게는, 도저히 참을 수 없는, 그리고 누군가가 귀 기울여 들어주지 않으면 안 되는 수많은 분노꺼리들이 있다."는 것이다. 배우자에게는 경청만을 원할 뿐 어떤 다른 반응을 요구하지 않는다. 변화에 대한 기대도 없다.

만일 당신이 시작하고 싶으면, "나는 이제 정말 폭발하려고 해요. 당신 2분 동안만 나에게 귀를 기울여 줄 수 있겠어요?"라고 말하면 된다. 폭발 시간은 두 사람이 협의해서 결정하면 되지만 2분 정도면, 두 사람 모두에게 놀라울 정도로, 충분한 시간이 된다. 배우자가 동의하면 비로소 당신은 분노폭발을 시작한다. 이때 배우자는 화산 폭발을 구경하듯 경외심을 갖고 당신에 대하여 경청한 후 정해진 시간이 되면 끝났음을 알려준다. 배우자는 어떤 반응도 보이지 않는다.

만일 배우자가 이 의식에 동의하지 않는다면, “지금은 경청할 수가 없을 것 같네요.” (형편이 여의치 않아서, 또는 지금은 그럴 기분이 아니어서 등의 이유를 댄다.), “그러나 오늘 밤(또는 24시간 안)에는 가능할 것 같네요.” 등으로 이야기하면 된다. 배우자가 있는 곳이 가깝다면 24시간 안에, 그렇지 않다면 차후 기회가 있을 때 하면 될 것이다. 끝까지 허락을 얻지 못할 경우에는 비 파괴적으로(또는 건설적으로) 그런 감정을 해소시키는 방법—펀치 백이나 베개 치기, 빵 빚어 만들기, 격렬한 조깅, 소파에서 쾅쾅 먼지 털어내기, 낡은 잡지 집어던지기, 잡초 뽑기 등—을 스스로 찾아내야 할 것이다.

배우자가 준비가 되었다고 말하면 곧바로 거침없이 할 것을 하면 된다. 너무 어렵게 생각할 것이 없다. 당신을 괴롭게 했던 모든 것이 드러나도록 하시오. 아주 큰 소리로 그것을 표현하시오. 핵심이 되는 바로 그것을 나타내시오.

“나는 오늘 일이 끝났을 때 무지하게 지쳐 있었어요. 그래서 지하철에서 보내게 될 30분 동안은 책이나 보며 쉬려고 했는데, 두 젊은 녀석이 올라타더니 라디오를 켜는 거요. 내가 꺼달라고 했더니 그 녀석들이 더 크게 틀어대는 거야. 나는 그들을 산산조각내고 싶었어요. 제기랄, 산산 조각을 내고 싶었다고. 그들이 증오스러웠던 거요. 그런 짐승 같은 놈들은 모두 사형시켜야 된다고 속으로 외쳤죠. 겨우 집에 왔는데, 아들놈이 쓰레기 깡통을 그대로 놔두고 있었어요. 그는 도대체 무얼 하는 놈이야? 한 식구면 제 몫은 해야지. 다시 내가 위층으로 올라가 봤더니 당신 양말과 속옷이 그냥 여기저기 흩어져 있는 거 아니겠어요. 빌어먹을! 당신 어떻게 된 거 아냐? 누군들 나와 같이 생각하지 않겠어? 가장 화가 나는 건

정비공장에서 들은 얘기요. 차 고치는 데 드는 부속 값이 159불이나 되고, 더 들어갈지도 모른다는 거요. 디트로이트에 있는 그 머저리들은 차를 도대체 어떻게 만드는 거야. 그러니 누가 미제차를 사겠어. 쓰레기 같은 놈들."

당신은 그가 누구든 이름을 부르고, 불평을 하고, 흠을 잡고, 고함 또는 비명을 지를 수 있다. 또 배우자, 자녀들(아이들이 지금 곁에 있는지, 이 의식을 이해할 만큼 나이가 들었는지 등을 확인할 필요가 있다), 직장 동료, 더딘 계산대 점원, 질 나쁜 정치인 등 당신을 화나게 만들었던 모든 사람이나 일에 대하여 분노를 터뜨릴 수 있다. 당신의 불평이 합법적이냐, 옹호 받을 수 있는 것이냐에 신경을 쓸 필요가 없다. 논리, 매너, 우아함 등은 무시하시오.

이때 배우자가 할 일은 그 시간을 동안 경청하는 것뿐이다. 응답, 변명, 방어, 조언 등은 하지 않는다.

당신의 분노 표현이 끝나면 배우자는 당신을 꼭 껴안고 당신이 보여준 좋은 쇼에 대하여, 그리고 이 골치 덩어리를 기존의 체계에서 떼어냄으로써 더 이상 두 사람의 관계를 오염시키지 않도록 해준 데 대하여 감사를 표시한다.

베스비우스는 다음과 같은 경우에 유용하다:

조용하거나 싸움 공포가 있는 사람들에 대한 분노 표현 훈련

다혈질인 사람들에 대한 분노 관리 교육

"청자"가, 사적인 문제로 돌리거나 반격하지 않으면서, 분노 폭발을 들을 수 있도록 도와줄 필요가 있을 때

표현되지 않고 있는 긴장 및 불만의 분위기를 정화시키고자 할 때

배우자의 분노의 표적이 되는 당신은 베스비우스 산으로부터 어느 떨어져 정도 거리를 두고 전경(全景)을 볼 때 마음이 더 편해질 것이다. 물론 이 내용이 그냥 웃어넘겨도 좋을 만큼 가벼운 사안이라는 것은 결코 아니다. 그러나 당신은 충분한 거리를 둔 채 이 의식의 희극적인 면을 감상해도 좋다. 중요한 것은 이 쇼가 주는 정보에 귀를 기울이는 것이다. 그러다 보면 당신은 진작 알고 있었어야 함에도 불구하고 실제로는 모르고 있었던 것이 많다는 것을 알게 될 것이다. 처음 듣는 것이든 아흔 아홉 번째 듣는 것이든 상관없이 거기에 감정이입을 하도록 노력해야 한다. 아울러, 표현되고 있는 것들이 실제로 상대방을 얼마나 화나게 만들었을까 하는 것을 느껴보아야 한다.

만일 의식이 끝난 후에도 배우자의 분노가 가라앉지 않아 시간이 더 필요하다고 생각되면 시간을 더 주어도 좋다. 그것은 당신이 결정할 문제이다.

의식 II: 헤어커트

헤어커트는 배우자의 행동 중 일부에 대하여 특별히 취하는 일종의 비난형 공격이다. 이 의식을 통해 당신은, 막연한 노여움을 경험하거나 연기하는 대신, 당신을 가장 화나게 하는 배우자의 행동에 초점을 맞추어 그것을 구체적으로 표현하는 것을 배우게 된다. 헤어커트도 베스비우스에서의 기본적 규칙—허락과 시간제한—아래 시행된다. 여기서도 특별한 행동반응을 요구하지 않는다: 당신의 배우자가 하는(또는 하지 않는) 어떤 특별한 것에 대한 불만

을 분명히 이야기하고, 이 때문에 갖게 되는 감정을 털어놓는다. 다음의 예와 같이:

그: 당신에게 매우 화가 나요. 그래서 2분 간 헤어커트를 했으면 좋겠는데, 당신 괜찮겠어요?

그녀: 좋아요.(만일 그녀가 당장은 곤란하다고 거절하면, 24시간 내의 적절한 시간을 정하여 시행한다.)

그: 나는 당신이 어젯밤 쇼핑 갔다 와서 차에 기름이 거의 다 떨어진 걸 그냥 놔두었기 때문에 굉장히 화가 났어요. 아침 출근길에 주유소에 들려야 했고 그것 때문에 회의에도 늦었으니까. 당신이 차에 기름이 얼마 없다고 미리 말해주었으면 조금 빨리 출발했을 텐데. 당신 내가 꼭 그런 꼴을 당하게 만들어야 속이 시원하겠어!(이제 그는 아침에 느꼈던 분노를 되살리기 시작한다. 목소리가 점점 더 커지고 삿대 질까지 한다.) 회의에 늦어 내가 얼마나 창피했었고, 또 당신에게 화가 났었는지 알아! 당신이 실수를 해서라기보다, 당신이 나를 우습게 본 것 같아 더 화가 나는 거야. 당신이 그럴 때 나는 도저히 참을 수가 없어! 제발 좀 그러지 마!

그녀: (그를 꼭 껴안으며) 당신이 솔직하게 말해줘서 고마워요.

그: 잘 들어줘서 고마워요.(그녀를 껴안는다.)

분노의식이 끝날 때마다 청자는 상대방에게 분노나 불평을 솔직히 표출한 것에 대하여 감사의 표시를 한다. 만일 당신이 당신 자신에게 화가 나있거나 배우자의 불평이 정당하지 않다고 생각되는 경우에는 이것이 쉽지 않을지 모른다. 그래도 무조건 감사를 표시해야 한다. 직접적이고 솔직한 감정 표현이 소중하다는 것을 당신의 배우자가 깨닫도록 해주는 것이 중요하다. 물론 당신이 원하고 배우자가 동의하면 당신도 똑같은 기회를 가질 수 있다.

처음에는 어떤 가상적인 역할—배우자나 친구와 함께 실습을 하고, 이들에게 당신의 딸, 배우자, 사장 등을 연기해달라고 요청할 수도 있음—을 실습해보는 것이 좋은데, 이것은 다음에 자신의 문제에 대한 실제 연기를 하는 데 도움을 줄 것이다. 이 의식을 일상의 장소나 사무실로, 즉 실생활의 현장으로까지 확장하여 시행할 수 있겠다는 생각은 잘못이다. 이 의식은 두 사람이 충분히 동의하고 규칙을 알고 있을 때만 가능한 것이다.

벨트라인

일단 이런 의식들에 익숙해지면, 배우자가 분노를 폭발시키겠다고 할 때, 당신이 "아, 베스비우스군요. 내가 시간을 마련할 테니 당신 나한테 허락을 받아요." 라고 말할 수 있을 것이다. 그런 다음 배우자가 자기 형편에 맞추어 비난형 의식에 대한 허락을 요청하거나, 그냥 말로 명확히 표현하는 것으로 끝내거나 할 수 있다: "마음에 걸려있는 게 있어요. 당신이 경청해주었으면 좋겠어요." 배우자가 자신의 분노를 처리하고 나면, 그(그녀)는 좀 더 비위협적인 방법으로 당신에게 이야기할 수 있게 될 것이다: "이게 당신이 나를 힘들게 하는 것인데, 만일 당신이 ---게 해주면 나는 훨씬 더 편할 거예요."

어떤 사람들은 "어떻게 마음대로 분노를 끌어내기도 하고 가라앉히기도 할 수 있는가?" 라는 질문을 한다. 그런데, 이것은 실제로 가능하다. 이것은 배관을 열었다 닫았다 할 수 있는 것과 유사하다. 당신은 언제 어디에다 쓰레기를 내다버릴 것인가를 배울 수가 있는데, 분노와 비난에 대한 것도 이와 똑같다. 만일 당신이 이것을 배우지 않은 채, 비난하고 비판하고, 울화통을 터뜨리며 울부짖거나, 혹은 말문을 닫아버린 채 부루퉁해 있으면 당신들의 관계는 결국 파괴되고 말 것이다.

이런 분노의식은 싸움에 있어서의 공격 불가 지대인 "벨트라인"—우리에게 특별히 예민한 화제, 말, 유형 등으로 우리가 "벨트 아래"라고 느끼는 것—을 설정하는 데 도움을 준다. 헤어커트 시간에는 배우자의 분노 표현을 매우 편하게 받아들일 수 있다 그러나 만일 상대방이 우리가 부끄러워하고 감추고 싶어 하는 "결점"—올챙이배 같은—에 대하여 날카로운 목소리로 빈정거린다면 우리는 깊게 상처를 받고 분노하고 모욕감을 느끼게 될 것이다. 따라서 이런 부분이 발견되면, 그때그때 그 내용을 벨트라인 페이지에 기록하고 이를 배우자에게 알려줄 필요가 있다.

우리 모두는 싸울 때 주장할 것은 하면서도 상대방의 벨트라인은 존중해주는 방법을 배워야 한다. 우리는 상대방에게 상처를 입히거나 과도한 승점을 따려는 노력이 없이도 자기주장을 할 수가 있다. 즉, 배우자를 공격하지 않고도 관계개선을 위한 자기주장을 충분히 할 수 있는 것이다.

우리는 벨트라인을 지켜가면서, 한편으로는 이것이 재조정될 필요가 있는지를 검토하여야 한다. 우리는 누구나 배우자가 누르기를 원치 않는 "누름단추"들을 갖고 있는데, 이중 일부는 건설적인 관계를 방해할 만큼 너무 높거나 낮게 위치해 있어 벨트라인의 재조정이 필요한 것이다.

이런 문제들은 모두 자존감과 관련된다. 만일 벨트라인이 너무 낮게 위치해 있다면, 상대방이 하고자 하는 거의 모든 말이 허용되어 있다는 뜻이 된다. 이런 태도는 인내심이 강하다고 칭송되기도 하지만, 억지로 참아내지 않으면 안 된다는 부정적인 측면도 갖고 있는 것이다. 물론 우리는 자신의 벨트라인을 긋고, 배우자로부터 이 라인을 존중받을 권한을 갖고 있다. 한편, 벨트라인이 너무 높게 위치해 있다면, 이것은 날카로운 논평이나 비판이 거의 불가능하다는 것을 의미한다. 이렇게 되면 배우자는 변화를 위한 요구나 괴롭히는 것들에 대한 토론을 할 수가 없을 것이다. 만일 거의 목까지 올라와 있는 벨트라인을 그대로 방치한다면, 두 사람 모두 질식 상태에 이르게 될 가능성이 큰데, 이렇게 되면 결국 의사소통은 저해되고 분노가 그들 마음속을 가득 채우게 되고 말 것이다.

벨트라인을 바꾼다는 것은, 앞에서 논의한 바와 같이, 긍정적인 말들을 명백히 진술하고 이를 믿음으로써 자존감을 높이는 작업을 하는 것을 의미한다. 배우자나 다른 사람들로 하여금 그들이 좋아하는 논평을 하도록 허용하는 사람들은 "나는 존재한다."에 초점을 맞추고 있는 셈인데, 이것은 "지금 여기 있는 나는 학대받고도 잠자코 있는 사람이 아니라, 성숙한 한 인간으로 대우받아야할 존재이다."라는 의미를 갖는다. 또 "나는 자격이 있다."에서 자격은 사랑과 존중을 받을 권한을 말한다는 것을 기억할 필요가 있다. 높은 벨트라인을 갖고 있는 사람들은 "나는 사랑스럽다."와 "나는 충분히 착하다."는 진술을 기억해야 한다. 이 진술들은 '비판이 나와 나의 능력을 훼손시키지 못한다. 이것은 오히려 나와 나의 인간관계의 개선을 돕는 정보를 제공한다.'고 번역할 수도 있다.

너무 많은 "누름단추"를 갖고 있고, 별거 아닌 반대를 열전(熱戰)으로 비화시키기 잘하는 배우자에게 벨트라인을 조정하는 문제는 아주 중요한 일이다. 분노를 표현하면서도 배우자의 경계선과 감수성을 존중하려는 순수한 노력은 상호간의 신뢰를 크게 향상시킨다. 이것은 친교—소외가 아니라—를 고취시키면서 갈등을 다루어나가는 첫 걸음이 된다.

메이킹업: 개집에서 나오기

분노 의식을 뒷받침하는 신념은 분노를 넘어서서 사랑으로 갈 수 있다는 것이다. 여기서 조지 바흐(George Bach)의 '사과-용서 의식(謝過-容恕 儀式)'을 설명하는 것이 좋을 것 같다. 이 의식에서는 불평을 터뜨리는 것을 허용하면 기쁨을 경험할 수 있다는 것을 특히 강조한다. 많은 사람들은 싸움을 할 때 자신의 불만을 표현하고, 또 상대방의 불만을 경청하는 것을 매우 힘들어한다. 또 어떤 사람들은 싸움을 끝내는 과정에서 어려움을 겪는다—공격자는 사과하는 방법, 피공격자는 용서하고 원한을 씻어내는 방법이 매우 서툴다. 다행히 바흐 박사는, 탁월한 안목으로, 유머 감각과 자기추구에의 호소가 이 어려운 상황을 해결하는 데 가장 좋은 방법이 될 수 있음을 알아냈다. 우리는 그가 개집 방면이란 의식을 개발한 데 대하여 감사를 드린다.

개집 방면은 헤어커트 의식의 대상자가 "개집에서 나오도록" 도와주는 역할을 한다. 이것은 화가 난 사람에게 자그만 기쁨을 줌으로써 원한을 벗어던지도록 하는 방법이다.

만일 당신이 배우자로부터 받은 마음의 상처나 실망으로 고통을 받아 왔다면(즉, 그가 당신의 개집 안에 들어있다면), 당신은 그에게 헤어커트 의식을 치루겠다는 허락을 구하고 이를 시행한다. 헤어커트 의식이 끝나면 배우자는 당신의 개집에서 자신이 나오려면 무엇을 해야 하는지를 묻게 된다. 이때 당신은 당신에게 기쁨이 되는 것은 무엇이든 명시할 수 있다. 즉, 공격자에 대한 응징과 죄의식이 피공격자의 기쁨으로 대치되는 것이다. 당신은 단지 상대방의 "미안해요." 라는 말 한마디를 원할 수 있다. 또는 등 마사지, 침대에서의 아침식사, 보고 싶던 영화구경 등 다른 것을 요구할 수도 있다.

베스비우스, 헤어커트, 벨트라인 같은 제약적 의식들과, 개집 방면은 모두 분노가 어떻게 작용하고, 또 어떻게 이것을, 관계 훼손 없이, 방출시킬 수 있는가 하는 것을 이해시키기 위한 기법들이다. 우리는 이제 다음 단계로 넘어갈 준비를 끝냈다. 다음 단계에서 우리가 처음 분노를 유발시켰던 쟁점들의 일부를 해결하는 방법에 대하여 배우게 될 것이다.

이제 잠시 시간을 내어 새로 깨닫기 시작한 것을 노트에 기록한다.

6
공정한 싸움 기술

＊ ＊ ＊

조지 바흐(George Bach)의 싸움-훈련 레퍼토리 가운데 가장 도움이 되는 기법은 아마도 '변화를 위한 공정한 싸움'이라고 불리는 협상 과정일 것이다. 이 기법은 당신이 배우자에게 당신을 괴롭게 만드는 배우자의 행동과 당신이 바라는 대체 행동을 진술하는 것으로 구성되어 있다. 애걸, 무시, 비난, 위협 등을 대체하기 위하여 마련된 이 '공정한 싸움'에서는 문제가 되는 것을 분리해내고 이에 대한 해결을 시도한다. 여러 면에서 볼 때, 이것은 싸움이 아니라 일종의 협상이다. 배우자는 결코 적이 아니다. 이것은 더 나은 인간관계를 형성하기 위한 노력의 하나이다.

이 공정한 싸움은 갈등의 해결을 위해서만 필요한 것이 아니다. 우리 모두는 항상 **대화 지침**이나 **감정이입적 의미공유**에서처럼 정보교환을 필요로 한다. 공정한 싸움의 가치는 주어진 쟁점의 상세한 부분들을 두 사람이 함께 검토해보도록 함으로써 그들이 원하는 것이 무엇인지를 분명히 알아내고, 이를 상대방에게 아주 분명하게 말로 표현하도록 하는데 있다. 그렇게 되면 이들은 서로 동의할 수 있는 해결책을 찾을 수 있게 될 것이다. 당신은 당신의 배우자가 거절할 것이라는 예감 때문에 어떤 요구를 하기가 두려울지도 모른다. 그러나 길게 볼 때 어떤 기대나 희망이 현실적인 것인지 비현실적인 것인지, 그리고 당신이 당신의 소망을 충족시킬 수 있는 방법을 찾아낼 수 있을 것인지를 아는 것은 아주 중요한 일이다.

변화를 위한 공정한 싸움의 기본적 단계

공정한 싸움의 기본 양식은 다음과 같다:

1. *참여:* "당신은 변화를 위한 공정한 싸움에 참여하시겠습니까?"라고 묻는다.(허락을 구한다.)
2. *개인적 숙고:* 당신이 배우자에게 원하는 것을 숙고한다. 한 가지 쟁점을 선정하여 여기에 매달리면서 이것을 어떻게 말로 표현할 수 있을 것인가를 생각한다.(당신은 스스로 이 쟁점을 분명히 하기 위해 대화 지침을 활용할 수 있다.)
3. *불평:* 당신의 불만을 명확하게 이야기한다.(어떤 구체적 행동인가?)
4. *피드백 및 보답:* 감정이입적 경청과 의미공유 기법을 사용하여(앞장 참조), 당신의 불평이 이해되었다는 사실이 두 사람 모두에게 분명해질 때까지 배우자로부터 피드백을 받는다. 그리고 정확하게 들려졌다는 것에 대하여 감사를 표시한다.
5. *개인적 숙고:* 변화를 위해 선택할 수 있는 것들–작은 것이라도– 을 곰곰이 생각한다.
6. *변화를 위한 요구:* 가능하면 구체적으로 당신이 원하는 것을 요구한다.
7. *피드백 및 보답:* 다시 배우자로부터 피드백을 받은 후, 감사를 표시한다.

8. *환기:* "새로 약속할 것들을 찾아보려는 노력을 해보시겠어요?" 라고 묻는다. 평가와 재협상을 위한 준비를 한다. 이때 각자가 할 일을 분명히 해두어야 한다.

9. 배우자*의 개인적 숙고:* 선택 가능한 것들과 고려해야 할 것들에 대하여 숙고한다.

10. 배우자*의 반응과 피드백:* 동의 또는 반대를 하고, 조건제시나 제안을 한다.

11. *승낙, 거부, 또는 수정:* 끝날 때까지 이 과정을 계속한다.

12. *종결:* 싸움을 끝낸다. 감사표시를 한다(꼭 껴안는다). 재평가를 위한 시간을 약속한다.

물론 일상생활 속에서 이런 단계를 모두 활용할 수는 없을 것이다. 그러나 처음 이 기법을 배울 때는 모든 단계를 조심스럽게 다 거쳐볼 필요가 있는데, 그래야 이 의식의 기본 원칙, 구조, 및 논리를 자기 것으로 만들 수 있기 때문이다. 이제 공정한 싸움이 어떻게 작용하는가를 상세히 보여주는 예를 소개하고자 한다. 이장의 뒷부분에 나와 있는 실습을 할 때 이 예를 옆에 두고 참고하면 좋을 것이다.

예: 변화를 위한 공정한 싸움

허락을 구하고 시간 약속을 한다. 배우자에게, "공정한 싸움을 하고 싶어요." 라고 말하고, 적당한 시간이 언제인지 묻는다. 싸움에 필요한 시간—보통 30분에서 한 시간 반—을 마련한다. 당신이 공정한 싸움에 임할 준비가 되어있음을 분명히 밝힌다. 단순한 분노 발산으로 보이게 해서는 안 된다. 만일 당신이 어떤 부정적인

감정으로 가득 차있다면, 먼저 베스비우스나 헤어커트 의식을 통해 감정을 배출시킨 후 공정한 싸움을 시작해야 한다. 그리고 만일 다루어지는 사건이 까다롭거나 점점 더 화가 나고 기분이 나빠지는 것을 느끼게 되면, 다시 베스비우스나 헤어커트를 하자고 요청하거나, 그냥 잠시 쉬었다 하자고 하는 것이 좋다. 이때가 바로 논리를 동원하고, 또 당신을 무너뜨릴 수도 있는 조절 불가능한 감정들에 압도당하는 것을 막아내야 하는 시기인 것이다. 대화 지침이 당신의 생각들을 조직화하면서, 한편으로는 표현시키는 유용한 방법임을 기억할 필요가 있다.

서로 마주 보고 앉아, 손을 잡고, 무릎을 닿게 하고, 눈을 지속적으로 맞춘다—이렇게 하면 오해의 소지가 줄어든다.

아내: 계속 나를 괴롭게 하는 게 있어서 공정한 싸움을 하고 싶어요. 지금 해도 될까요? 아니면 기다렸다 나중에 할까요?

남편: 지금이 좋아요. 시작해 보세요. (마주 보고 앉아 손을 잡는다.)

조용히 숙고한다. 잠시 침묵하면서 어떤 행동이 당신을 괴롭게 하는지, 그것에 관해 당신이 원하는 게 무엇인지, 당신이 원하는 것을 어떻게 말로 표현하려고 하는지 등을 생각한다. 그리고 어떻게 하면 배우자가, 공격받는다고 느끼지 않으면서, 당신의 요구를 가장 잘 이해할 수 있겠는가를 숙고한다.

아내: 자, 이제 됐어요. 1분 동안만 내가 이것에 대해 설명을 할게요.

불평을 이야기한다. 배우자의 어떤 행동이 당신을 괴롭게 하는지, 그리고 그때 당신이 어떻게 느끼는지를 구체적으로 이야기한다.("당신이 ---할 때, 나는 괴로워요.") 상대방을 비난하는 것이 아니라("당신이 ---"), *당신의* 상황을 이야기하는 것이 중요하다.("나는 ---") 매 공정한 싸움 마다 한 가지 불평만을 다룬다. 한 번에 한 개 이상의 행동변화를 바라는 것은 과욕이다. 당신들 두 사람이 모두 공정한 싸움에 익숙해질 때까지는 작은 쟁점들을 다루는 게 좋다.

아내: 우리는 얼마 전에 매일 대화를 하자고 약속했어요. 그런데 그동안 이 약속이 지켜지지 않았고, 또 이따금 씩 하는 대화도 언제나 내가 먼저 제의해서 이루어 졌기 때문에 나는 지금 매우 속이 상해있어요. 그리고 내가 대화를 원할 때도 당신은 나중에 하자고 미루곤 했어요. 나는 평상시에도 대화가 아주 중요하다고 생각해요. 우리 관계를 유지시키는 데 많은 도움을 주기 때문이죠. 그래서 당신이 대 화를 별로 중요하게 여기지 않는 것처럼 보이면 나는 아주 기분이 나빠져요.

배우자로*부터 피드백을 받고, 경청해준 데 대하여 감사를 표시한다.* 당신이 불만을 털어놓은 다음, 배우자에게 들은 것을 그대로 반복해 달라고 요청한다. 불만을 두, 세 조목씩 나누어 이야기한 다음, 그때그때 들은 것을 반복해달라고 부탁할 수도 있다. 그럴 때는, 첫 조목이 끝날 때, "아직 더 남아 있어요." 라고 확실하게 해두는 것이 좋다. 만일 배우자가 당신이 말했거나 말하고자 의도했던 것을 정확히 듣지 못했다면, 다시 반복해서 이야기해주면서 당신의 뜻을 명확히 전달하기 위해서 필요하다고 생각하는 말을 덧붙인다.

이 단계는 지루하게 느껴질지 모르지만, 몇 가지 중요한 기능을 한다—의사소통 과정의 속도를 늦춰 두 사람 모두에게 생각할 여유를 주고, 오해가 있는 부분을 명료하게 바로잡을 수 있도록 해주며, 한꺼번에 너무 많은 자료가 제공되는 것을 막아 준다.

만일 당신이 불평을 듣는 쪽이라면, 당신의 역할은 주의 깊게 경청하고 배우자에게 들은 것을 (당신 자신의 말로) 들은 대로 충실히 반복해주는 것이다. 이때 편집, 설명, 논박 등을 해서는 안 되는데, 배우자의 주장이 부정확하고 공정하지 못하다고 여겨져 화가 나더라도 이것은 지켜져야 한다. 당신의 피드백의 목적은 배우자로 하여금 *당신이 배우자의 진심을 알아들었다는 것을* 알도록 해주는데 있다. 배우자의 진심이 당신의 진실과 다를 수도 있을 것이다. 이럴 경우 나중에, 당신이 "당신이 하는 이야기를 잘 들었는데, 내가 보기에는(느끼기에는) ---" 라는 말을 할 수도 있다. 당신이 공정한 싸움을 시작한 경우, 배우자가 정확한 피드백을 해주면, 배우자가 주의 깊게 들어준 것에 대하여 감사의 말을 한다. 이때 가벼운 신체 접촉, 키스, 포옹 등의 행동적 표현을 같이 하는 것이 좋다. 화가 났을 경우에도 그렇게 해야 한다.

남편: 당신이 말한 것은 정말 공평하지 못해요. 나는---

아내: 그 이야기는 나중에 해요. 지금은 규칙을 지켜야 되요. 나는 당신이 내 말을 제대로 알아들었는지 알고 싶어요.

남편: 아, 당신 말이 맞네요. 미안해요. 다시 할게요. 당신은 우리가 합의를 했음에도 불구하고 자주 대화를 하지 않아서 화가 났군요. 당신은 당신이 제안할 때만 대화를 하게 되는 것이 못마땅하다고 했죠. 그래서 당신은 내가 우리의 관계를 별로 좋아하지

않는다고 생각하는군요.

아내: 맞아요. 고마워요. (그녀는 마주 잡은 손에 힘을 주면서 키스를 한다.)

조용히 숙고한다. 다음의 질문에 대하여 다시 생각해 본다: 배우자에게 변화되기를 원하는 구체적인 행동은 무엇인가—어디서, 언제, 어떻게? 그것을 대체할 새로운 행동은 무엇인가?

아내: 좋아요. 잠깐만 더 생각해볼게요.

변화를 위한 구체적인 요구를 한다. 배우자에게 당신이 불만을 토로한 행동을 대체할 수 있는 구체적인 행동을 제안한다. ("내가 당신한테 부탁하는 것은 당신이 샤워를 하거나 옷을 갈아입을 때 벗은 파자마는 걸어놓고, 옷은 잘 치워두고, 더러운 양말은 바구니에 넣어달라는 거예요.")

당신이 정말로 원하고 또 참아낼 수 있는 것을 요청했는지, 그리고 배우자가 그것을 감당할 능력이 있는지를 분명히 한다. 구체적인 것을 요구하되 과욕은 버린다.

아내: 나는 우리가 매일 대화할 시간을 정해놓는 게 좋다고 생각해요. 매일온도읽기를 하면 더욱 좋고요. 그래야 특별한 생각이 없이도, 그리고 내가 제안하지 않더라도 매일 대화가 이루어질 테니까요.

배우자로부터 피드백을 받고, 감사를 표시한다. 배우자에게 당신이 요구한 것을 반복해달라고 부탁한 후, 정확한 피드백을 해 준

것에 대하여 (말과 포옹으로) 감사의 표시를 한다. 이것은 변화 요구를 동의해준 데 대해서가 아니라, '경청해준 데 대한' 감사의 표시이다. 배우자는 당신의 요구를 신중히 들어야 하지만, 꼭 동의를 해야 하는 것은 아니다.

남편: 당신은 우리가 자주 대화하기를 바라는군요. 매일온도읽기가 필요하다고요?

아내: 맞아요. 그러나 아직 더 중요한 게 남아 있네요. 내가 원하는 게 뭐였는지 내 말을 반복해 주시겠어요?

남편: 좋아요. 알고 있어요. 당신은 대화 시간을 정해놓자고 했죠. 자동적으로 대화를 할 수 있게. 당신은 대화가 항상 당신이 먼저 하자고 해서 이루어지는 걸 원하지 않는 거죠?

아내: 정확하네요. 정말 감사해요.

응답을 요청한다. "내가 원하는 것을 해 주실 수 있겠어요?", 또는 "그렇게 해 주실 수 있으시겠어요?" 라고 묻는다.

아내: 내가 말 한 것에 동의해 주시겠어요?

배우자*에게 생각할 시간을 준다.* 배우자는, "내가 이렇게 변화되어도 괜찮을까? 어떤 조건이나 전제가 필요한 건 아닐까?" 에 대하여 숙고한다. 여기서 잠깐 쉬는 것도 좋을 것이다.

남편: 잠깐 쉬었으면 좋겠네요. 몇 분 더 생각해 보교 싶으니까.

아내: 예, 좋아요. 그러셔요.

응답을 듣고 피드백을 준다. 배우자는 (1) 변화될 것에 동의하거나, (2) 약간의 수정이나 조건을 첨부하여 동의하거나 (이때의 조건은 애초에 요구된 것과 관련이 있는 것이라야 하며, "만일 당신이 ---하면, 나도 당신의 요구를 받아들이겠다."라는 식의 교환이어서는 안 된다), (3) 결정을 뒤로(시간은 정해야 함) 미루거나, (4) 요구한 것을 거절하거나 할 수 있다. 배우자는 다루기 쉽게 조목조목 나누어 대답하고, 당신은 거기에 맞춰 피드백을 준다.

남편: 전체적으로는 동의하는데, 다만 약간의 수정은 필요할 것 같네요.

아내: 좋아요. 얘기해 보세요.

남편: 나도 **매일온도읽기**가 좋다고 생각해요. 그러나 나는 우리가 하루에 있었던 일들 대부분에 대하여 일과가 모두 끝난 저녁시간에 다루는 것이 좋을 것 같다고 느껴지네요. 그것이 더 자연스럽고 덜 규격화되어 있다고 느껴지거든요. 할 이야기가 더 있어요.

아내: 당신도 **매일온도읽기**를 원하시는군요. 그러나 당신은 시간을 정해놓지 않고 하는 것보다 우리 모두가 쉬는 일정한 저녁시간에 그것을 하면 좋겠다는 거네요.

남편: 그래요. 나는 당신이 나에 대해 불평을 하기가 어렵기 때문에 이따금 미칠 지경이 된다는 것, 그리고 **매일온도읽기**가 더 쉽게 불만을 토로하게 해준다는 것을 알고 있어요. 나는 당신이 내가 그냥 잊어버리거나 나에게 불편한 시간—급하게 일하러 가거나 잠자리에 들려할 때 등—에 당신이 대화를 요구하는 경우도 종종 있었다는 것을 이해해 주었으면 좋겠어요. 그것이 내가 시간을

미리 정해놓자는 이유이죠. 아직 할 이야기가 남아 있어요.

아내: 당신은 형식을 정해 놓으면 내가 불만을 이야기하기가 더 편할 것이라고 생각하네요. 또 당신은 내가 당신에게 불편한 시간에 매일온도읽기를 하려고 한다고 느끼고 있군요. 아, 그리고 이따금 당신이 그냥 잊어버릴 때도 있었고요.

남편: 맞아요. 나는 일과 중에도 자연스럽게 매일온도읽기의 다섯 개 영역을 다루는 방법을 익혀야 한다고 생각해요. 그러나 그것이 익숙해질 때까지는, 우리가 더 짜여진 형식을 정해 놓고 시행할 필요가 있다는 것이죠. 초저녁, 즉 저녁식사가 끝난 후나 우리가 청소를 할 때 하는 것으로 시간을 정하면 어떨까요? 낮이나 직 장에서 집으로 돌아온 직후에도 원하는 영역에 대해 간단히 건드릴 수는 있지만, 초저녁 정해진 시간에 정식으로 모든 영역을 확실하게 다루자는 거죠. 그리고 일주일에 피곤한 날 두 번 씩은 내가 원한다면 생략해도 좋다는 허락을 해줬으면 좋겠어요. 이틀 연속이 되지는 않도록 할게요.

아내: 당신은 저녁식사 후나 우리가 청소를 할 때 하자는 거네요. 그리고 일주일에 두번씩은 걸렀으면 하는 거고요.

남편: 약간 부족하네요. 내가 원하지 않으면 일주일에 두 번씩 꼭 생략할 필요는 없다는 거니까요. 내가 한 번도 그걸 원하지 않을지도 모르죠. 나는 그걸 선택 사항으로 두자는 거예요. 또 나는 우리가 일상적인 대화 속에서도 그렇게 하려고 노력했으면 좋겠다고 생각하는 거고요.

아내: 당신은 일주일에 두 번씩, 매일온도읽기를 생략하는 걸 선택사항으로 두자는 거군요. 그리고 그것을 일상의 삶 속에서도 실천하기를 바란다는 거고요.

남편: 예, 맞아요. 그렇지만, 내가 연달아 이틀을 쉬지는 않겠다

고 한 것도 기억해 주세요. 그렇게 해야 공평하다고 생각되니까요.

아내: 당신은 당신이 원할 때만, 그것도 이틀 연이어서는 아니게, 일주에 두 번 쉴 수 있게 해줬으면 좋겠다는 거군요.

남편: 그래요. 정말 고마워요. (그녀를 포옹한다)

수용, 거절, 또는 수정한다. 배우자의 응답을 숙고해본 뒤에 당신은 그것을 수용하거나, 거절하거나, 조건을 붙여 수용하거나 할 수 있다. 그 다음에 다시 피드백을 받는다. 두 사람이 합의에 이르렀거나, 교착상태에 봉착했거나, 또는 더 생각할 시간이 필요하다는 결론에 도달할 때까지 이 과정을 반복한다. 당신은 종종 상황을 변화시키고, 새로운 정보가 당신의 생각을 바꾸는지를 며칠 동안이라도 관찰하려고 하는 배우자로부터 많은 것을 배우게 될 것이다. 합의에 도달하지 못한 경우에는 멀지 않은 시간에 다시 논의를 할 수 있도록 계획을 세워야 한다. 합의가 이루어진 경우에는 새로운 조정이 어떤 결과를 가져왔는지를 검토할 시간이 다시 필요할 것이다. 공정한 싸움의 경우 이때가 역할을 변화시킬 절호의 기회이다.

아내: 당신 제안이 좋다고 생각해요. 사소한 한 가지만 빼놓고는요. 나는 저녁식사 시간에 그것을 하면 어떨까 싶어요. 우리가 청소를 할 때는 정신집중을 하기가 어렵고요, 그리고 그때는 대개 텔레비전이나 라디오를 켜놓고 있잖아요. 이런 상황과 싸우면서 우리가 작업을 하기는 어렵다고 생각이 되네요.

남편: 당신은 저녁식사를 하면서 매일온도읽기를 하자는 거군요.

아내: 그래요. 괜찮겠죠?

남편: 좋아요. 그렇게 합시다. 온도읽기를 할 때는 내가 먼저 하자고 하죠. 그러나 만일 내가 잊어버리면 당신이 먼저 이야기하세요.

싸움을 *마무리한다.* 포옹과 키스, 그리고 경청에 대한 감사로 공정한 싸움을 마무리한다. 그러고 나서 합의된 내용들을 실천하기 위한 세부적 사항들에 대하여 논의한다. 배우자는 약속한 변화를 위한 어떤 도움이나 조언을 요청해도 좋다. 또 변화가 어떤 결과를 가져왔는지를 검토할 시간(보통 한, 두 주일 후)을 미리 정해 놓는 것도 좋다.

아내: 이렇게 이야기를 하고 나니까 아주 기분이 좋네요. 처음에는 절말 기분이 나빴었어요. 당신이 언제나 이걸 하기를 원한다고는 했지만, 그것이 말뿐이라고 생각했기 때문이죠. 어쨌든, 오늘 이런 시간을 갖게 해줘서 정말 고마워요. (그를 포옹한다.)

남편: 당신이 생각하던 것들을 털어놓아 나도 기뻐요. 나는 그것이 당신을 매우 괴롭게 할 것이라고 의심했었어요. 그런데, 나는 당신이 언제나 먼저 나에게 알려주어야만 한다는 것을 원하지 않는다는 사실을 알고 있어요. 그래서 당신에게 한 가지 제안을 하고 싶어요. 만일 당신이 먼저 시작을 할 수밖에 없거나, 연이어 두 번 시작을 하는 경우에는, 내가 15분간 당신 등을 긁어줄게요.

아내: 좋은 거래네요. 만일 당신이 일주일 내내 잊지 않고 있으면 내가 당신 등을 긁어드리죠. 적어도 첫 한 주 동안에는. 괜찮겠죠?

공정한 싸움에서의 합의의 보류는, 양쪽 모두 선의를 갖고 있는 한, 당신의 변화 요청에 대하여 직접적이고 완고한 "안 돼(no)"라는 답변을 하는 것을 막아주는 일종의 방패막이가 된다. 물론 당신은 배우자가 당신이 원하는 것을 그대로는 할 수 없거나, 하지 않으려고 한다는 것을 발견할 수가 있는 데, 이런 경우 당신은 당신의 요구를 수정하기 위한 협상을 시도해도 좋다("화장지가 떨어졌을 때마다 새 것으로 갈아 끼워 놓겠다고 약속할 수는 없지만, 언제나 여분의 화장지 한 통을 변기 옆에 갖다 놓기는 할게요."). 또, 당신은 배우자가 어떤 조건을 붙여서 당신의 요구를 받아들이려 한다는 것을 알게 될 수도 있다("만일 당신이 은행에서 돈을 꺼낼 때마다 나와 먼저 상의를 해준다면, 나도 매주 한 번씩 수표책을 보면서 수지 균형 상태를 점검해 볼게요."). 언제나 우리는 우리의 관계에 가장 도움이 되는 변화를 찾고 있다는 것을 기억해야한다: 협상 자체를 위한 협상은 결코 건설적이지 못하다.

만일 당신이 완강한 반대에 부딪쳤을 경우에는, 반대를 그대로 수용하든지, 아니면 달리 보이거나 협상이 가능할 것 같은—당신이나 배우자에 대한 더 많은 정보를 참조한—다른 쟁점을 찾아보아야 할 것이다. 또, 같은 쟁점이라도 시간에 따라 다르게 보일 수도 있을 것이다. 이따금, 당신의 상황을 스스로 변화시켜야 하는 쟁점에서부터 시작해야 할 때도 있다. 배우자가 변화되더라도 당신이 큰 만족감을 얻을 수 없는 경우들도 있다. 예를 들어, 갑돌이 일요일 오후를 텔레비전 스포츠 중계를 보면서 보내고자 할 때, 갑순은 이를 어쩔 수 없이 수용하지만 속으로는 화가 나 있는 상황이 있다고 하자. 이때 갑순은 일요일 오후에는 두 사람이 함께 무엇을 해야 한다고 생각하는 반면, 갑돌은 같이 무언가를 하는 것은 주말 다른 시간을 이용하면 되고, 자신이 텔레비전을 보는 일요일 오후에는 갑순이 친구를 만나러 가거나 자기 일을 하면 된다고 생각할 수도 있다. 이럴 때는 창조적인 대안을 찾아보는 것이 현명한 것이다.

우리 모두는 저마다 핵심적인 쟁점들을 갖고 있다는 사실을 잊지 말아야 한다. 나는 이것들을 "동행 쟁점들" 이라고 부른다. 이것들은 대개 논의에 노출되어 있지 않다. 이 협상불능의 쟁점들은 우리 마음속 깊은 곳에 내재되어 있는 소망과 가치에 직결되어 있기 때문에, 우리는 이것을 바꾸려 하기 보다는 차라리 관계 자체를 "떠나버리는" 쪽을 택한다. 일부 쟁점들은 사회적 관습과 가치에 해당되는 것으로 우리들 대부분은 그것을 두 사람이 함께 당연히 지켜야 할 것으로 받아드린다: 근친상간, 폭력, 불법행동 등에 관한 금기(taboo)들. 또 어떤 것들은 훨씬 더 다루기 어렵거나, 두 사람의 관계에서만 발생한다. 여기에는 자녀를 갖는 문제, 불법 약물이나 알코올의 사용, 부부간의 정절(貞節), 정직성, 누가 집밖에서 일을 할 것인가, 종교관, 정치적 신념 등이 포함된다.

누군가가 당신의 가장 내밀한 가치나 기대를 공유해줄 것이라는 가정은 하지 말아야 한다. 자녀를 갖거나 자녀를 특정 종교에 맞춰 기르려는 배우자의 기대 때문에 이혼에까지 이르는 경우도 있다. 우리에게 핵심 쟁점들에 대한 견해를 바꿀 의무가 있는 것은 아니지만, 배우자에게 자신의 "동행 쟁점들" 이 무엇인지는 분명히 알려 줄 필요가 있다.

PAIRS 연습: 공정한 싸움 실습하기

이제 공정한 싸움을 연습해 볼 기회가 왔다. 이 연습에는 두 쌍—한 쌍은 싸우는, 다른 한 쌍은 코치하는 연기를 함—즉, 네 명이 참여한다. 코치들은 규칙이 제대로 지켜지는지를 살피고, 도우미 관찰자의 역할을 하며, "반영 단계" 에서 당신이 진실로 추구하는 것과 말하려고 하는 것이 무엇인지를 결정하는 데 도움을 준다. 그런 역할을 맡거나 연습에 참여하는 친구들 대신, 이 책을 즉시 참조할 수 있는 거리에 비치해 놓고 실습을 할 수도 있다. 또, 테이프 레코더를 이용해 당신의 스타일을 평가해 보는 것도 좋다. 만일 지금 당장 같이 할 적당한 짝이 없다면, 과거의 관계에서 발생했던 쟁점을 택한 후, 이것을 어떻게 해석하고 재검토할 것인가를 숙고할 수도 있다.

따라야 할 지침은 다음과 같다.

첫 번째, 공정한 싸움을 실습할 시간을 정한 후, 어떤 것부터 다룰 것인가를 결정한다. 처음에는 한 시간 정도가 적당하고, 책을 옆에 비치해 놓고 수시로 참조할 수 있도록 한다.

두 번째, 지루하더라도 참으면서, 공정한 싸움의 모든 단계를 충실히 따라가 보는 연습을 몇 차례 반복한다.

세 번째, 초기에는 거창한 쟁점을 피하는 게 좋다. 예를 들면, "저녁식사 전에는 제발 아이와 좀 놀지 말아요." ("우리 아이를 더 가집시다." 가 아님); "나는 올 여름에 이곳으로 휴가를 가고 싶어요." ("올 휴가는 따로따로 갑시다." 가 아님); "나는 설거지하는 사람이 난로와 조리대도 닦아야 한다고 생각해요." ("내가 당신보다 더 돈을 많이 벌어오기 때문에 집안일은 주로 당신이 해야 한다고 생각해요." 가 아님); "회사 모임 때문에 나 혼자 집에 있는 경우가 없도록 해줬으면 좋겠어요." ("당신이 만일 바람을 핀다면 우린 끝장이에요." 가 아님). 이런 작은 쟁점들에 대한 실습을 통하여, 집중적으로 공정한 싸움의 구조와 정신을 배울 수 있게 되는 것이다.

싸움에 대한 검토

당신은 이 공정한 싸움이 상대방의 반대에 대한 당신의 평소의 반응 태도와 어떻게 다르다고 생각하는가? 이 공정한 싸움이 어떻게 진행되고 있다고 느끼는지를 노트에 기록하시오 당신은 기본 규칙들을 잘 지켰는가?

상대방의 승낙을 구했는가? 당신은 당신이 충분히 주의집중을 할 수 있는 시간에, 그리고 두 사람 모두가 동의할 때만 이 싸움을 할 수 있다.

당신은 적당한 시간을 정했는가? 시간제한을 설정했는가? 중간 휴식시간들을 지켰는가?

당신은 구체적, 이성적, 및 현실적이었는가? 만일 당신의 배우자가 당신이 불만을 과장하는 것에 익숙해져 있다면, 당신은 배우자로부터 마치 '늑대 소년' 처럼 대우받고 있다고 느끼게 될 수도 있다. 즉, 당신이 정말로 말하고 싶은 어떤 것을 갖고 있을 때도 상대방은 경청을 하지 않을 수 있는 것이다.

당신은 행동의 변화만을 요구했는가? 현실적으로 생각과 감정까지 바뀌기를 기대하는 것은 무리일 것이다.

당신은 당면한 쟁점에 국한시켜 진행했는가? 지금까지의 모든 불만을 다 들추어내서는 안 된다.

당신은 배우자에게 존경심을 표시했는가? 고의적으로 상처를 주려고 하지는 않았는가?

당신은 유머로 싸움을 다소 부드럽게 하였는가? 빈정거리거나 졸라대지는 않았는가?

잘 듣고 이해해준 것에 대하여 감사를 표시했는가? 당신들 관계의 긍정적인 측면을 강조하기 위한 노력으로 당신은 무슨 말을 했는가?

싸움 도중의 당신의 모습을 모니터했는가? 배우자와 같은 수준(동등화)의 유지, 생각하거나 감정 조절을 하기 위한 휴식 시간의 필요성 등에 유의했었는가?

당신의 싸움 스타일을 더 잘 이해하려면 다음 도표에 당신 스스로 점수를 매겨 보는 것이 좋다. 그러나 이 도표는 당신의 현재의 공정한 싸움을 채점하기 위한 것만이 아니다. 만일, 당신이 최근에 싸움을 했다면 이 도표를 이용하여 어디서, 어떻게 일이 파괴적으로 악화되었는지를 분석해 볼 수도 있다. 또, 만일 당신이 앞으로 공정하지 못하다고 느껴지는(대부분은 틀림없이 그렇게 느껴질 것이다; 이 새로운 기법은 적용하는 데 시간이 좀 걸리기 때문에 한동안은 옛 스타일을 벗어버리지 못한다.) 싸움을 할 계획을 갖고 있다면, 이 도표를 활용하는 것이 도움이 된다. 이 도표에 싸움 점수를 매겨봄으로써, 지금까지 당신을 정서적 알레르기와 파괴적 싸움 스타일의 함정에 빠뜨리곤 했던 취약한 영역을 집어낼 수 있게 되는 것이다. 당신이 사용했던 스타일이 부정적인 것이었나(-), 또는 긍정적인 것이었나(+)를 체크한다. 중립이라고 판단되면 0으로 표시한다.

PAIRS 연습: 우리는 더러운 싸움을 하고 있는가?

만일, 당신이 갈등을 더 심화시키고 건설적 해결의 가능성을 줄이는 술책을 사용한다면 당신은 더러운 싸움을 하고 있는 것이다. 당신들의 싸움 습관이 공정한가, 불공정한가를 알아내기 위해서는, 두 사람 모두 갈등의 와중에서, 또는 분노의 열기 속에서 특징적으로 사용하는 싸움 술책 목록을 노트네 기록하는 것이 도움이 된다. 아래 열거한 술책 항목 중 해당되는 것을 골라내어 기록한다. 여기에 없는 것들도 있으면 적는다. 각 술책의 실지 예를 한 개 이상 기술한다. 이것은 나중에 배우자와 함께 검토할 때 중요한 참조 틀이 될 것이다.

싸움 스타일 프로파일

	공정(+)	불공정(-)
얼굴 표정	개방적, 반응적, 반영적, 관심있는, 실제적	폐쇄적, 방어적, 냉정한, 흥미없는, 가장된
초점	지금 여기에, 직접적, 현 문제에 해당되는, 요점적	과거에, 박물관 구경하듯, 일반화, 마대 자루 같은, 부엌 싱크대에 버려진 듯
의사소통	명확한, 적절한, 의미를 공유하는, 반응적, 정확한 피드백, 감정이입적	감정이입의 결여, 무반응, 일방통행, 피드백이 부정확하거나 없음
현실성	정보의 현실성, 정확성, 진실성	왜곡, 환상, 거짓
상처	타당하고, 공정하고, 벨트 위만을 다루는	교활, 모욕적, 빈정거림, 조소, 위협, 힐난, 차별화, 조롱, 욕설, 깎아내림, 비웃음, 마음 읽기, 마음분석, 자신의 생각과 감정을 남 탓으로 돌림, 경멸, 침소봉대, 억측
책임성	문제 발생에 자기 탓이 있음을 기꺼이 인정함	자기 탓을 부정하고 경시함
변화 지향성	기꺼이 변화되고자 함	완고한, 변화되지 않는

들볶기(소리 지름, 분노 폭발, 위협)
배우자가 터무니없는 행동을 한다고 생각함
배우자의 마음을 읽거나 "분석하기"
역공(비난하기)이나 견제(흐트러뜨리기)를 통하여 주제를 바꿔버림
한 번에 여러 개의 논제를 끄집어 냄(한 가지 논제에 매달리지

않고 모든 골칫거리를 “마대 자루”에 쏟아 넣어버림)

욕설

희생자인 듯 행동함

일부러 꾸물거림

정서적 현실을 감추기 위해서 “냉정한 논리”를 사용함(계산하기)

흉내 내기

경멸

빈정거림

과장(당신은 언제나 ---)

창피를 줌

조롱

지시(내가 끝마칠 때까지 그대로 있어.)

부정

발뺌(나는 당신 이야기를 하고 있는 게 아냐.)

철회(내가 전에 한 번 이야기 했으니까, 반복하고 싶지는 않아.)

변명(당신이 심하게 화를 나게 만들었기 때문에 내가 욕을 했던 거야.)

순교자인 듯 행동하기

기타

일단 두 사람 모두 해당 목록이 완성되었으면 서로 대조해본다. 상대방의 목록에 이해가 안 되는 부분이 있으면 질문을 하여 명확히 한다. 더 중요한 것은, 다음번에도 당신이 비열한 책략을 쓰는 경우 배우자에게 솔직히 지적해달라고 부탁하는 것이다. 물론 당신도 그렇게 하여야 한다. 이런 비열한 책략들이 파괴적인 나쁜 습관을 만들었음을 이해하고, 일체의 비난이 없이 가능한 한 조용하게 작업을 수행하여야 한다. 목록에 들어있는 내용을 공정한 싸움의 쟁점으로 삼을 수도 있다. 물론 이때는 배우자의 스타일이 당신에게 어떻게 영향을 미치며, 배우자의 행동변화가 두 사람 사이의 갈등을 해결하는 데 어떻게 도움을 줄 것인가에 대한 설명과 이해가 필요할 것이다. 만일 당신이 신중하고 사랑 깊은 행위를 기반으로 한 인간관계를 만들고자 한다면, 참견하는 습관을 없애는 기회로 삼는 것이 중요하다. 그런 잘못된 습관은 당신이 스스로 선택하여 일생을 함께하는 사람에 대하여 진솔한 감정을 갖게 하는 것을 방해하기 때문이다.

당신이 어디에 있는가를 알아내기

공정한 싸움을 얼마나 잘하고 있는가를 알아보는 가장 간단하고 강력한 방법은 싸움이 끝난 후에 어떻게 느끼고 있는지를 검토해보는 것이다. 중요한 쟁점에 대한 합의가 이루어진 것이 좋은 징조이긴 하지만, 그 과정에서 만일 둘 중 누구라도 자신이 하찮게 보이거나 들볶였다고 느낀다면 그런 타협은 별로 의미가 없다고 할 수 있다. 싸움 후에 불편한 감정을 갖게 되었다면 작업이 파괴적이고 주의를 요하는 것이었다고 보아야 한다. 반면, 두 사람 사이가 좀 더 가까워지고 투명해졌다고 느낀다면 작업이 제대로 이루어졌다고 볼 수 있을 것이다.

다음 도표에 건설적인 결과와 파괴적인 결과를 나타내는 표시들이 나와 있다. 먼저 당신들이 겪었던 마지막 싸움이나 쟁점에 대하여 생각해본다. 다음, 싸움 후 당신이 느꼈던 감정을 검토해보고, 배우자에게도 그렇게 해달라고 부탁을 한다. 그리고 각자의 스타일, 특히 더 건설적이고 덜 파괴적이 되기 위해 변화시켜야 할 부분들에 대하여 논의한다.

싸움 결과 모습

건설적 결과(+)	파괴적 결과(−)
중요성 배우자를 더 중요하게 느끼게 됨	**중요성** 배우자를 덜 중요하게 느끼게 됨
영향력 증가; 자신의 이야기가 들려지고 이해되었 다고 느낌	**영향력** 감소; 오해받았다고 느낌
자기 가치감 증가	**자기 가치감** 감소
분노 해소	**분노** 저지, 억제, 또는 증가
마음의 상처 감소	**마음의 상처** 증가
두려움 감소	**두려움** 증가
신뢰 증가	**신뢰** 감소
친밀성 더 가깝고 사랑스럽게 느낌	**친밀성** 더 멀어졌다고 느낌
보상 마음의 상처 치료; 잘못과 학대의 교정 노력	**보상** 잘못과 마음의 상처 치유 노력 없음
용서 배우자를 용서함	**원한 유지** 유보, 철수, 거리 유지, 앙갚음
진보 해결을 향하여 진일보	**진보** 진전 없음

도구를 적절하게 사용하기

PAIRS에 참석하는 거의 모든 커플들은 지금까지—어떤 경우는 수년 동안이나—이론(異論)이 있거나 소홀히 해왔던 쟁점들에 대하여 파괴적이고, 가혹하고, 질질 끄는 전쟁이 없이도 자연스럽게 대화할 수 있다는 사실을 알고 깜짝 놀라게 된다. 해결을 위한 합의점을 찾아내지 못하는 경우에도, 이들 대부분은 서로간의 진솔한 경청이 지금까지 이들을 날카롭게 갈라놓았던 주제를 둘러싼 긴장을 감소시키는 기이한 현상을 발견하게 된다. 커플마다 각기 다른 도구들을 사용한다. 지속적인 분노 발작 및 폭발을 특징적으로 하는 커플들은 주로 분노 발산 의식을 활용하는데, 이들은 일단 분노가 배출되면 다른 것의 도움이 없이도 문제를 논의하고 해결할 수 있음을 알게 된다. 결코 행복하지 않은 관계를 갖고 있으면서도 그것에 대한 이해가 부족한(언어적 표현은 더 안 되는) 경우에는 공정한 싸움을 통하여, 자동차 합승에서부터 자녀 갖기에 이르는, 각종 문제에 결부된 감정을 표현하고 그것을 해결하는 길을 모색하게 된다. 공정한 싸움은 이들로 하여금 지금까지 자신들을 실망시켜왔거나 즐겁게 만들었던 구체적인 행동들을 가려낼 수 있게 만든다. 또한 자신들이 원하는 것을 얻기 위해 타협하는 방법도 배우게 된다.

많은 PAIRS 과정 이수자들은 점차 가장 힘든 문제의 해결을 위해서만 이런 도구들을 사용하게 된다. 그러나 이런 의식들의 기본 원칙과 의사소통 기법은 일상적인 삶 속으로 끌어들여 활용한다. 이런 기법들은, 따뜻함과 기쁨과 안락함을 제공하는, 집을 지을 때 필요한 망치와 못처럼, 두 사람이 새롭고 건설적인 의사소통을 하도록 도와줌으로써 기쁨, 친밀함, 즐거운 자극, 및 신뢰로 가득 찬 지속적인 인간관계를 만들어주는 것이다. 그러나 이런 기법들은 적절히 사용될 때만 유용한 도구가 된다. PAIRS에서 사용하는 모든 의사소통 기법들은 공정하고 공개적이어야 한다는 의사소통의 철학을 기반으로 하여 만들어진 것이다. 그 자세한 내용은 다음에 나오는 22 포인트 지침에 소개되어 있다. 당신은 관계행로에 나와 있는 이 간선고속도로를 통하여 인생이라는 차를 기쁨의 길로 몰아갈 수 있을 것이다.

22 포인트 지침: 변화를 위한 의사소통 및 타협의 이해

당신들의 인간관계 속에서 지금까지 전혀 모르고 있던 일이 진행되고 있다는—즉, 숨겨진 의미 및 동기, 모순, 불일치, 부적절한 비판 등이 언제나 갑자기 돌출 될 가능성이 크다는—사실을 알게 되는 것만큼 놀라운 것도 없다. 이것은 마치 밤에 처음 가보는 해로(海路)를 항해하는 선장이 암초가 어디 있는지 모르는 상황과 같다고 할 수 있다. 건전한 의사소통을 위하여 마련된 다음의 간단한 지침들은 배우자, 부모, 자녀들, 및 친구들과의 관계에서 두루 유용하게 쓰일 수 있을 것이다.

1. *먼저, 경청하는 법을 배운다:* 배우자의 관점에서(동의하든 반대하든) 이해하고 감정이 입을 하기 위해 과감히 당신의 관점을 포기한다.
2. *"나" 자세를 이야기 한다:* "나" 에 대한 진술은 스스로에 대한 이해를 깊게 하고, 자신의 태도, 감정, 및 지각에 대한 책임 의식을 높이고, 배우자의 동기 및 믿음에 대한 추정을 피하도록 해준다.

3. *말보다 동작을 크게 한다:* 비언어적 의사소통이 말보다 더 강력하다; 말과 동작이 서로 다르면 혼란이 온다. 이때도 말보다 동작이 더 주의를 끈다는 것을 알고 행동하시오
4. *조화스럽고 적절하게 처신한다:* 당신이 중요하게 여기는 것을 분명히 하고, 예를 들어 설명한다. 중요하지 않다고 여기고 무시하는 것들이 무엇인지도 분명히 한다.
5. *긍정적인 측면을 강조한다:* 어떤 상황이나 사람이 갖고 있는 긍정적인 부분을 찾아내어(그런 부분들이 분명히 있다), 비현실적이거나 거짓이 아닌 한도에서 그 부분을 인정해준다—즉, 배우자의 가치를 존중해준다는 것을 보여준다.
6. *명확하고 구체적으로 표현한다:* 모호한 용어와 불분명한 표현을 피한다. 이런 것들은 흔히 혼란과 분노를 불러오기 때문이다. 배우자에게도 명확하게 표현해달라고 요청을 한다.
7. *논리적이고 현실적으로 진술한다:* 확대, 채색, 과장 등은 피한다. 이것이 정당하고 효과적이더라도 자꾸 하다보면 습관이 되고, 또 심각한 논의를 하는 경우 파국을 불러올 수도 있기 때문이다. 배우자만이 아니라 자신의 목소리도 경청할 수 있어야 한다.
8. *모든 추정들을 말로 시험해본다:* 배우자의 견해가 당신에게 아무리 "분명하고", 그것이 어떻다는 것을 당신이 "확실히" 알고 있다고 하더라도, 대화가 중요하다고 생각한다면 그것을 명시적으로 검토해 보아야 한다. 말만이 아니라, 그것이 내포하고 있는 의도(말 뒤에 숨어있는 음악)에 대하여도 경청한다.
9. *모든 사건은 여러 관점에서 다르게 볼 수 있다:* 관점이 다르다고 꼭 논쟁으로 비화되는 것은 아니라는 것을 알아야 한다.

만일 당신이 그것에 대하여 지나치게 경직되게 생각하지 않는다면, 오히려 계몽적인 논의로 발전될 수도 있다.

10. 배우자*가 당신과 당신의 행동에 대한 전문가라는 사실을 인정해야 한다:* 배우자에게 있어서 당신은 중요한 인물이고, 끊임없는 관찰과 연구의 대상이다. 따라서 당신은 파트너가 말할 수밖에 없는 것들-당신이 기분, 몸짓, 음색 등을 통하여 배우자에게 전달한, 그러면서도 정작 당신은 깨닫지 못하고 있거나 인정하지 않고 있는 당신의 상태-을 경청하고 그것을 심각하게 고려하지 않으면 안 되는 것이다.
11. *파괴적인 논쟁이나 꼭 이기려는 노력을 하지 않으면서 반대하는 법을 배운다:* 불필요한 논쟁으로 이끌 수 있는 자신의 짜증 섞이고, 성나고, 불평 가득한 목소리를 모니터 하고 고친다. 이것은 당신이 감정이입의 정신으로 배우자와 배우자의 감정, 소망, 자기개념, 목표 등을 보는 습관을 기른다면-당신이 동의하지 않는 경우라도-충분히 가능한 것이다.
12. *설령, 기분 상하게 할지 모른다는 두려움이 있더라도, 중요한 쟁점은 끄집어 내놓는 법을 배운다:* 거짓된 평화 속에 들어있는 위선 및 억압된 분노로부터 나온 "기분 상함"은 흔히 훨씬 더 참기 어려운 법이다.
13. *당신의 감정과 욕구를 정직하게 공개할 수 있는 적절한 시간과 장소를 마련한다:* 주위를 의식해야 하는 공공장소는 피한다.
14. *재치와 타이밍을 활용한다:* 적절한 시기가 아니고 해결할 에너지가 없다고 판단되면 중요한 쟁점은 꺼내지 않는다. 두 사람 모두에게 적절한 시간을 정하고 이것을 지킨다.
15. *공정하지 못하거나 비열하다고 생각되는 책략은 사용하지 않는다:* 상대방이 상처받는 것을 보고 즐기기 위해 약점을 찌르는

행위는 절대로 안 된다–부메랑이 되어 되돌아 올 것이다!

어떤 경우에도 하지 말아야 할 것들은:

- 원자 폭탄의 사용: 책략으로 울부짖거나, 분노를 폭발시키거나, 위협함
- 배우자가 불합리한 주장이나 요구를 하는 것처럼 꾸밈
- 배우자에 대한 마음 읽기나 "정신분석", 또는 지레짐작함
- 역습(逆襲)이나 딴전피기를 통하여 주제를 바꿈
- 한꺼번에 한 개 이상의 쟁점이나 불평을 끄집어 냄
- 자기 연민성 "숫자 놀이"를 함("얼마나 자주 내가 ---지 보기만 해주세요.")
- 정서적 현실을 감추기 위해 일반화된 객관적 논리를 동원함
- 상대방의 말을 중단시킴
- 배우자가 도와주지 않았다거나 무언가를 잘못했다고 비난함
- 경멸, 모욕, 과거 잘못 곱씹음, 불공평한 비교
- "미치게 만드는" 책략의 사용–상대방으로 하여금 스스로의 감각을 의심하도록 만들려 하거나, 명확한 것을 부정하거나, 일관성을 유지하지 않거나, 또는 고의적으로 둔감해지는 것
- 빈정거리거나 조롱함
- "냉담하게 대함" –침묵, 토라짐, 무시 등

16. *모든 감정을 받아들이고 이해하려고 노력한다:* 속상한 행위까지 받아들일 필요는 없으나, 이해하려는 노력은 하여야 한다.
17. *재치 있고, 사려 깊고, 동정하는 태도를 보인다:* 배우자와 배우자의 감정을 존중하고 있다는 사실을 말이나 행동을 통

하여 보여준다.

18. *설교나 강의는 하지 않는다:* 대신 질문을 하되, 반드시 예단이나 빈정거림 없이 정직하게 하여야 하며, 당신도 정직한 답변을 원한다는 것을 확실히 한다.
19. *변명을 하지 말고, 또 변명에 속지도 않는다:* 정면으로 맞선다. 진짜 이유를 감추거나 위장하려고 하는 진술을 하지 않는다. 게임이나 조종을 하지 않는다.
20. *잔소리를 늘어놓거나, 고함을 지르거나, 울며 매달리지 않는다:* 이런 행위는, 흐르는물이 물속의 바위를 침식하듯, 가장 좋은 관계라도 훼손시키게 마련이다.
21. *유머를 사용할 때와 심각해질 때를 구별한다:* 이것들은 파괴적이지 않게 조르는 행위가 된다.
22. ***그리고, 마지막으로, 다시 한번 경청하는 법을 배운다.***

이제 잠시 시간을 내어 새로 깨닫기 시작한 것을 노트에 기록한다.

7
원한 씻어버리기

* * *

과거의 마음의 상처를 씻어버리는 능력은 우리가 발달시킬 수 있는 가장 중요한 인간관계 기술일 것이다. 과거의 잘못에 매달리는 것은 일시적으로 만족감을 주고 힘을 발휘하는 것으로 생각될지 모르지만, *언제나* 인간관계의 희생이라는 큰 대가를 치르게 된다. 그리고 이것은 우리 마음속에서 부글부글 끓고 있는 분노를 일시적으로는 완화시켜 주기 때문에 당사자에게 좋은 것으로 인식되기도 한다. 그러나 조화를 회복시키는 유일하고 확실한 길은 그러한 감정을 완화시키는 것이 아니라 완전히 *제거하는* 것이다. 만일 두 사람 중 하나라도 자신의 쓰라린 마음의 상처를 씻어버리는 방법을 찾아내지 못한다면, 그들의 관계가 심각한 실망에서 벗어나 성숙하게 되기를 기대할 수는 없을 것이다. 그리고 은밀히 또는 공개적으로 상대방에 대하여 분개하고 있는 한 상대방을 신뢰하거나 사랑할 수도 없을 것이다.

원한을 씻어버리는 것은 배우자보다도 *우리*들 *자신*을 위한 행위이다. 우리는 그런 감정을 좋은 느낌으로 대체하기 위해서가 아니라, 인간관계속에 포함되어 있는 모든 즐거움을 충분히 누릴 수 있도록 하기 위하여 이 작업을 하는 것이다.

원한을 씻어버릴 때 결정하기

아무리 강조해도 지나치지 않는 두개의 주의 사항이 있다.

첫째, 지금 우리는 깔개 밑에 쳐 박아 두었거나 무시해왔던 골치 아픈 행동들을 쓸어버리는 것에 대한 이야기를 하고 있는 것이 아니라는 사실을 이해할 필요가 있다. 우리는 지금 지금까지 제대로 논의된 적이 없었던 이전의 상처들을, 이 책에 소개되어 있는 도구들(공정한 싸움, 헤어커트, 대화 지침 등)을 사용하여, 끄집어내고 처리할 때 부딪치게 되는 문제들에 대하여 이야기하고 있는 것이다.

두 번째, 더 중요한 것은: 사람에 따라 도저히 용서할 수 없는 것들이 있다는 것이다. 용서하고 안하고는 오로지 당신의 결정에 달려있다. 만일 원한을 씻어버리는 것이 불가능하거나 위험하다고 느껴지는 경우에는 그 관계를 지속할 것인지 그만 둘 것인지를 결정하지 않으면 안 된다. 좋은 예의 하나가 부부간의 정절(貞節)에 대한 것이다. 어떤 사람들은 상대방의 부정(不貞)을 용서하고 큰 갈등 없이 부부생활을 유지해 나간다. 그러나 또 어떤 사람들은 부정을 도저히 용서할 수 없는, 두 사람 사이의 신뢰를 돌이킬 수 없이 망가뜨린 결정적인 부도덕한 행위로 본다. 이런 사람들은 그때 받았던 상처와 분노를 씻어버리는 행위를 상대방의 받아들일 수 없는 부도덕한 행위에 대한 용서로 생각한다. 나는 누구나 그렇게 해서는 안 된다고 조언하는 것이 아니다. 나는 다만 용서할 수 없는 상대방과의 관계를 지속할 때 겪게 되는 극심한 어려움을 인정하여야 한다고 주장하는 것이다.

또한, 상대방의 사과(謝過)와 안심시키기가 불충분하여 용서하지 못하는 경우도 있음을 알아야 한다. 사과와 안심시키기는 분명하고

가시적인 개선 능력과 행동이 수반될 때 효력이 있는 것이다. 가장 심각한 예의 하나는 신체적 및 정신적 학대가 문제가 되는 경우일 것이다. 나는 결코 상대방이 눈물을 흘리며 "여보 내가 잘못했어." 라고 하거나 진심으로 "다시는 그러지 않을 게." 라고 할 때는 그냥 넘어가는 것이 좋다고 제안하는 것이 아니다. 나는 상대방이 외부의 도움을 수용하고, 행동의 변화—약속만이 아니라—와 함께 당신(또는 자녀들이나 다른 사람들)을 신체적 및 정신적으로 괴롭히지 않고도 자신의 분노를 다룰 수 있는 능력을 명확히 보여줄 때만 재결합을 고려해 볼 수 있다고 생각한다. 상황이 그런지를 평가하기 위해서는 전문가의 도움을 받는 것이 큰 도움이 될 것이다. 그리고 두 사람이 모두 상담을 받는 경우에도 항상 세심한 주의를 하여야 한다.

관계가 중요한 만큼 시간이나 돈의 투자가 필요한 경우도 있음을 기억해야 한다. 얼마나 많은 비용을 투자할 것인가에 대한 결정은 당사자가 스스로 할 수밖에 없을 것이다.

유령 몰아내기

원한을 씻어내기 위해서는 먼저 원한이 무엇인지를 정확히 정의할 필요가 있다. 또한 정서적 알레르기의 개념을 분명히 하는 것도 도움이 될 것이다. 현재 일어나고 있는 일은 흔히 과거의 고통스러운 사건을 회상하게 만든다. 많은 과거의 정서적 기억들은 잠재의식 속에 묻혀있기 때문에 평소에 이 사건의 내용은 잘 기억하지 못하지만, 그것에 결부된 정서를 계속하여 경험하는 일은 결코 드물지 않다. 과거의 사건을 기반으로 하는 정서들은 이것이 *마치 방*

금 생긴 것인 듯 느껴질 수 있다는 것에 유의할 필요가 있다. 이런 경우에는 과거에서 비롯된 감정을 현재의 것으로 느끼면서, 현재의 삶에서 만나는 어떤 인물에게 그 책임을 돌리기도 한다. 또 마음의 상처가 심했던 경우에는, 강한 분노심이 수일, 수주, 심하면 수년간 지속되면서 도저히 씻어버릴 수 없을 것처럼 보이는 원한으로 자리 잡게 되기도 한다. 가령, 밤늦게 술이 취해서야 집에 들어오곤 하던 아버지 밑에서 성장한 사람은 배우자가 집에 늦게 들어올 때마다 유난히 강한 반응을 나타낼 가능성이 크다. 예기치 않은 큰 사고나 사랑하던 사람의 죽음을 경험한 사람의 경우에도 독특한 강한 반응을 보일 수 있다. 따라서 나는 원한에 대한 탐색을 할 때는 인생에서 가장 오래 갖고 있었던 것—그것과 관계되는 사람이 현재 같이 살고 있든 없든 관계없이—부터 시작하는 것이 좋다고 생각한다. 어떤 원한이 있는지를 숙고할 때는 앞장의 박물관 여행 연습 때의 기록들을 검토하거나 다시 연습을 해보는 것이 도움이 된다.

- 배우자에 대하여 어떤 원한을 갖고 있는가?
- 그 원한은 무시당한 느낌 때문에 생긴 것인가, 아니면 배신감 때문인가?
- 당신의 신뢰심 회복을 위해 배우자가 도와 줄만한 것이 있는가?
- 당신은 "배우자를 완전히 지배할 수 있는 어떤 것"이 있다는 사실을 알면 안전감을 갖게 되는가?
- 그 원한이 명백히 배우자 때문에 생긴 것인가, 아니면 과거의 경험과 부분적으로나마 관계되는 것인가?
- 당신들의 관계를 방해하는 다른 무엇이 또 있는가?: 그것은 배우자가 실제로 한 것인가, 아니면 당신의 과거 상처에 대한 "생생한 기억"인가?

PAIRS 연습: 원한 씻어버리기 편지

*〈당신이 느끼는 것은 당신이 치유할 수 있다〉*의 저자 존 그레이 박사(Dr. John Gray)는 이것을 "사랑의 편지" 라고 불렀다. 물론 처음에는 그렇게만 보일 수도 있다. 그러나 이것은 동정, 사랑, 이해, 및 연민 같은 긍정적인 감정들을 지속적으로 강하게 체험하도록 만드는—그냥 스쳐 보내는 것이 아니라—능력을 질식시켜온 두터운 부정적 감정의 층들을 하나하나 벗겨내는, 일종의 "가면 벗기기" 과정이다.

먼저 몹시 기분을 상하게 했거나 지속적으로 원한을 갖도록 만든 쟁점들이 어떤 것인지를 생각한다. 처음에는 분노의 대상을 배우자가 아닌 다른 사람들—부모, 자식, 친구, 직장 동료나 사장 등—을 선택하는 것이 좋다. 자, 이제 첫 페이지를 기록하기 시작한다: 제목은 "내가 말했어야 하는데, 하지 못했던 것들" 이다. 실제로 이 편지를 보내야 하는 것은 아니다. 첫 항목은 "분노와 비난" 인 데, 각 항목마다 같은 주제의 문장을 가능한 한 많이 작성하도록 한다. 처음에는 지침의 문장 서두 부분을 활용하는 것이 도움이 된다. 그리고 쓰기 시작하기 전에 뒤에 나와 있는 견본 편지를 먼저 보는 것도 좋다. 당신의 감정을 멋있고, 이성적이고, 합리적으로 보이도록 편집을 해서는 안 된다. 당신의 관점을 옹호하거나 설명하려고, 즉 쟁점을 지적으로 꾸미려고 해서도 안 된다. 우리들 대부분은 합리화를 아주 잘한다. 그러나 정서가 갖고 있는 특유의 논리를 다루는 데는 능숙하지 못하다. 이 연습을 사랑하고 관용하는 정서의 흐름을 막아왔던 쌓여진 분노와 원망, 그리고 상처난 자존감을 해방시키는 기회로 삼아시오. 이 연습을 종이에 기록하는, 일종의 짜여진, 헤어커트(Haircut)로 생각하시오. 편지를 쓰다가 중지해서는 절대로 안 된다. 마지막까지 하나도 빼놓지 말고 완성해야 한다.

아주 심각한 원한을 쟁점으로 택했을 경우, 편지의 처음 부분에서는 긍정적인 감정의 표출이 어려울 것이다. 그러나 마음이 상해 있으면 있을수록 효과는 그만큼 더 커진다—다섯 항목 모두를 진지하게 다루고 거기에 결부된 모든 감정을 그대로 표현하려는 진솔한 노력을 기울인다면.

1. 분노와 비난

나는 ---을(를) 원망한다.
나는 --- 때문에 몹시 화가 난다.
나는 ---에 넌더리가 난다.
나는 ---을(를) 참을 수가 없다.
나는 ---을(를) 증오한다.
나는 ---에 대하여 당신을 용서할 수가 없다.
나는 ---이 필요하다.

2. 정신적 고통과 슬픔

나는 --- 때문에 마음의 고통을 느낀다.
나는 ---을 할 때 슬픔을 느낀다.
나는 --- 때문에 실망감을 느낀다.
나는 --- 때문에 몹시 불유쾌하게 느낀다.
나는 ---을(를) 원한다.

3. 두려움과 불안전감

나는 --- 때문에 불안하다.
나는 ---을(를) 두려워한다.
나를 무섭게 하는 것은 ---이다.
나는 ---이 걱정이 된다.
나는 ---을(를) 원한다.

4. 죄책감과 책임감

나는 ---을(를) 후회한다.
나는 --- 때문에 비난을 받을 것이다.
나는 ---에 대하여 동정심을 느낀다.
나는 ---게 할 뜻이 아니었다.
---에 대하여 용서해 주시오.
나는 ---을(를) 원한다.

5. 용서, 이해, 소망, 및 사랑

나는 ---에 대하여 감사한다.
나는 ---을(를) 깨달았다.
나를 ---을(를) 용서한다.
나는 ---을(를) 소중히 생각한다.
나는 ---을(를) 사랑한다.
나는 ---을(를) 원한다.
나는 ---을(를) 희망한다.

완성된 편지를 조심스럽게 검토한다. 특히, 해당 쟁점에 대한 모든 감정들을 진솔하게 표현 표현했는지를 조사한다. 편지의 내용이 균형을 유지하고 있는지도 검토한다. 갈수록 내용이 빈약해진다면 (즉, 편지 앞부분은 내용이 풍부한 반면 뒷부분이 빈약하다면), 당신이 어떤 분노에 고착되어 있다는 것을 의미할 수 있다. 그리고 중간이 두텁고 앞과 뒷부분이 빈약하다면 두려움과 죄책감에 사로잡혀있음을, 마지막 부분이 비대하다면 분노와 정신적 고통을 숨기고 있음을 나타낸다고도 볼 수 있다. 당신이 당신 스스로에게 완전히 정직해졌다고 판단될 때까지 작업을 계속한다. 다섯 항목 모두가 균형 있게 기술되어있는가를 조사해보면 당신의 모든 감정이 얼마나 잘 탐색되고 정직하게 고백되었는지를 평가할 수 있을 것이다.

견본 편지

다음은 35세의 남성 갑돌이 어머니에게 실제로 썼던 편지이다. 이 편지에서 그는 자신이 *억압되어있던 감정을 아내에게 행동화하고 있음을* 깨닫게 된 후 어머니에게 이런 감정들을 씻어버리는 데 도움을 달라고 호소하고 있다.

어머님께,

저는 어머님을 사랑합니다. 제가 이 어려운 편지를 쓰는 것도 제가 당신을 사랑하기 때문입니다. 지난 몇 년 사이에 우리 사이는 아주 소원해진 것 같이 느껴지네요, 서로에 대하여 지나치게 공손해진 것 같고요. 저는 그런 지나친 공손함이 싫습니다. 저는 마음 놓고 어머님을 힘들고 귀찮게 하는, 그러나 어머님께 좀 더 솔직하고, 허물없고, 가까운 존재가 되고 싶습니다.

이 편지는 사랑에 대한 것입니다만, 약간 무거운 주제로 시작할까 합니다. 계속 읽어 주십시오. 어머님. 어머님께서도 저에게 하고 싶으신 원망의 말씀이 있으시겠지요. 예, 좋습니다. 어머님께서도 제 글을 읽으신 다음에 저에 대하여 무슨 말씀이라도 하실 수 있습니다. 그러나 우선은 제 글을 읽어 주십시오. 이 편지는 결국 행복한 결말로 끝날 것입니다. 저는 당신을 사랑하지만, 불만이 전혀 없는 것은 아닙니다. 제 분노에 대하여 먼저 말씀을 드리겠습니다. 제가 Lisa 결혼식 때 얼마나 화가 났었는지 어머님 알고 계세요? 주말 내내 저는 분노에 휩싸여 있었고, 별거 아닌 일에도 불같이 화를 내곤 했었죠. 그 분노는 당신을 향한 것이었습니다. 그 후에도 그때의 기억이 종종 나를 괴롭히곤 했어요. 그러나 천만다행으로 이제는 그렇게 심하지 않습니다.

당신은 제가 어렸을 때 분노는 나쁜 것이라고 늘 저에게 말씀하셨죠. 그러나 이런 가르침은 오히려 역효과를 가져와 저로 하여금 구역질나고 끓어오르는 분노를 그저 짊어지고 가야할 큰 짐으로 느끼도록 만들어 주었습니다. 만일 제가 조금이라도 제 목소리를 내면, "엄마한테 그런 식으로 얘기하지 마!" 하는 호령이 떨어졌었지요. 제가 당신에게 복종하는 경우에도, 제가 조금이라도 화가 난 듯 보이면 당신은 저를 때리곤 하셨지요. 어머님, 당신이 강제로 저를 제 방으로 쫓아버렸을 때 제가 발소리를 쿵쿵 크게 내며 계단을 올라가던 것을 기억하시나요? 그때 당신은 말씀하셨죠. "이리 와! 그리고 다시 조용히 계단을 올라가 봐." 당신은 그런 식으로, 제 감정은 전혀 인정하지 않으면서, 저를 지배하려고 하셨죠. 그것 때문에 지금까지도 저는 당신을 용서할 수가 없습니다.

당신이 허용한 유일한 분노는 소위 의분(義憤)이었는데, 그러나 그것은 당신이 당신의 개인적 분노에 씌어놓은 일종의 위장일 뿐이었습니다. 그런 교육이 나에게 가져다 준 것은 무엇이었을까요? 자, 다 자란 지금의 저를 보십시오. 저는 지금 제 아내가 접시를 내 취향대로 씻어놓지 않으면, 금방 이스라엘 민족의 악행을 비난하는 엘리야 선지자나 성전에서 환전상들을 쫓아내는 예수가 되어 불같이 화를 내곤 합니다. 당신은 그것이 얼마나 어처구니없게 위압적인지 알고 계십니까?

종교에 대하여도 이야기해보겠습니다. 당신은 신앙에 대한 이야기를 그친 적이 없었습니다. 이제는 저를 나쁘다고 하지 말아 주십시오. 사실 저는 신앙에 대하여는 별 갈등이 없었습니다. 실제로 사랑, 연민, 책임감, 하느님 흠숭에 대한 가치가 제 믿음의 토대를 이루고 있다고 저는 생각합니다. 그러나 저는 당신이 자신의 종교를 따르도록 저를 위협하고 감언이설로 꼬인 것, 특히 죄책감을 갖도록 유도한 것에 대하여는 조금도 고맙게 여기지 않습니다. 저는 당신의 그 그리스도교가 저를 위한 것이 아니라는 사실을 알게 되었습니다. 당신이 저에게 요구했던 그 종교의 관용을 왜 저에게는 베풀어주시지 않으셨는지요? 왜 그렇게 심하게 강압적으로 저를 대하셨는지요? 그리고 당신은 왜 그렇게도 많은 눈물을 저에게 보여주셨나요? 제가 어머님의 신앙을 거부했던 것은 당신에게 상처를 주기 위해서가 아니라 그것이 저에게는 잘 맞지 않는 것 같아서였습니다.

그리고, 참, 제 성적 관심도 문제였군요. 제가 어렸을 때 당신은 그 주제에 대하여는 매우 개방적이셨어요. 그러나 제가 16살이 되었을 때 당신이 제가 성관계를 갖지 않았다는 것을 확인하려고 전전긍긍 전력하는 걸 보고는 제가 얼마나 큰 배신감을 느꼈는지 아세요? 성의 품위와 아름다움은 증발해버렸고, 남아있는 것은 온통 겁나는 경고, 수치심, 그리고 눈물뿐이었죠. 특히 눈물이 문제였어요.

왜 그렇게 하셨는지요? 저는 남성으로 자라났어요. 하느님이 창조해주신 그대로의 모습을 갖고 있는 그런 남성으로요. 그런데, 제기랄, 그 당시 저는 지금 제가 알고 있는 어느 40대 남성들보다 그것에 관하여 더 책임감을 느끼게 되었죠. 저는 스스로 선택을 해야 하는 책임감 있는 인간이었는데, 당신은 저에게 그렇게 할 수 있도록 해주지 않으셨어요. 왜 제가 지금 이렇게 억울할까요? 배신감 때문일까요? 당신은 사랑과 인간의 개방성을 강조하고 성은 하느님의 축복이라고 말씀을 하셨지만, 당신은 정작 그 빌어먹을 고루한 청교도처럼 저를 교육시켰던 것이죠. 당신이 거부했다고 말씀하신 바로 그 청교도의 모습으로요. 당신은 다른 사람들에게, 심지어는 당신 자신에 대해서까지도 관용적이셨어요. 당신은 젊은 시절에 결코 결혼을 하지 않았음을 후회하면서 죽지는 않을 것이라는 결론은 내리신 적이 있다고 하셨죠. 그러나 당신은 저의 성적 가치나 행위에 대하여는 관용도 존중도 보여주시지 않으셨어요.

예, 어머니, 그래요. 당신이 저에게 보여준 모든 것은 통제였다고 생각되네요. "착한 아이가 되어라.", "언제나 순결해야 한다.", "절대로 화를 내서는 안 된다." 등. 그리고 만일 제가 당신이 말한 것을 지키지 않으면 당신을 슬프게 우시곤 하셨어요. 그저 조금 눈물을 흘리고 마시는 게 아니라, 펑펑 눈물을 흘리셨어요. 마치 '나는 이 특별한 작은 아이의 정말 좋은 어머니죠. 그런데 이 아이가 지금 나의 마음을 이렇게 아프게 하네요.' 하는 것처럼 말입니다.

정말 더럽게 나빴던 것은 제가 아무런 좋은 것도 당신에게 보여줄 수 없었다는 사실이죠. 그런데 제가 당신에게 감사해야할 건 많기도 했어요.

당신이 가르쳐주신 사랑하는 방법에 대한 건 제가 감사해야 할 것

중 정말 압권이었어요. 당신에 의하면 세상은 온통 다른 사람을 위해 자신의 목숨을 바친 사람들, 특히 남성들로 가득 차 있었죠. 그런데 저는 물론 전혀 그런 사람이 아니었고요.

제가 사람 사귀는 데 몇 번 실수를 하기는 했지만, 그래도 가족, 친구, 및 여성 친구들에게 마음 편히 자연스럽게 제 마음을 열 수 있었죠. 그것은 당신이 늘 저나 아버지, 그리고 영민과 영숙 및 그들의 가족들에 대하여 후한 사랑을 보여주셨던 덕분이 아닌가 여겨지기도 해요.

그리고 당신은 당신도 사랑이 필요하다는 것을 부끄럼 없이 드러내곤 하셨죠. 당신은 누군가에게 원하는 것이 있을 때는 포옹할 것을 요구했죠. 그것을 보면서 저는 저도 사랑과 사랑의 표현을 필요로 하고, 또 해도 좋다는 것을 배울 수 있었어요.

그래서 저는 어머님과 저 사이를 이렇게 소원하게 만든 거리감이나 지나친 예의바름이 정말 싫습니다. 그리고 이런 상태가 지속되어 둘 중 누군가가 세상을 떠났을 때 무덤가에서 '내가 왜 거기에 대하여 더 이상 말을 하지 않고 살았지?' 라는 후회를 하게 될까봐 두렵기조차 합니다. 저는 오래 전부터 지금까지 제가 왜 말하기를 그렇게 망설였나 후회해오고 있습니다. 저는 당신이 제가 드리는 좀 심한 말들을 좋게 이해해주시리라 기대하지만, 한편으로는 '너는 끔찍스럽고, 은혜를 모르고, 정말 다루기 힘든 아이' 라고 하면서 또다시 저를 얼어붙게 하시지나 않을까 겁이 나기도 합니다. 저는 당신도 이런 상태가 영원히 지속되기를 원하시지는 않으리라 생각하지만, 아직도 과거의 끔찍한 장면이 두렵습니다. 당신의 그 눈물이 정말 두렵습니다.

그러나 제가 이 편지를 당신에게 보내지 못할 만큼 당신이 두려운 것은 아닙니다.

어머니, 저는 당신을 사랑합니다. 그리고 당신이 저를 사랑하신다는 것도 잘 알고 있습니다. 저는 우리의 이 사랑이 변질되는 것을 막아야 할 필요를 느낍니다. 저는 우리가 함께 그것을 할 수 있게 되기를 원합니다. 저는 우리가 충분히 그것을 할 수 있으리라 생각합니다.

갑돌 올림

주(註): 갑돌은 이 편지를 실제로 어머니에게 보냈다. 그러자 어머니가 전화를 해왔다. 그는 어머니를 찾아갔고, 둘은 여러 시간 대화를 나눴다. 이제 그들은 서로 존중하고 사랑하는 친구가 되었다.

- 편지를 다 쓰신 지금, (편지를 쓰기 시작할 때와 비교해서) 상대방에 대하여 어떻게 느끼십니까?
- 당신이 덜 화가 나고, 더 용서할 수 있으며, 당신의 원한이 줄어들었다는 것을 발견했습니까?
- 유용한 해결책에 대하여 더 많은 생각을 할 수 있게 되었습니까?
- 편지를 쓴 상대방에 대하여 더 긍정적인 감정을 갖게 되었습니까?

원한 씻어버리기 편지의 목적은 당신의 모든 감정들을 충분히 훈련시켜 당신이 더 명확하게 생각하고, 더 깊게 이해하며, 과거를 씻어버리고, 더 건설적인 해결책을 찾을 수 있도록 돕는 것이다. PAIRS에 참석하는 어떤 커플들은 서로 간에, 또는 자녀, 부모, 친한 친구, 직장 상사 등에 대하여 화가 나있을 때 이 기법을 사용한다. 이 기법은 해결하기를 원하는 긴장이나 오해가 지속될 때, 또는 당신의 권리가 짓밟히거나 무시된다고 느껴질 때 등 다양한 상황에서 두루 쓰일 수 있는 매우 유용한 것이다. 이 기법의 장점 중

하나는 상대방의 즉각적인 협조가 없어도 가능하다는 것이다. 당신 혼자서, 그리고 아주 빨리도 할 수 있는데, 가령 어떤 경우에는 각 항목마다 한 줄 씩만 쓸 수도 있다. 예를 들면:

갑돌에게

갑순이

(분노) 나는 당신이 내가 운전할 때 잔소리하는 게 지겨워요.

(정신적 고통) 나는 내가 적어도 당신만큼은 운전을 잘한다고 생각하기 때문에 당신 잔소리에 더 마음이 상해요.

(두려움) 내가 운전할 때 당신이 옆에 있으면 너무 신경이 쓰여요. 나는 당신이 어떤 다른 것에 대하여 화가 나 있을 때 그걸 내 운전에 대한 잔소리로 표출하는 것 같아 두려워요.

(책임감) 당신이 내게 제대로 가르쳐주는 걸 내가 방해했다면 미안해요.

(용서와 소망) 나는 운전 중의 당신의 잔소리가 꼭 불공평한 건 아니라는 사실을 깨달았어요. 나는 나에 관하여 당신이 솔직한 의견 제시를 해주기를 진심으로 원해요. 나는 당신이 더 마음 편하게 나에게 가르쳐주고, 또 나는 그것을 힘들지 않게 수용할 수 있는 방법을 우리가 찾아낼 수 있기를 희망해요.

PAIRS에 참여하는 사람 들 중 쓴 편지를 실제로 보내는 사람은 거의 없다(아주 조심스럽게 쓰여 진, 주로 좋은 내용을 담은 편지가 몇 편 보내지기는 하지만). 즉, 편지를 쓰는 것 자체가 갖고 있는 치유 기능이 가장 중요한 것이다. 앞의 간단한 편지가 좋은 예가 된다. 갑순은 편지를 씀으로써 자신의 운전이 왜 쟁점이 되었는지를 스스로 알아냈고, 나아가 이 새로운 통찰을 갑돌에 대한 이해를 넓히는 데 활용할 수 있었던 것이다.

원한 씻어버리기: 두 번째 편지

이제 당신은 편지가 어떤 기능을 한다는 것을 어느 정도 알게 되었다. 그리고 배우자에 관련된 쟁점과 그것이 갖고 있는 분노와 원한에 대하여 생각한 후 배우자에게 그런 내용의 편지를 썼다. 이제 *당신이 답장을 받기를 원하는 상대방에게 보낼 두 번째 편지를 쓴다.*

당신은 두 편지 모두를 배우자와 함께 쓸 수도 있고, 당신 혼자 쓸 수도 있다. 만일 당신이 편지의 내용을 배우자와 공유하기를 원하는 경우에는 반드시 편지를 다 쓴 다음에 보여주어야 한다. 미리 보여주면 배우자의 영향으로 내용을 수정하거나 완화시킬 가능성이 있는데, 이는 편지쓰기 본래의 의도가 아닌 것이다. 편지는 반드시 스스로 쓰고, 나중에 그 내용을 취소해서는 안 된다. 각 편지를 검토한 뒤, 만일 배우자에게 알려주고 싶은 내용이 있는 경우, 더 이성적인 제2의 초안(모욕이나 욕설을 뺀)을 작성할 수도 있다. 만일 배우자가 이 책을 읽지 않았을 경우에는 당신이 이 장(章)의 내용을 요약해주거나 보여주면서 편지를 쓴 목적에 대하여 설명한다. 배우자도 비슷한 편지를 쓸 것인가를 물어본다. 만일 당신들이 편지를 교환하기로 결정했다면, 적어도 30분 정도 씩은 쓴 편지에 대하여 논의할 것을 약속한다. 이 논의를 할 때는 앞장의 감정이입적 경청 기법을 활용해도 좋을 것이다. 작업이 끝난 후에는 편지쓰기를 함께 해주고, 원한을 씻어버려 준 배우자에게 진심어린 감사의 표시를 꼭 하여야 한다.

- 아직도 남아있는 원한은 어떤 것입니까?
- 씻어버리고 싶은 것은 어떤 것입니까?
- 배우자에게 편지를 쓰는 일이 얼마나 힘들었습니까?
- 편지쓰기가 당신의 느낌에 변화를 가져왔습니까?
- 편지쓰기가 배우자에 대한 당신의 인식을 변화시켰습니까?
- 편지쓰기가 당신의 감정이 작동하는 방식과 그것을 모니터하고 다루는 방법에 대하여 새로운 통찰을 갖게 해주었습니까?

PAIRS 연습: 자기 자신에게 있는 갈고리 벗기기

우리들 중 많은 사람들은 자신 스스로에 대한 강한 비판가들이다. 이들 중 일부는, 자신에 대하여는 가혹한 비판을 계속 하면서, 다른 사람들은 누구나, 무엇이든 다 용서해주려고 한다. 이것은 배우자에 대한 원한을 계속 갖고 있는 것만큼이나—어떤 경우에는 더—해로운 것이다.

이때는 원한 씻어버리기 편지를 자기 자신에게 쓰는 것이 좋다. 물론 이미 설명한 모든 항목을 포함시켜야 한다. 자기(自己)의 다양한 부분들에 관하여 기술한 제 뒷장들을 모두 읽은 뒤에 이 연습을 해도 좋은데, 이렇게 되면 자기의 "부분들" 중 한, 두개에 국한시켜 편지를 쓸 수도 있을 것이다.

가끔은 자신에게 편지를 쓰는 것이 배우자에게 편지를 쓰는 것만큼 중요하다. 자신 스스로와 잘 지낼 수 없다면 다른 사람과의 관계를 탐색하고 즐기는 일도 매우 어려울 것이기 때문이다.

자신에게 쓰는 편지의 예는:

나는 내가, 다른 사람의 분노를 매우 두려워하는, 회유형인 게 아주 싫다.

나는 누군가가 나에 대하여 실망하거나 화를 내면 심적 고통을 느낀다.

나는 이들의 분노가 나에게 무슨 잘못이 있음을 의미할까봐 두렵다.

상대방의 분노에 나도 일부 책임이 있다고 비난받을지 모른다. 상대방의 분노는 내가 그것을 피하려고 하는 동안에 악화되었기 때문이다.

나는 내가 다른 사람만큼 힘이 있으며, 나도 다른 사람이 나에게 요구하는 것처럼 어떤 한계를 그을 권한을 갖고 있음을 깨달았다. 내가 느끼는 데 있어서까지 다른 사람의 승인을 받을 필요가 없다. 다른 사람이 화가 났다고 해서 너무 참담해질 필요도 없다. 나는 충분히 선하다. 나는 너무 완벽해지려고 노력할 필요가 없다.

나는 내가 일상의 삶에서 더 조화롭게 되고, 다른 사람의 반응을 덜 두려워하게 되기를 희망한다.

아래에 나와 있는 <특수 상황에서의 사용자 친밀 의사소통 지침>이 상황에 맞는 PAIRS 도구 선택에 많은 도움을 줄 수 있을 것이다. 이 도구들은 다용도로 사용될 수 있는 것들로 다른 사람과의 의사소통은 물론 자신의 생각을 명료화하는 데도 많은 도움을 준다.

특수 상황에서의 사용자 친밀 의사소통 지침

	혼자 하는 것	배우자와 함께 하는 것	사용할 PAIRS 도구
1.	당신들의 관계에 영향을	당신들의 관계에 영향을	박물관 여행

	미치는 과거의 심적 상처들에 대하여 숙고하기	미치는 과거의 심적 상처들에 대하여 숙고하기	
2.		비밀을 털어놓는 습관과 동등화 능력을 강화하고 발달시킴	매일온도읽기
3.	당신을 화나게 만드는 쟁점에 관한 당신의 생각과 감정을 명료화하기	당신을 화나게 만드는 쟁점에 관한 당신의 생각과 감정을 배우자에게 설명하기	대화 지침
4.		당신이 배우자에 대하여 갖고 있는 추정들이 사실인지를 결정함.	마음읽기 연습
5.		다른 사람의 감정과 생각을 경청하고 이해하기	감정이입적 경청 의미공유 대화 지침 마음읽기 연습
6.		강한 분노 방출하기	헤어커트/베스비우스 분노 의식
7.	참을 수 없는, “벨트 아래 있는”, “현행 쟁점”이 되는 행동들에 대한 숙고	배우자에게 그것이 무엇인지를 알려줌.	벨트라인 핵심 쟁점들
8.	당신의 쟁점이 무엇이고, 어떻게 그것을 명확하게 표현할 수 있을지에 대한 숙고	변화를 위한 타협과 요구	변화를 위한 공정한 싸움
9.	특수한 행위나 사건을 용서할 수 있는지에 대한 탐색		미 우송, 미 검열 원한 씻기 편지쓰기
10.	용서의 감정에 도달하기 위한 행위를 함	원한을 씻어버리고 용서함	대화 지침 동등화 유형 변화를 위한 공정한 싸움 개집 방면 원한 씻어버리기 편지쓰기

동이 터온다

그날 하루가 끔찍스럽고 무미건조하리라 생각되어 아침에 일어날 때 두려움을 느끼는 사람들은 불행한 과거를 회상하면서 미래에도 과거와 같은 일들이 일어나리라 생각한다. 이들에게는 지나온 자신의 과거의 역사(歷史)가 큰 짐이 된다. 그러나 새로 다가오는 날들을, 실패만이 아니라, 성공의 경이와 기회를 포함하는 것으로 보는 사람들은 과거를 이해하려 애쓰며 이 속에 지나온—그러나 앞으로 꼭 가야만 하는 것은 아닌—곳들이 그려져 있다고 생각한다.

과거의 것을 용서하고 다른 것에로 옮겨갈 수 있는 능력은 벌써 잊힐 수도 있었던 이전의 싸움을 중지하고, 대신 미래의 삶의 행로를 변형시킬 수 있는 새로운 것들을 위해 헌신할 수 있는 능력에 다름 아닌 것이다. 우리가 과거에서 필요한 지혜를 찾아내고 이를 뽑아낼 수만 있다면 과거를 현재를 조명하는 데 소중하게 활용할 수 있을 것이다.

이제 잠시 시간을 내어 새로 깨닫게 된 것을 노트에 기록한다.

제 4 부

보이지 않는 부분 탐색하기

1. 3세대 가계도: 정서적 뿌리 추적하기
2. 성숙에 도달하기
3. 특성들의 내적 유형
4. 책임 맡기: 유형 배열하기
5. 우리가 추는 댄스: 부부의 부분들

제 4 부

보이지 않는 부분 탐색하기

■ ■ ■

당면한 위험은 우리가 어린 시절부터 묻어두었던 좌절과 분노의 "사건"으로 이끌리게 될 것이란 점이다. 통상 우리 배우자는 이 격분이 어디서 오는지 이해하지 못할 것이며, 그것에 대해 그 또는 그녀 자신의 해석을-그 해석은 종종 과거로부터 발생하는 비슷한 왜곡 사건들에 기초한 것이다- 적용할 것이다.

- Gus Napier,
취약한 부부관계(The Fragile Bond)에서

1
3세대 가계도: 정서적 뿌리 추적하기

* * *

여기 넓고 거친 강가에서 뗏목 만들기를 배우면서 어린 시절을 보낸 한 소년의 이야기가 있다. 그 소년은 성인이 되자 나무들을 베어 그것들로 뗏목을 만들어 타고는 그 강을 건너 여행길에 올랐다. 그는 오랜 기간 뗏목에서 일하면서 보냈기 때문에, 육지에 닿았을 때 그 앞에 놓인 여행길에는 쉽게 건널 수 있는 개울과 진흙웅덩이 정도였지만 뗏목을 두고 떠날 수 없어 나무들을 묶어 어깨에 메고 걸었다. 그는 부피가 큰 뗏목을 메고 있어 -기어오를 나무들, 아름답고 긴 조망들, 가까이 할 수 있는 사람들, 참가할 수 있는 경기들을 놓치고 있다는 사실을 전혀 생각하지 못했다. 그는 뗏목이 얼마나 무거운지 조차 깨닫지 못했다. 그는 그것을 벗어던진 자유로움이 어떤 것인지 결코 알지 못했기 때문이다.

우리들 중 얼마나 많은 사람들이 삶을 충분히 즐길 수 있는 잠재력들을 제한하고, 의사결정 때마다 결정적 영향을 미치는 낡고 힘든 사고하기, 느끼기 및 행동하기 습관들을 지니고 있다는 사실은 놀라운 일이다. 우리의 뗏목들은, 보이지는 않지만 그 소년이 제한받은 것과 똑같은 방식으로 제한하고 있다. 우리의 뗏목들은 나무 대신 우리의 경험과 관찰에 의해 형성되고, 생활하면서 발달되고, 채택되어진 태도들과 신념들로 구성된다. 제 4 부의 여러 장들은 우리가 지닌 뗏목들에 대한 우리의 욕구 및 뗏목들의 본질을 탐색하기 위해 설계되었다.

관계행로

정서적 각성이 친밀에 영향을 미침

연결하기

기쁨	고통
소망	공포
사랑	분노
안락	불편
노력	근심
신뢰	불신

정서적 개방

신뢰할 수 있음

오늘 당신의 관계들이
어떻게 영향을 받는지 앎…

- 원 가족
- 보이지 않는 충성들
- 감추어진 기대들
- 회전원장
- 정서적 알레르기
- 초기 결정들

정서적 폐쇄

신뢰할 수 없음

부정

오늘 당신의 관계들이
어떻게 영향 받는지 모름…

- 원 가족
- 보이지 않는 충성들
- 감추어진 기대들
- 회전 원장
- 정서적 알레르기
- 초기 결정들

우리 중 어떤 사람은 실제로 욕구하는 것이 고작 부풀릴 수 있는 작은 배인데 퀸 남숙 호를 끌고 있는지도 모른다. 여기서 우리는 욕구하는 것은 지키고 그 나머지는 버리도록 돕기 위해 우리의 개인적 역사가 신념들을 형성시킨 방식들, 그 역사가 현재의 삶,

특히 관계들에 미치는 영향들, 그리고 시대에 뒤진 태도들 및 신념들을 우리의 현재 신념들과 소망들에 더 잘 맞는 것으로 변화시키는 방법들을 조사할 것이다.

분명히 우리는 욕구 속에 있는 모든 것이 변화되거나 버려야 되는 것으로 믿지는 않는다. 그러나 우리는 아직 한 번도 검토되지 않은 많은 신념들에 의해 이끌려졌다. 우리는 이들을 [[학습 뇌]]로부터 끌러냄으로써 어느 것이 합당하고 도움이 되는 것이며 그리고 어느 것이 우리의 친밀의 능력을 방해하고 있는 것인지 결정할 수 있을 것이다.

그렇게 하지 않고 살면 큰 대가를 치르게 될 것이다. 만약 우리가 개인적 역사를 무시하고, 아직도 반작용으로 일관한다면, 그렇게 반작용하는 것으로 말미암아 우리의 배우자는 알지 못하는 사이 상처입거나 소외될지 모른다.

회전원장

우리의 친밀관계의 핵심기대들의 대부분이 이전의 가까운 관계들, 부모들, 형제들, 전 배우자들, 연인들 혹은 친구들의 관계 모두에 의해 영향을 받은 것이다. 이 역동을 설명하기 위해 가족치료가 이반 *보조르메니-나지*(Ivan Boszormenyi-Nagy)는 회전원장(revolving ledger)이란 개념을 발달시켰다. *보조르메니-나지*의 원장은 다음과 같이 작용 한다: 당신의 삶의 특정시기에 중요한 사람들, 혹은 삶 자체일지라도 당신에게 영향을 미친 사건들을 통해 당신의 욕구관점에서 원장의 차변 혹은 대변에 기록했다. 시간이 경과했다. 당신은 삶의 회전문을 통해 걸어가면서 지금 거기에 있는 사람이 누구이든 그에게 청구서를 내민다. 심리치료자들은 이것을 전이(transference) 혹은 전위(displacement)라고 불렀다. 결과적으로 친밀한 타인들에 대한 당신의 메시지는 "내가 이전에 얻지 못했던 모든 것에 대해 당신에게 받을 권리가 있다", 혹은 "나는 이전에 나에게 있었던 불행한 모든 일에 대해 당신을 벌주겠다."이다.

당신이 건네준 청구서를 받은 사람은 당신 머릿속에 있는 원장을 모르기 때문에 끊임없이 오해와 혼란에 빠진다. 그리고 이런 태도들은 개인적 탐색을 통해서 발견될 수 있을지 몰라도, 당신의 의식저변에 있어 저절로 발견되지는 않는다. 그들은 또한 관계의 초기에 나타나지 않는 경향이 있으며, 그러나 다음에 당신이 실망될 때 그리고 당신이 기대했던 것이 일어나지 않고 있다는 것을 발견할 때 나타난다. 당신은 배우자를 적으로, 상처 주는 사람으로, 앙갚음으로, 억누르는 것으로 생각하고 있는 자신을 발견할지 모른다. 당신은 원장이 의식저변에서 이렇게 행동하게 한다는 것을 깨닫지 못하기 때문에, 당신은 합리화시킨다. 당신은 배우자를 적으로 대하는 여러 가지 이유들을 찾는다. 당신은 실로 누군가에 의지하여 원장의 균형을 찾고 있는 것이다!

여기에 몇 가지 전형적인 시나리오들이 있다:

갑순은 갑돌에게 그의 세 번째 늦은 귀가 후에, 그들은 갓난아이를 가졌음에도 불구하고, 그를 떠나겠다고 선언했다. 그녀는 개인적 역사와 가족의 역사를 탐색함으로써 그녀는 남편들로부터 버림받은 3세대 째 여인이라는 사실을 확인했다. 이 패턴은 그녀에게서 버림받음의 기대를 낳았던 것이다. 그녀는 그의 늦은 귀가를 그가 그녀에 대한 관심을 잃고 있으며 그녀를 떠날 준비를 하고 있는 신호로 해석했다. 그녀는 갑돌에게 이 버림받음의 채무를 그녀가 그를 떠나겠다고 선언함으로써 갚았던 것이다.

순자는 기혼남성들 하고만 사랑을 나누게 된다. 이는 그녀의 원장이 작용하는 방식이다: 나는 당신 아내만큼 매력적이며 혹은 더 매력적일 수 있다는 것을 나의 어머니가 증명했던 방식으로 당신의 아내와 경쟁하고 있다.

철수는 순주와 사랑에 빠진다. 그러나 그녀는 그가 결혼을 서둘지 않기 때문에 그에게 분노가 느껴지고 있다. 철수는 그녀의 요구들을 압력으로 받아들이는 동시에 이를 그가 결혼에 신중을 기하는 또 다른 이유로 인식한다. 철수는 자신의 원장을 살펴보고, 그는 순주가 그의 어머니가 그랬던 것처럼 그녀가 바가지 긁는 사람으로 돌변할까봐 걱정하고 있는 것을 발견한다. 그래서 그의 결정은 "나는 당신이 요구하는 만큼 물러설 것이다."이다.

이들 사례는 극단적으로 다른 기대들 및 부채들을 포함한다. 그러나 이들은 한 가지 점에서 유사하다: 각자는 그 또는 그녀 자신이 정당한 방식으로 행동하고 있었다는 확신을 느꼈다. [[학습 뇌]]는 이들 부채들을 갚음으로써, 지적인 [신 뇌]가 이들 행동에 대해 의문을 제기하고 이들이 관여된 모두에게 고통을 야기할지라도, 깊은 만족을 끌어내고 있었다. [[학습 뇌]]와 먼 과거에 발달된 것으로 갚아지고 있었던 부채들을 조사함으로서만이 회전원장의 효과를 알 수 있을 것이며 나아가 변화시킬 수 있을 것이다.

- 당신은 과거로부터 어떤 "균형들(갚음들)"이 지금 나타나고 있는지 알 수 있습니까?
- 당신은 과거로부터 어떤 사람이 당신의 배우자에게 재현되고 있는지 지적할 수 있습니까?
- 당신은 회전원장에 있는 어떤 기대들이 실행되고 있는지 알 수 있습니까?
- 당신은 배우자와 말다툼하고 있을 때, 당신은 "나는 당신의 어머니가 아니다" 혹은 "나는 당신의 아버지가 아니다"라고 말합니까?
- 그렇게 말하는 것이 당신에게 어떤 효과가 있습니까?
- 당신의 배우자가 당신들 둘 사이에서 탓으로 돌리고 있는 역동이 당신 부모들이 가졌던 역동과 비슷하다고 할 수 있습니까? 혹은 당신의 형제들과 비슷합니까?

3세대 가계도

우리는 회전원장들에 의해 야기될 수 있는 혼란들을 피하려면, 우리의 원대차대조표의 채무들과 채권들이 어떻게 기록되었는지 면밀히 검토해 볼 필요가 있다. 이 작업은 우리의 어떤 태도들 및 행동들의 근원을 알 수 있도록 함으로써, 우리의 [[학습 뇌]]를 "재교육하는" 능력을 주어, 한때 고통을 야기했던 사건들에서 이제는 기쁨을 가져오도록 가르칠 것이다.

이것이 내가 항상 부부로 하여금 3세대 가계도, 아니면 가계도(genogram)을 그리게 하는 이유이다. 쉬운 작업은 아니지만, 당신이 그것에 쏟는 노력은 그만한 가치가 있다. 만약 당신의 가족규모가 크거나 복잡하다면, 처음에는 이 지시가 엄두가 나지 않는 과제로 들릴 것이다. 그렇더라도 단순히 한번만 그려본다면, 그것이 당신의 관계들을 이해하고 개선하는 핵심도구가 될 수 있다는 점을 믿게 될 것이다.

당신의 가족이 혼란 그 자체였다거나, 아니면 당신이 전통적이 가족상황에서 자라지 않았더라도 염려할 필요가 없다. 당신을 기른 사람들이 당신의 생부모가 아니었다할지라도 -혹은 가족형태가 아니라할지라도, 그들은 당신의 역할모델들이었으며, 그들은 당신에게 관계성에 대한 어떤 감정을 제공하였으며, 그리고 당신이 삶에서 무엇을 기대할 수 있는지를 제시하였다. 그래서 이 장에서 개관한 원리들을 당신이 자란 "가족"에 적용해 보기 바란다.

내가 당신에게 원하는 가계도는 얼마간의 자료 수집을 요한다. 3세대, 즉 조부모대로 거슬러 올라간다. 가족상담자들이 전통적으로 통찰을 얻기 위하여 내담자들의 정서적 역사들과 가족체제들에서 이끌어내는 관찰들에 기초한 몇 가지 자료를 추가할 수도 있다.

가계도는 한 부부의 결혼생활을 구출한 훌륭한 도구로 활용된 바 있었다. 남편은 어머니가 긍정적 사고를 믿는 종교집단의 한 멤버여서, 어릴 때 그는 긍정적 에너지를 만들기 위하여 긍정적 사물들만 말하도록 가르침을 받았다. 그의 아내는 다툼이 있고 미신적이지만 애정이 넘치는 가족에서 어떤 일을 좋게 말하는 것은 악마를 초대하는 것이라고 배워서 긍정적인 사물들을 평가 절하시키는 경향이 있었다.

그들의 배경에서 이런 차이들(그들은 차이들에 대해 결코 논의해 본 일이 없으며 대부분 의식하지 못했다) 때문에, 그들의 기본양식들은 갈등 속에 있었다. 아내는 남편이 칭찬해 마땅하다고 느꼈던 일들에 대해 나쁘게 말하였으나, 남편은 그의 가족규칙들에 반하기 때문에 아내의 부정적 코멘트가 그를 얼마나 괴롭히는지에 대해서는 결코 표현하지 않았다. 그러던 어느 날 남편은 아내를 떠나겠다고 선언했다. 아내는 깜짝 놀랐다. 그녀는 그가 무엇 때문에 화났는지 알지 못했다. 그들의 결혼생활을 되짚어 나가자 부정적 및 긍정적 코멘트에 대한 그들의 태도들이 주된 조정점으로 나타났다. 다행히 그들은 이들 태도에 대해 덜 방어적이어서 그들의 가계도는 한 번에 이들 태도를 문화적 맥락에 맞게 배열하도록 도왔다.

당신은 가계도를 인상들, 기억들 그리고 연상들을 회상시키는데 사용함으로써 더 많은 선택들을 만들어낸다. 그들을 모두 의식함으로써 각각에게 객관적으로 무게를 줄 수 있으며 당신 스스로 "이것은 유지하고 싶고, 그리고 이것은 버리고 싶다: 이것은 내게 유용하고, 그리고 이것은 더 이상 쓸모가 없다" 라고 말한다.

우선, 당신은 가족에 대해 기초적 사실들을 수집하여 패턴들을 쉽게 볼 수 있도록 그림으로 그린다. 다음은 보기와 같이 당신의 가계도를 그리는 지시들이 있다.

PAIRS 연습: 당신의 가계도 구성하기

필요한 자료들을 모아 시작하기: 14X24인치 정도의 백지 한 장, 두 가지 이상 색깔의 필기구, 자와 당신의 일기. 종이 중앙에, 수평으로 당신의 부모의 결혼 선을 긋고, 남성은 사각형 여성은 원형으로 [보기 1]과 같이 표시. 적절한 공란에 그들의 이름, 생일과 결혼일자를 적는다. 수평선 위에 당신의 가족 명을 쓴다. 만약 부모 중 어느 한 쪽이 사망하였으면, 사각형 혹은 원형 안에 X표를 넣고 사망일자와 사망원인을 적는다. 만약 이혼을 하였으면, 별거 혹은 이혼일자를 적고 수평선 중앙에 //표를 표시한다.

다음, [보기 2]와 같이 수직선을 아래로 그어 당신 자신과 형제들을 표시한다. 왼쪽부터 출생순위에 따라 사각형 혹은 원형으로 그린다. 간격은 다음에 당신의 배우자를 표시할 수 있도록 충분히 둔다. 당신 자신의 도형 속에는 ☆표를 넣는다. 유산 혹은 사망은

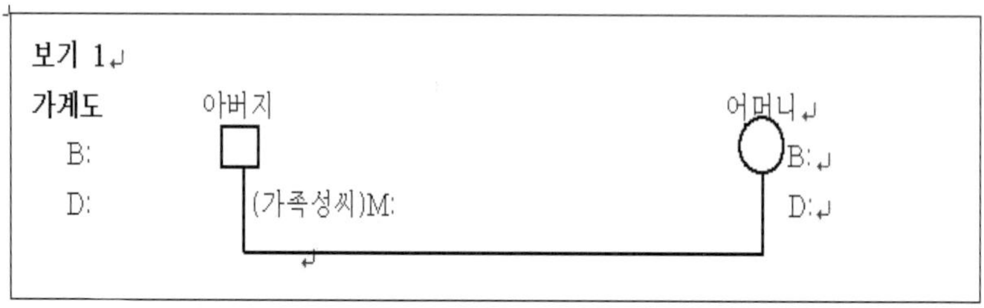

기호 표의
기호를 사용해서 표시한다.

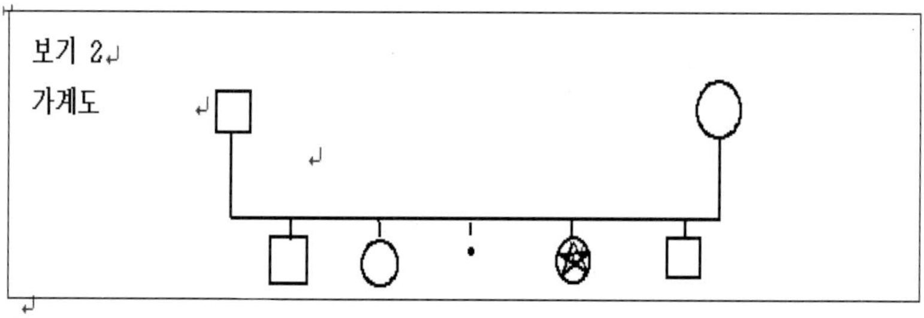

예시: 주인공(스타)은 생존하는 세 남매가 있다: 오빠, 언니, 그리고 남동생. 검은 점은 사산한 여자이다.

[보기 3]과 같이 조부모 아래 수직선으로 부모 각각의 형제들을 출생순위에 따라 사각형 혹은 원형으로 그리고 이름과 출생일을 적는다. 이제 당신이 갖게 된 것은 당신의 가장 가까운 혈연관계들: 부모들, 형제들, 조부모들, 삼촌들, 숙모들의 그림이다. [보기 3]과 같은 요령으로 결혼에 의한 친척들과 부가적인 친척들을 - 당신의 자녀들, 질녀들, 조카들, 사촌들 — 그려 넣을 수 있다. 당신과 형제들로 시작해서 배우자들과 그들의 자녀들도 넣는다. 자녀들을 넣을 때 왼쪽부터 출생순위와 남여 표시가 정확하게 되도록 유

보기 3

가계도

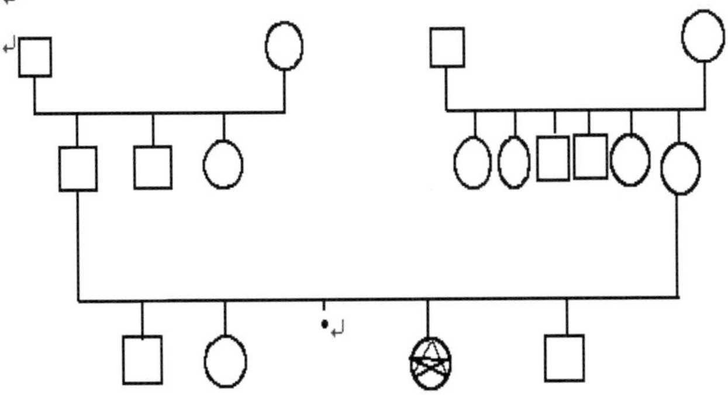

예시: 아버지는 3남매의 장남이고 어머니는 6남매의 막내딸이다.

의한다. 이름들과 출생일들을 기재한다. 점선으로 된 수평선은 결혼하지 않고 동거중인 두 사람관계를 나타낸다.

만약 재혼인 경우는 결혼 선을 확장해서 각 배우자의 자녀들 혹은 이전 결혼 상태를 나타낸다. 출생일을 포함해서 각 결혼의 결혼일과 종료일을 적는다.

만약 가족과 살았던 친척들이 없다면, 점선으로 동거했던 사람들을 그들의 역할과 함께 그려 넣는다.

이제 당신은 기초적 가계도를 완성했다. 이미 학습하게 된 것이 무엇인지 확인하고 당신의 감상을 일기장에 기록한다.

당신이 발견한 것은 . . .

- 당신이 이전에 알지 못했던 관계들의 어떤 패턴입니까?
- 당신 가족에 대한 어떤 중요하고도 기초적인 정보를 놓치고 있다는 것을 발견 하였습니까?
- 출생일들 결혼 혹은 이혼 일들에 대한 어떤 의미 — 전시 혹

은 경제공황과 같은 의미를 발견하였습니까?

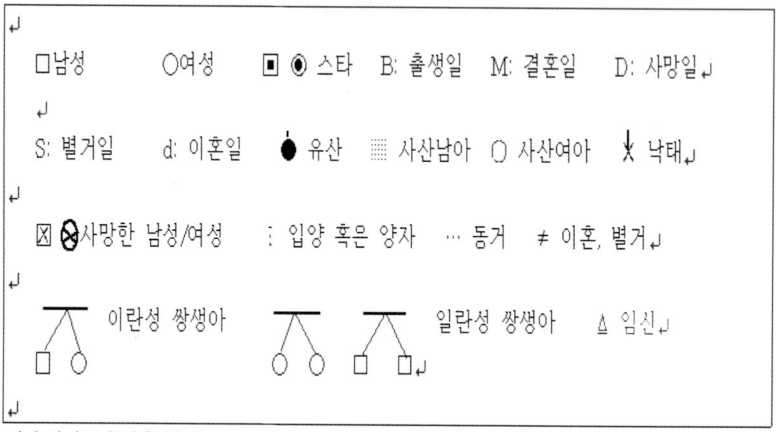

3세대 가계도에 사용되는 주요기호들

당신의 가계도 분석하기

이제 당신은 가계도를 완성하였으며, 가계도에 나타난 사람들과 사건들에 대한 당신의 이해를 깊게 하고 원 가족의 초기 영향이 당신의 현재 관계들에 어떻게 영향을 미치는지 탐색할 준비가 된 셈이다.

당신의 가계도를 살펴보고 긍정적 의미에서나 부정적 의미에서나 당신과 특별한 관계들을 가졌던 사람들의 심벌들에 까맣게 칠하시오. 다음 당신이 어렸을 때 그 사람의 특징을 묘사하는, 당신이 기억할 수 있는 것을 기초로 하여 4-5개의 형용사들(예를 들면, 재미있는, 완고한, 엄격한, 친절한, 아픈, 경박한, 종교적인, 인정하지 않는, 거리감이 있는, 동정적인, 술 취한, 폭력적인)을 쓰시오.

가능하다면, 각자에게 적절한 불일치 의사소통 양식(회유자, 비난자, 초이성자, 산만자)도 부여하시오. 거기에 당신에게 영향을 미친 성질에는 밑줄을 그어 표시하시오.

(결과적으로 당신은 이들과 어떻게 비슷한지 그리고 어떻게 다른지를 반영하고 싶을 것이다. 당신이 동일시한 성질이 어느 것이지 혹은 당신이 반대한 것이 어느 것인지, 당신을 격려해 준 것인지 아니면 실망시킨 것인지 반영하고 싶을 것이다. 당신과 배우자는 오늘날 당신들의 삶에 영향을 미치고 있는 당신들의 역사에서 차이점들과 유사점들을 나누게 될 것이다. 그것은 또한 당신 배우자의 가계도에서 알려진 분리를 가져올 수 있기 때문에 당신이 도움받은 것과 마찬가지로 서로를 돕는데도 유용할지도 모른다. 친밀한 관계에서 서로를 아는 것이 유익하며, 단 당신이 배우자의 어린 시절 회상들을 외부 관찰자의 편견 없는 눈으로 가져오는 것만큼 유익할 것이다.)

당신에게 특별한 사람을 당신과 연결하는 선을 긋되, 긍정적 의미는 파란색으로, 부정적 의미는 검은 색으로 그어보시오. 당신에게 미친 영향을 묘사하되 다음의 기호들을 사용하시오:

- 복선 ═ 특별히 가깝고, 긍정적 관계들
- 3중선 ≡ 과친밀, 지나치게 의존적인 관계
- 곡선 ~ 표면적인 갈등/ 혹은 적대관계
- 점선 … 냉정한 혹은 소원관계
- 삼각 ⊿ 한 사람을 제외시키는 관계 혹은 두 사람에 의해 조종되는 관계

당신이 발견한 것은 . . .

- 당신의 특징들은 식구 중 누구와 나눈 것들입니까?
- 당신의 불일치 의사소통 양식은 누구를 모델로 한 것입니까?
- 당신이 빠진 삼각은 어떤 것이고 당신에게 무슨 영향을 미쳤습니까? 당신은 공격적인 사람, 부끄럼 많은 사람, 겁 많은 사람, 화해조정자, 혹은 성취적 사람이 되었습니까?

당신의 가계도에서 세대에서 세대로 이어지는 패턴들을 조사하시오. 알코올 중독, 약물 중독 혹은 여타 중독들, 폭력, 유기, 관계 단절 혹은 갈등적 관계들, 간통, 거친 혹은 폭군적 행동, 성도착, 반복적 입원, 단절들(별거들, 반목들, 불계승들, 접촉 결여) 등. 만약 당신이 그런 패턴들을 발견했다면, 그것들이 당신에게 어떻게 영향을 미쳤습니까? 그것들은 당신 자신의 관계에, 저절로 반복됨으로써 혹은 부정적 증후들 중 하나를 암시하는 어떤 행동에 대한 신경질적 반응들을 야기함으로써 명백히 드러날 때가 있습니까?

당신이 발견한 것은. . .

- 당신 혹은 다른 누군가가 내적으로 공포, 스트레스 그리고 느낌 통제를 대가로 가족을 유지시키려고 노력한 "주인공"이라는 것을 발견하였습니까?
- 당신은 가족 중 다른 식구의 지나친 욕구들 때문에 당신의 느낌들 및 욕구들을 부정하기를 익혀 온 것 같습니까?
- 당신은 기대이상의 성취자가 되기를 원하지만(가족 내 스트레스들을 보상하기 위하여) 더 잘 할 수 없기 때문에 죄책감을 느낀다는 것을 발견하였습니까?

가계도의 색칠된 부분들 채워 넣기

우연하게도 당신은 숙모들과 삼촌 그리고 조부들에 대한 중요한 자료를 모르지만, 가족 내 다른 사람들은 아마도 알 것이며, 가족 역사들의 트랙에 있는 많은 사람들은 그들이 여러 해 수집해온 정보들 즐겨 나누었을 것이다. 당신이 정확한 정보를 얻을 수 없을 때, 당신과 식구들이 기억할 수 있는 것은 적고 짐작으로 안 정보에 대해서는 물음표를 표시한다. 그들이 반응한 방식일지라도 당신 가족에 대한 어떤 것을 알려줄 것이다.

당신의 가계도는 가족역사의 뼈대-골격 구조를 나타낸다. 당신은 이제 색칠한 부분들을 채울 필요가 있는데-당신 가족 내 사람들이 누구와 같았는지 그리고 그들의 삶이 무엇과 같았는지 당신이 발견할 수 있는 것은 무엇이든 적는다. 당신 가족 내 다른 사람들에게 다음과 같은 질문들을 해 본다:

- 이 가족에 속하게 된 것이 당신에게는 어떠하였는가?
- 가족의 식구들은 어떠하였는가?
- 당신의 부모 및 형제들과의 관계는 어떠했는가?
- 결혼에 대한 식구들의 생각은 어떠했는가?
- 당신이 지금 알고 있는 것을 알았다면, 당신이 만약 할 수 있었다면, 사건이 어떻게 변화되었을 것 같은가?

당신 가족 내 다른 식구들에게 물어보아 당신을 돕고자 한 한 가지 이유는 모든 이가 다른 관점을 지닌다는 것이다. 우리는 모든 것을 완전히 보지 못한다. 예를 들면, 갑수는 그에게 몹시 비판적인 아버지를 보면서 자랐다. 그래서 그는 아버지의 눈에서 선의를 결코 느끼지 못했다. 어머니에게 그 점에 대해 물어보았을 때, 그는 아버지가 모든 것에 그리고 모든 이에게 비판적이었다는 것을 알았다. 할아버지께서 아버지가 7세 때 돌아가셨다. 아버지는 삶을 힘들게 살아왔으며 한 번도 그가 하고 싶었던 일을 할 기회를 갖지 못했다. 그는 모진 사람이 되었다: 그의 비판적 태도는 갑수에게만 특별한 것이 아니었다.

만약 나이 많은 친척들이 있고 그들에게 묻고 싶은 것이 있다면, 너무 늦기 전에 질문하시오. 조부모들과 큰 아버지들, 숙모들과 삼촌들에게 미국에 이주해 왔을 때, 혹은 농장에서 자랄 때 어떠했는지 혹은 그밖에 무엇이든 물어보시오. 그들은 어떻게 생존했습니까? 가족 내에서 있었던 사건들뿐만 아니라 세계적으로 일어났던 사건들에 대해서도 물어보시오. 왜냐하면, 우리 주위에서 만들어진 역사는, 유태인 대학살이나 전쟁같이 잘 알고 있는 천재지변의 생존자들처럼 우리의 행동에 영향을 미친다. 그런 다음 이 역사가 당신의 행동에 미친 영향을 생각해 보시오.

PAIRS에 참가한 한 남자는 35세의 엔지니어로서 그의 조모께서 공황기에 어떻게 생존했는지에 대한 이야기를 주의 깊게 들었다: "그 이야기는 내가 왜 구두쇠가 되었는지 이해하는데 도움을 주었다. 나는 '이봐, 내가 한 오라기의 실이라도 절약하지 않는다면 또 다른 공황이 도래할 거야.' 라고 했었다. 이제 나는 한 주간 휴가를 내어 스키 타러 간다. 전에는 테니스볼을 잔털이 다 달을 때까지 사용했었다. 이제는 필요하면 새 공을 산다."

당신이 도움을 요청하는 것은 사람들로 하여금 현실적으로 되어 그리운 향수에 빠지지 않도록 격려한다. 가족 내에 "좋은" 특성들과 행동패턴들 및 "나쁜" 특성들과 행동패턴들을 아는 것이 당신에게 도움이 된다는 것을 그들에게 말하시오. 예를 들면, 당신 아버지의 아버지는 할아버지의 전성기 기분 좋은 날에 당신을 만났다면 부드럽고 편안한 모습을 보였을 것이고, 당신의 아버지는 그는 딱딱하지만 공정한 분이었다고 말할 것이고, 하지만 숙모는 그는 폭군적이었고 특히 너의 아버지에게 엄격하였다고 말할 것이고, 당신은 보통 때 좋은 아버지가 화가 났을 때는 독재자처럼 행동하는지 더 잘 이해하게 될 것이다. 통상 당신 혹은 당신의 부모들이 지금이 아니라 어릴 때 당신 가족의 식구들이 어떠했었는지에 초점을 맞추도록 하시오. 왜냐하면 사람들은 변화하고 당신이 지금 하기를 원하는 행동은 당신의 초기 경험의 조건화로 보기 때문이다.

당신 가족의 식구들이 당신의 질문에 대해 어떻게 반응하는지 메모하도록 하시오. 왜냐하면, 그들의 반응들은 가족의 스타일들 및 태도들에 대해 많은 것을 나타내기 때문이다. 가족의 정서적 역사를 그렸던 한 엔지니어는 그것이 가족에 대해 그가 알았던 것은 그의 질문들에 어머니가 솔직하고 즉각적으로 대답했고 반면에 아버지는 거의 말하지 않았다는 것을 발견한 정도였고- 그러나 그것은 이전에 그가 결코 알아 체지 못했던 한 가지 패턴, 왜 그 자신이 항상 개인적 일에 대해서는 입을 닫아 왔었는지를 설명하도록 도왔다고 말했다. 그와 같은 각성, 그리고 그는 아버지의 침묵에 비해 어머니의 개방성을 더 선호했었다는 깨달음은 엔지니어로 하여금 변화할 수 있고, 변화를 이룩해내는 분위기를 만들었다.

패턴들 찾기

당신의 가계도를 분석하면서 결혼 혹은 삶이 존재하는 방식 또는 존재해야 한다고 믿는 방식에 대해 당신이 알게 된 것을 조사해 보시오. 당신이 되기를 혹은 되지 않기를 원했던 것과 당신 스스로 원했던 것에 대해, 당신 부모의 결혼생활을 본 것에 비추어, 어떤 결정들을 내렸습니까? 예를 들면, 당신이 행복한 어린 시절을 보낸 것으로 회상할 수 있지만, 당신 부모들이 다투는 것을 한 번도 본 일이 없다면, 당신은 어떻게 다투는지 배우지 못했을 것이다.

순자는 키에 알맞은 몸무게를 지닌 매력적인 여성으로 건강하고 좋은 남성과 결혼하였다. 그녀가 한두 파운드 씩 체중이 늘 때마다, 남편은 그녀의 등 뒤로 닥아 와서, 이것은 먹고, 저것은 먹지 말고, 운동을 더 하고… 등 말했었다. 그녀는 그렇게 하겠다고 동의했지만, 남편이 없으면 자그만 음식접대들에 몰두했다. 남편은 그런 사실을 발견할 때마다 화를 내고, 그녀는 남편 몰래 더욱더 몰두하게 되었다. 순자는 심각한 체중문제를 지닌 것은 아니었지만, 그녀가 어린 시절에 대한 기록을 하면서 여덟아홉 살 때 약간 오동통했었고 그녀의 아버지는 다이어트를 혹독하게 시켰으며- 그녀가 나이가 들면서 오동통함이 사라졌었다는 사실을 기억해냈다. 아버지의 잔소리가 그녀로 하여금 금지된 음식들에 대한 비밀스런 스낵 광으로 만들었다. 현재 순자는 체중문제가 있다고 생각하지 않지만, 남편의 잔소리에 대해 반항적으로 먹고 있는 자신을 발견했다. 그녀는 그녀의 인생에서 두 번째로 지나친 잔소리꾼에게 은밀하게 반작용하고 있었다는 사실을 깨닫게 되자, 그녀는 남편에게 직접적으로 직면하였다. 비난을 면하는 것이 그녀의 해결책이었음을 그에게 알린다. 그 다음에 남편은 그녀의 날씬한 몸매를 그렇게 중요시 했는지 살펴볼 필요가 있었다. 그는 그를 위한 시간을 결코 내지 않은 것으로 미워했던 어머니의 비만과 관련 있음을 발견하였다.

가끔 패턴들이 즉시 분명하게 드러나지 않는 경우도 있다. 영자는 우울증상이 있었으나 원인을 알 수 없었다. 우리가 그녀의 가족사에 대해 이야기를 나누었을 때, 그 대답이 명백해졌다. 영자의 어머니는 힘든 삶을 살았었다. 열한 살 때 고아원에 들어갔고, 열일곱 살 때 결혼했으며, 열아홉에 이혼했고, 24세에 첫째 아이와 유일한 남동생을 잃었다. 그 후 그녀와 마찬가지로 정서적 자원이 고갈된 허약한 두 번째 남편과의 사이에 다섯 아이를 두었다. 영자는 그 첫째 아이로 그녀의 남동생들과 여동생들을 잘 돌보았고, 그런 다음 어린 나이에 결혼해서 자신의 자녀들을 길렀다. 그녀의 첫 번째 결혼은 이혼으로 마감했고, 그리고 지금 12년이 지난 다음 재혼했다. 그녀의 남편은 이전 결혼에서 두 자녀를 가진 친절한 남성이었으나, 그녀는 자녀들을 돌보는데 지쳐 있었다. 그녀가 말하는 내용 중 일부분은 "언제 내 차례가 오려나? 다른 누군가를 돌보는 일을 그만두고, 언제 나 자신을 일을 하는 기회를 가질 것인가?" 이였다. PAIRS를 실시한 결과, 남을 돌보는 일에서 벗어나기를 원하는 것은 그녀에게 당연한 요구라는 것을 이해하게 되었다. 결국 그녀의 고갈되어 버린 것 같은 느낌들에 대해 남편에게 이야기할 수 있었으며, 남편이 그녀만을 위한 시간을 한두 주간 가져보라고 넌지시 말해주었을 때 놀라웠다. 그녀가 받고 싶은 선물은 그녀자신만의 시간이라는 것을 깨달았다. 그 이후 그와 같은 요구가 결코 일어나지 않았다.

당신은 영자와 같이 얼마나 많은 사람들이 항상 어떤 역할— 돌보는 자, 준비하는 자, 희생자, 구출 자, 분쟁 해결사, 분위기 메이커, 혹은 등등- 을 수행해야 하며 그 역할이 그들의 성격에 고유한 것이 아니며 가끔 잊어버리거나 쉴 수 있는 것이라는 사실을 깨닫지 못한다는 사실에 놀랄 것이다.

영자와 같이, 당신은 다음과 같이 당신에게 영향을 미친 초기 메시지들에 대해 생각해보기를 원할 것이다:

당신의 자존감: 당신 자신에 대한 당신의 견해와 그것을 받아들일 수 있으며 사랑하는지 여부. 사랑받기 위해, 수용받기 위해, 혹은 보살핌을 받기 위해 당신이 해야만 하는 것에 어떻게 느꼈습니까? —혹은 조건 없는 사랑, 수용, 그리고 보살핌이었습니까?

당신의 생활규칙들: 생활하면서 행하는 것 혹은 행하기를 피하는 것에 대해 당신이 느끼는 것이 중요하다.

당신이 느끼는 것을 다른 사람에게 안전하게 드러낼 수 있는지, 드러낼 수 없는지, 그리고 당신이 어떤 방식으로 위협 받는다고 느낄 때 무엇을 어떻게 소통하는지.

당신은 분노, 공포, 고통, 기쁨, 사랑, 신뢰 및 실망의 느낌들을 다루기로 되어 있었다는 것을 어떻게 믿었습니까? 가족 속에서 질투, 부러움, 죄책감, 성욕, 이기심, 지배력과 통제, 경쟁과 원한을 가지는 것에 이야기하기 않는 것에 대한 당신의 느낌들과 태도들은 어떻습니까?

당신은 부러워하거나 질투해서는 안 된다는 것을 배웠을지도 모르며, 그래서 만약 그런 감정을 느꼈다면 누구에게도 말할 수 없어 — 결국 온 세상을 미워한 느낌에 휩싸였을지도 모른다. 지배력에 대해서는 무엇을 배웠습니까? 예를 들면, 만약 당신이 폭력적인 아버지와 복종적인 어머니 사이에서 자랐다면 가해자와 희생자로 나뉘는 것으로 지배력을 보았으며, 당신은 항상 통제하는 위치에 있어야 하며 아니면 고통 받을 것이라고 생각하게 되었을지 모른다.

만약 우리가 가해자와 희생자 사이에 선택해야 한다면, 우리는 일반적으로 전자를 선택할 것이다. 그리고 기쁨에 대해서는 어떤가? 어떤 사람은 기뻐하는 것에 죄책감을 느낀다. 어떻게 모두가 슬퍼하는 때에 나만 행복할 수 있단 말인가? 그리고 어떤 사람에게 기쁨은 위험스럽기까지 하다. 그들이 어릴 때 기쁨은 위험스런 것이었기 때문이거나, 아니면 기쁨을 빼앗길까봐 두려워하기 때문이다.

경쟁에 대해서는 무엇을 배웠는가? 경쟁은 가족생활의 일부분이며 동시에 행복하게 살기위해 배웠던 어떤 것인가? 아니면 승자들과 패자들이 있는 가족에서 자라서, 최고가 되지 않으면 아무것도 아닌 것이 되었는가? 그것이 현 관계들에 어떻게 영향을 미치는가? 만약 당신이 최고가 아니라는 것이 판명되고, 그리고 당신의 자아가치가 제로에 이른다면, 당신은 배우자에게 더 이상 신뢰받을 수 없다는 것을 의미하는가? 당신은 상처 입거나 두려워하거나 부러워하거나, 혹은 패하게 된 것을 후회하거나 승자들을 미워하는 것을 받아들이지 않도록 배웠을지도 모른다.

삼각들과 다른 관계들

당신의 가계도에서 한 것과 같이 사람들이 당신과 어떻게 관계하고 있는지, 뿐만 아니라 그들 간 서로 어떻게 관계하고 있는지도 탐색하시오. 어린 시절에 당신이 목격했던 관계들은 긍정적인 것이든 부정적인 것이든 당신의 모델들이 되었다. 당신은 부모들이 가졌던 것과 같은 관계를 결코 원하지 않는다고 결심했을 수도 있고, 아니면 당신은 어떤 면에서는 부모를 본받고 다른 면에서는 반대했을 수도 있을 것이다. 다른 경우로 당신은 좋아하는 숙모 혹은 삼촌을 모델로 취했을 수도 있을 것이다.

당신은 또한 삼각관계들에 의해서도 영향을 받아 왔다. 당신은 아버지와 어떤 관계를 가졌으며 어머니와도 어떤 관계를 가졌으며, 또한 그들과의 삼각의 일부분이 되기도 하였다. 만약 당신의 가계도를 살펴본다면, 수없는 삼각들을 볼 수 있을 것이며, 각각에서 당신은 다른 역할을 하였을 것이다. 당신, 누이, 아버지의 삼각은 당신, 누이, 어머니의 삼각과 전혀 다를 수도 있을 것이다. 삼각들을 다루도록 어떻게 배웠는지 생각해보는 것이 중요하다. 그것은 질투, 부러움, 이기심, 경쟁자과 경쟁, 주목받는 느낌과 소외되는 느낌을 어떻게 다루도록 배웠는지에 연관되기 때문이다. 1:1의 관계가 삼각 혹은 집단이 되었을 때 당신에게는 무엇과 같았습니까?

당신의 차트를 연구해보면, 두드러진 사건들이 나타날 것이다. 예를 들면, 만약 당신의 태만한 학생시절에 비해 당신의 누이가 완벽하고 성취 지향적인 사람이었다면, 당신은 배우자의 태도에 조금이라도 생색내는 것이 보이면 민감해질 수도 있을 것이다. 만약 당신이 첫째자녀로 완벽하게 행동하도록 기대되었고, 반면에 가족에 사랑받는 아이로 나쁜 짓을 해도 벌 받지 않은 막내가 있었다면, 당신의 배우자가 조금이라도 태만한 모습을 보이면 불같이 화낼지도 모른다.

우리가 삼각들을 통한 어린 시절 경험으로부터 지녀온 학습은 애매할 수도 있으며 관계들의 성인기 패턴에서 조사하기가 항상 쉬운 것만도 아니다. 34세의 복자는 매력적인 아내로 남편은 여성 편력이 있고, 그들의 다섯 자녀를 기르는 일을 분담하기를 거부하면서 아내로 하여금 그의 스케줄, 욕구들 및 행동을 의심 없이 받아들이기를 기대하는 정치적 지배력이 강한 사람이었다. 그녀는 그의 성질을 두려워해서 감히 불평하지 않았지만— 그녀는 학대받고도 가만히 있는 사람으로 느껴졌으며, 그리고 왜 남편과 같은 사람들은 항상 그녀의 희생을 대가로 기뻐하는지 놀라울 뿐이었다. 그녀의 가계도를 작업하면서 두 딸 중의 동생으로서 복자는 언니가 부모로부터 비난받은 행동을 피함으로써 부모의 사랑과 인정을 받는 것을 어릴 때부터 배워온 것이 드러났다. 똑바로 어긋나지 않게 행동함으로써 부모의 인정을 받는데 언니와의 경쟁에서 이겼으나, 그녀는 식지 않는 언니의 증오를 받아왔었다(그녀는 정면대결에서 결코 이길 수 없다는 것을 알았다). 언니와의 삼각에서 일어났던 "좋은 아이" 의 각본이 그녀의 결혼에서 패자로 만들었다. 그녀는 자신의 요구를 주장하고, 동등성 혹은 사랑하는 행동을 따지거나, 혹은 그녀의 성정체성을 탐색하는 것까지 결코 학습할 기회를 갖지 못했다. 그녀는 침대에서 무엇을 요구할지 몰랐다. 성적인 그리고 정면대결에 대한 무지로, 이제 그녀는 혼란과 억압을 느꼈다. "좋은 사람" 이 되는 것은 그녀의 성격의 본래적 부분이 아니라 학습된 부분이라는 것을 깨닫도록, 그리고 성인으로서 그녀가 요구하는 것을 얻기 위하여 그녀의 자아개념을 수정하고 수정된 자아개념에서 행동이 나온다는 것을 깨닫도록 작업하였다.

출생순위의 중요성

당신과 배우자는 출생순위 혹은 독자로서 당신의 지위가 당신의 성격과 기대들의 발달에 어떻게 영향을 미쳤는지 생각해 보고 싶을 수도 있다. 거기엔 어떤 패턴들이 있는 것 같다: 첫째와 독자들은 전형적으로 책임감 있는 의사결정자로서 지도성을 쉽게 취하며 그들은 무엇이 옳은 것인지 안다고 생각하는 것 같다(혹은 일이 잘못되면 죄책감을 느낀다). 막내들은 다른 사람들이 해줄 때까지 기다리는 경향이 있다(하지만 만약 장자가 부모와의 밀접한 삼각에 관여되어 있으면, 형제들의 기능적 지위들이 역전될 때도 있다). 독자는 형제들과 함께 자랐다면 지녔을 법한 나누기에 문제가 있으며 가끔은 다른 사람의 느낌들을 고려하지 못하는 문제가 있는 것 같다.

이런 것 모두 친밀관계에 수행되어야 할 역할들과 직접적인 관련이 있다. 예를 들면, 장자(성을 불문하고)와 막내의 결혼에서, 지배력 행사는 쉽게 예측할 수 있는데 ─ "장자"가 리드하고 "막내"는 따르는 경향이 있을 것이다. 많은 가족상담자들은 장자끼리 결혼은 갈등을 초래하는 경향이 있으며, 막내끼리 결혼은 우유부단을 초래하는 경향이 있고, 여성형제들을 거느린 장남과 남성형제들을 거느린 장녀간의 결혼은 조화를 잘 이룬다는 견해에 동의한다.

단절들

가족 안에─ 이혼, 별거, 숙원, 아들에게 상속권을 박탈한 할아버지, 자매들 간의 불화, 집을 떠나 부모와 통신을 끊은 삼촌과 같은 단절들이 있는지 찾아보시오. 당신 가족의 과거에 단절이 있고, 그리고 특히 당신이 있을 때 단절이 있었다면, 그것들은 당신의 현재 관계들에 영향을 미칠 수 있을 것이다.

죽음 혹은 정서적 또는 지리적 거리를 통한 것일지라도, 단절을 사지 중 팔의 절단에 비유하여 생각해 볼 수 있는데─ 절단에서 팔을 지나는 흐름이 차단되고, 그리고 흉터가 생기고, 통증으로 느껴졌던 것이 환각적 팔에서 느껴지는 것과 같다. 관계의 단절이 있을 때, 거기에 흐르던 에너지가 더 이상 흐를 수 없다. 그 흐름은 방향을 바꾸어, 얼어붙거나 메말라버릴 것이다. 중요한 관계가 종말을 맞게 되면, 그 사람에게 묶였던 느낌들이 어떤 것이든 멈추어 버린다— 아마 그렇게 해서 당신은 고통 혹은 분노를 느끼는 것과 상실의 느낌들을 피할 수 있을 것이다— 그러나 그것으로 당신은 정서적으로 개방되는 능력과 미래 관계들에서 신뢰 쌓기가 심각하게 제한될 수도 있다. 대안적으로, 만약 당신이 중요한 관계에 대한 느낌들을 개방적, 직접적 및 건강한 방식으로 표현하는 것으로부터 단절되었다면, 그 최초관계에 묶여진 에너지와 느낌들은 단절관계의 기억을 불러일으키는 어떤 미래관계에 대체될 수도 있을 것이다. 미해결의 그리고 표현 안 된 느낌들은 표현 통로를 제공하는 사람 혹은 상황을 찾을 것이며 부적절한 방식으로 누설될 것이다.

당신 자신의 삶에서 단절들을 깨닫는 것은 전위의 패턴들을 종식시키도록 도울 수 있다. 예를 들면, 순식은 아들의 운동면의 성취들에 자랑스러워 하지만 그에게 애정을 거의 드러내지 않았던 어머니의 장남이었다. 그가 16세 때 오토바이 사고로 다리를 다치게 되자, 그녀는 몹시 화내면서 그의 누이로 하여금 그를 돌보게 하였다. 그녀는 그가 더 이상 유능한 운동선수가 될 수 없다는 것을 알게 되자, 더 거리를 두고, 그가 절실히 도움이 필요할 때도 거의 지지를 보내지 않았다. 그는 곤란을 참고 견뎠으며 때가 되자 집을 나왔다 — 하지만 그는 어머니를 미워했으며 다시는 그녀와 함께하는 일을 하지 않았다. 결국 그는 헌신적으로 지지적인 순자와 결혼했다. 그녀는 상당한 애정과 확인을 필요로 했지만 그는 그녀에게 결코 줄 수 없었다. 그는 그러한 그녀의 요구에 분개하였다. 그는 어머니의 냉정한 철회와 그 자신 개인적 욕구를 알도록 허용하지 않는 것을 놓고 그녀에게 앙갚음한 것이었다.

고통스런 정서적 단절들과 연관된 문제들을 해결하는 것은 쉽지 않다. 그것들은 당신의 삶을 부부생활과 함께, 당신이 그것들을 있는 그대로 확인하고 적절한 변화들을 도모할 때까지 혼란시킬 수 있다.

눈에 보이지 않는 충성들

*보죠메니-나지*의 회전원장 이론에 한 세대에서 다음 세대로 이어지는 눈에 보이지 않는 충성의 개념이 있다 ― 가족에 우리가 알든 모르든 세대를 거듭할수록 증가하는 채권과 채무("누가 누구에게 빚지다")의 느낌들이다. 우리는 이것을 그녀의 아버지를 깊이 미워하지만 그가 누군가로부터 비난받으면 본능적으로 그를 방어하는 아이에게서 본다. 우리는 그것을 입양아가 그를 버린 것에 대해 원망을 많이 할 것으로 기대되는 생모에게 강한 유대감을 느끼는데서 본다. 우리는 그것을 싸움을 일삼거나 알코올에 중독 된 부모의 양육에 부족한 부분을 채우려는 의무감을 느끼는 착한 아이로 "길러진" 아이에게서 본다. 우리는 그것을 싸울 준비가 된 이혼 부모의 자녀들이 쪼개지는 분열된 충성심에서 본다(자녀는 가끔 "패자" 부모와 머물기를 강요당하는 느낌이다). 우리는 그것을 애국심, 신앙심, 민족애에서 본다.

효성은 우리 모두의 심층에 흐른다. 부모가 자녀의 빚진 느낌에서 일어나는 신뢰의 축적을 파괴하기는 쉽지 않다. 우리는 이 충성심을 우리가 연로한 부모와 유대를 유지하고자 할 때 가장 강렬하게 느낀다. 그러나 실행하기는 쉽지 않다. 우리는 그것을 보다 이면적 형태로 경험하며, 또한, 가끔 건강하지 않으며 이전 세대들로부터 유산일 수도 있다: 예술적 재능이 있는 아들이 가족 유산이 사업에서 성공하는 것이기 때문에 그의 창의적 열망을 묻어 버린다. 부모가 가족의 나쁜 유산을 그들 자신 혹은 서로에게 덮어씌우는 대신에 희생양인 한 자녀에게 덮어씌운다. 가족에 맞서는 위치를 완강하게 고집하다가 내쫓긴 사람은 그의 혹은 그녀의 희생의 대가로 나머지 가족은 단결을 유지한다. 달리 표현하면, 기대들의 유산은 우리에게 어떤 것을 주기도 하지만, 동시에 우리를 묶거나 가둔다. 각성을 통해서, 우리는 우리의 선택지들을 증가시킬 수 있을 것이다.

우리가 그것을 의식하든 못하든, 우리의 행동은 가족의 채권-채무 원장에 의해 크게 영향을 받는다. 적자들을 추적하고, 신뢰를 회복하고, 우리의 가족 원장에 충성 지불을 건강하게 만드는 방법을 찾는 것은 쉽지 않지만, 원장을 부정하기는 쉽다 — "과거는 잊어버리고 현재에 충실 하시오" — 이는 채무와 채권의 균형을 유지하려는 우리 인간 경향성의 실제적 시사를 스스로 무시하는 처사이다.

구체적으로 기록된 것은 아무것도 없다

당신과 배우자가 차트를 마쳤으면, 그것들을 비교하고 이 과정에서 새롭게 배운 게 무엇인지 토의하시오. 비판하거나 판단하지 마시오. 우리는 당신을 탐정으로 초대하고 있으며, 당신의 원 가족들에서 어떤 사람이 되고 무엇이 기대되도록 조건화되었는지 찾는 것이 임무이다. 여기 덜 익힌 로스구이를 좋아하는 남편과 함께 사는 아내에 대한 이야기가 있다. 그녀는 소고기를 살 때마다 그것을 반으로 잘라 구이를 하였는데, 언제나 조각을 내었기 때문에 완숙구이가 되었다. 그는 항상 불평을 하면서 왜 고기를 반으로 자르게 되는지 알고 싶어 했다. 그녀는 "나의 어머니가 그렇게 했어요."라고 대답했다. 그러자 남편은 "당신 어머니께서 왜 그렇게 했는지 알아보지요?" 라고 제안했다. 그래서 그녀는 어머니에게 물어보았는데, 그녀의 어머니는 매우 작은 오븐을 가졌었고, 로스구이를 하려면 반으로 자를 수밖에 없었다는 사실이 밝혀졌다.

과거에 우리가 학습한 것은 우리를 생존할 수 있게 하였다. 그러나 가끔 우리는 더 이상 그와 같이 할 필요가 없다. 우리는 과거를 현재를 밝히는 관점에서 보아야 한다. 우리는 과거를 영속시키려 하거나 과거 방식을 증오했고, 그래서 정반대의 것을 행하고자 결심하는 경향이 있기 때문에 현재가 방해받을 수 있다. 어느 경우든 우리는 과거에 의해 통제되고 있으며, 현재에 문제들을 야기하도록 하고 있는 것이다.

우리는 적응할 수 있다. 우리가 자녀로서 배운 학습들은 우리의 어린 시절 현실에 적응할 수 있도록 하였다. 가계도의 기능은 그 어린 시절 현실을 도식화함으로써 더 이상 적용되지 않는 학습들을 볼 수 있게 하는 것이다. 이 과정은 우리의 행동이 오늘날 우리의 관계들에 보다 행복하게 적응하도록 할 것이다.

잠깐 시간을 내어 당신이 깨닫기 시작한 것에 대해 일기장에 기록하도록 하시오.

2
성숙에 도달하기

* * *

성숙에 대해 생각할 때, 우리는 연령적 과정으로 그것을 생각하는 경향이 있다 — 우리는 어떤 연령에 도달하면 어떤 식이 되기를 기대한다. 우리는 성숙의 한 수준에서 다른 수준에 도달하면서 거쳐야 할 변화의 과정은 생각하지 않는다. 뿐만 아니라 그러한 변화들이 제기할 수 있는 곤란들도 고려하지 않는다.

임상심리가 *로저 굴드*(Roger Gould)는 그의 **변형**(Transformations)이란 책에서 성인의 성숙 여정을 기술한다. 그는 성숙을 "성장하기" 만큼 "놓아주기" 과정으로 본다. 그는 우리는 어린 시절 우리에게 지어놓은 많은 구속들을 — 필요하기도 하였고 우리를 보호하기 때문에 — 성인기까지 지닌다고 믿는다. 그러므로 성숙은 이들 구속들을 놓아주는 단계적 과정이다. 그리고 그것들은 버림에 따라, 우리는 가끔 양가감정, 고통 혹은 슬픔에 이르는 혼란 감을 경험한다.

우리는 어릴 때보다는 성인의 미덕에 의해 단순히 성숙하는 것으로 믿으려 한다. 그러나 굴드는 우리가 이들 혼란기들을 많이 경험하고 우리 자신에 대한 통합과 존엄의 충만감 — "내부지향성" 의 진실한 삶에 도달하기 전에는 진정 성숙한 것이 아니라고 믿는다. 그것은 40대 혹은 50대에 이르러 비로소 일어나는 것이다.

우리가 한 단계에서 다음 단계로 이행함으로써 발생하는 고통과 슬픔은 주로 우리 내부에 축적된 무의식적 갈등 — 어린 시절의 가설들 중 어떤 것을 보유하려는 정서적 욕구("아버지와 어머니는 나를 보호하기 위해 항상 거기에 있을 거야") 대 독립적으로 되려는 욕구(당신 자신의 교육, 경력, 혹은 사랑하는 관계와 같은 목적들과 꿈들을 성취하려는 움직임) —에 의해 야기된다.

굴드는 그런 시기들을 일종의 통과의식, 즉 우리가 발달하고 성장하고 있다는 긍정적 신호로 보아야 한다고 생각한다. 그리고 고통 혹은 혼란의 느낌들에 압도당하는 대신 우리는 이제 그런 느낌들의 근원을 조사하는 기회로 활용해야 한다.

굴드는 우리 모두가 경험하는 성장의 여러 단계들과 성장의 길에 나타나는 특징들을 다음과 같이 묘사한다.

- 1-15세. 이 시기에 어린 시절 가설들, 규칙들, 환상들, 꿈들 및 비합리성들이 발달된다. 주로 우리 주위의 성인들의 "지배력"과 "크기"에 대한 우리의 두려움에 의해 조건화된다("어른들은 모르는 것이 없다." 또는 "누군가가 내게 길을 보여주어야 한다."). 이런 참조 점은 우리의 성인생활의 상당부분을 지배함으로써, 우리는 경쟁사회에서 우리 자신과 타인들을 계급, 지위 및 돈의 관점에서 판단하려 한다.
- 16-22세. 부모들 및 돌보는 자들의 세계를 떠나는 변환기이다.
- 23-28세. 이 시기의 주제는 "나는 이제 누구의 아이가 아니다"이며, 우리는 경력들과 가족역할들에 몰두한다.
- 28-34세. 가끔 불만족과 우리의 인생에서 어떤 일을 "행하려는" 시급한 욕구를 경험할 때, 우리는 우리의 독특한 자질들, 가치들, 그리고 내적 자원들을 발휘하기 시작한다. 이 단계에서 우리는 "지배력"과 "크기"의 타당성에 의문하기 시작한다.

- 34-45세. 중년기에 우리는 우리의 의미 및 목적의 내적 감각에 견실한 접촉을 마련하기 시작한다. 점진적으로 우리는 우리 자신의 삶을 결정하고 통제하는데 더 자유롭게 되어간다.

정서적 성숙의 수준들

사랑하는 관계 유지는 배우자를 위해 함께하기로 의식적으로 선택하고 당신을 위해 배우자가 함께하도록 허용하는 것과 같은 상호적 관심을 진정으로 나눌 수 있는 정서적 성숙을 양편 모두 성취한 수준에 많이 의존한다. 이것은 신체적 연령과는 아무 관련이 없다. 우리는 어느 연령에서도 정서적으로 고착될 수 있기 때문이다. 많은 사람은 친밀하기로 선택한 사람의 정서적 연령에 대한 분별을 거의 지니지 않는다. 정서적 연령은 우리가 삶을 함께 할 때 나타난다. 그리고 그것은 우리 혹은 그들이 작업 상황을 다루는 능력과는 아무 관계가 없다. 작업 상황에서 매우 유능한 사람도 집에서는 정서적 유아같이 행동할 수 있다.

지속적 친밀관계의 관점에서 서로를 알아 가기 위해, 우리는 다음 절의 카테고리들을 마음에 새겨야 할 것이다. 그리고 지금 집에서 배우자와 상호 작용하는 방법이 어느 카테고리에 속하는지 숙고해야 할 것이다.

정서적 발달단계들

정서적 유아기 연령의 성인들은 기본적으로 **자기중심적**이다. 그들은 보살핌을 받기를 기대하고 그들이 원할 때 원하는 것을, 되돌려 주어야한다는 생각도 없이 취하기를 기대한다. 그들은 그들이 필요로 하는 것만 알고, 다른 사람들을 그들의 욕구를 충족시키는 대상들로만 보며 다른 사람들의 욕구를 고려하지 못한다. 그들은 개인적 관계들에서 폭군이 되는 경향이 있다.

정서적 아동기 연령의 성인들은 복종적, 수동적, 회유자적, 유화적 혹은 이면적 반항아가 되는 경향이 있다. 결국 그들은 "무엇을 할지 알려주시오" 로 말하며, 말하지 않아도 그들의 욕구들이 충족되기를 기대한다. 그들은 만약 그들에게 기대되는 행동을 한다면 보살핌을 받게 될 것이라고 생각한다. 그들은 실망될 때, 그들의 느낌들을 가끔 이면적 혹은 우회적 방식들, 이를테면, 거짓말하기, 몰래 움직이기, 조종하기, 얼쩡거리기, 속이기, 비난하기, 빈정대기, 억누르기, 백일몽과 물러나기로 표출시킨다. 그들은 불만에 대해 언어적으로 정직하게 표현하지 않으며, 그들이 원하는 것을 놓고 공개적으로 협의할 수도 없다.

정서적 청소년기 연령의 성인들은 의존성 대 독립성 간 갈등단계에 고착되어 있다. 그들은 자신의 결정권을 주장한다. 그래서 그들의 자세는 "간섭하지 마시오." 이다. 그들은 타인들의 느낌들 혹은 욕구들의 표현을 통제의 시도 그리고 그들에 대한 지배력 행사라고 느끼면서, 타인들을 거부한다. 그들은 타인들과의 만남을 아이로 축소되는 것으로 받아들인다. 그들은 타인들의 고통들, 낙담들 혹은 요구들을 그들을 통제할 의도의 조종들로 보려는 경향이 있으며, 그리고 그들의 배우자가 원하는 바로 그 일을 하지 않음으로써 대항하려 한다. 만약 당신이 "생일에 꽃을 받고 싶어요." 라고 말한다면, 그러한 사람은 당신에게 카드를 보내거나 아무것도 하지 않을 수 있다. 그 또는 그녀는 당신의 요구들이 충족되는 최후의 순간까지 기다리거나 요구들이 비합리적인 이유들을 찾으면서 요구들을 전부 무시할 것이다. 그 또는 그녀는 손상된, 그리고 독립성의 상실이라는 느낌 없이는 당신이 원하는 것을 제공할 수 없을 것이다.

정서적 성숙의 성인 수준에서만 배우자의 생각들, 느낌들 및 욕구들을 나눌 수 있으며, 상호적 관심을 나눌 수 있고, 그리고 우리 자신을 드러내는 것을 책임지는 자신감을 나눌 수 있다. 이 수준에서만 우리는 사랑을 주고받는 사랑하는 관계를 지속시킬 수 있다.

성숙의 성인 수준을 성취하는데 당신 자신은 물론 배우자에 대한 가치와 존엄이 필요하다. 그렇게 하지 않는다면 당신은 요구가 충족되지 않은 것만큼 자신을 말살할 것이며, 거만하게 위압적으로 되어 배우자의 요구들을 무시할지도 모르며, 그것이 배우자에게 무담이 되어 더 많을 확언을 요구할지도 모른다.

당신 자신이 정서적 유아, 아동 혹은 청소년기에 있다면, 어떻게 더 성숙시켜 갈수 있을까? 그것은 스스로 행하든 상담을 받든 "자기" 에 대한 각성과 노력이다. 이 부분에 대해 다음 장에서 더 논의할 것이다.

우리의 자연적 아이

성인이 되는 것은 아이의 특성을 잊어버리는 것을 의미하지 않는다. 우리는 삶의 전 과정에 우리 안에 자연적 아이의 에너지가 살아있도록 유지할 필요가 있다. 확실히 친밀성에 중요한 많은 특성들은 우리가 아동기에 지니기 시작한 것들이다.

호기심	반응성
상상력	새로운 아이디어들에 대한 수용성
유희성	정직성
자발성	학습에의 열성
개방적 마음	정서들의 전 범위를 느끼는 능력
실험과 모험의 의지	사랑하고 사랑 받는 욕구
융통성	
유머	
활동성	

우리의 내적 아이는 에너지의 샘이다. 그것은 우리의 가장 깊은 느낌들, 가장 큰 기쁨들, 세계를 탐색하는 능력의 근원이며 우리가 발견한 것에 의해 흥분된다. 또한 그것은 우리의 가장 큰 제한들의 근원이기도 하다. 우리의 아이는 쉽게 버림받고, 상처 받고, 두려워하고, 압도당하고, 무기력해져 구원받고자 느낀다. 우리는 내적 아이를 쉽게 떠나게 해서도 안 되지만, 성인으로서 현실에 정확한 지각을 지녀야 할 중요한 때 혹은 어떤 사람의 욕구들 및 느낌들을 고려해야 할 때 내적 아이에게 맡겨서도 안 된다.

성인되는 것의 선물들 중의 하나는 우리는 우리의 내적 "아이"를 부모들이 했던 것보다 더 잘 돌보는 힘을 지닌다는 것이다. 성인으로서 우리는 아이로서 우리가 결코 가지지 못했던 힘을 지닌다. 이를테면, 스스로 돈을 벌어서 쓸 수 있는 힘, 선택에 따라 오고 갈 수 있는 힘, 위협받으면 떠날 수 있는 힘, 우리 자신에 대해 표현하는 힘, 믿을만한 사람들에게 도움을 요청하는 힘, 어떤 사람들이 믿을만한지 결정하고 우리 스스로를 돕는 능력을 발달시키는 힘이다.

정서적 성인이 되는 것은 쉽지 않다. 그리고 항상 성인상태로 있을 필요가 없다. 그러나 당신은 현재 있는 "상태"를 의식하여 통제권아래 둘 필요는 있다. 당신은 갈등을 건설적으로 다루는 정서적 성인상태에 있을 필요가 있다. 다른 한편으로 당신이 배우자와 신뢰하고, 즐겁고, 털어놓고, 애정적인 아이상태에 있을 수 있을 때 친밀의 기쁨을 느낀다. 그것은 재미있고 당신의 배터리를 재충전하는 강력한 방법이다. 좋은 관계는 또한 당신의 아이상태가 표출되는 놀랄만한 기회를 만든다. 만약 당신의 자연적 아이가 여의치 않았으나, 성숙을 도모하여, 불평을 털어놓고("애걸하지 않고") 창의적으로 되거나("실제적으로 되거나" "성숙하여") 아니면 방해받고 있다면, 당신과 배우자는 함께 이들을 허용하는 분위기를 만들 수 있을 것이다. 우리 대부분은 행복을 희생시킨 대가로 성숙하는 것으로 생각한다. 우리는 세월의 상실을 슬퍼하고 고통을 끝없이 견딜 수도 있지만, 꼭 그래야만 되는 것은 아니다. 우리는 연령과 상관없이 우리자신을 위해 지금 아이의 행복을 만들어가는 힘을 지니고 있다.

그렇게 하기 위해 우리는 의식적으로든 무의식적으로든 재조사할 필요가 있을지 모르는 낡은 부모의 혹은 권위에 기초한 규칙들, 성적 기쁨과 관련된 혹은 당신 자신을 돌보지 않는 규칙들(항상 예의바른, 결코 간섭하지 않는) 아래 있을 때를 의식할 필요가 있다. 그렇게 하지 않으면, 당신은 결코 타인들의 소리가 들리지 않을 것이다! 당신은 성인 문제해결모드에 있으면서 정보를 처리할 필요가 있을 때를 의식하여야 한다. 심각한 문제들이 가까이 있을 때, 문제들을 건설적으로 그리고 당면 현실을 충분히 의식한 상태로 해결하는 것이 중요한 때, 당신은 정서적 성인상태에 있는 것이 중요하다.

PAIRS 연습: 당신의 내적 아이에게 사랑스런 부모 되기

조용히 앉아서, 심호흡을 몇 번 하고 당신의 신체를 이완시키시오. 어린 시절 당신이 좋아했던 장소에 아이로 있다고 상상하시오. 집 밖일 수도 있고, 당신의 방안일 수도 있고, 어떤 친구 집에 있을 수도 있고 — 그 장소에서 당신은 행복과 즐거움을 느꼈거나, 외로움을 느꼈거나, 혹은 걱정스럽게 있었을 수도 있다. 이제 있는 그대로 어른으로서 당신자신을 보시오. 성인으로서 과거의 당신의 내적 아이에게 접근하여, 당신 아이에게 손을 내밀어 초대하시오. 그 아이가 당신을 이끄는 곳으로 따라 가시오. 아마 당신에게 어떤 것을 보여줄 수도 있고, 어떤 놀이를 하자고 할 수도 있고, 혹은 걷자고 할 수도 있을 것이다. 이것을 행하시오. 그 다음, 당신의 상상 속에서, 당신 과거 아이를 무릎에 앉히고 어떻게 된 일인지 말하게 하시오. 일어났던 사건들에 대한 상처들, 두려움들, 놀란 때들을 말하거든 경청하시오. 당신 아이에게 어머니 혹은 아버지 혹은 형제들(혹은 누구든 그리고 가지지 못했던 사람)로부터 필요했던 것이 무엇이든 말하게 하시오.

그런 다음 당신자신이 당신 아이를 달래도록 하시오. 당신 아이가 알고자 한 것들에 대해 사랑어린 설명을 하시오. 이를테면, 어둠을 겁내는 것은 당연한 것이며, 당신 아이는 있는 그대로 사랑스러우며, 당신 아이는 다른 아이들과 비교하거나 경쟁할 필요가 없으며, 당신은 당신 아이를 안내하고 보호할 것이며 당신 아이가 필요로 하는 것이면 무엇이든 제공할 것이라고 말해주시오. 성인으로서 당신은 당신 아이의 요구들과 느낌들을 깊이 이해하여 그것들에 사랑어린 반응을 할 수 있으며, 설명이 필요한 것에 대해 설명하면서 그 밖에 필요한 것이 무엇인지 찾는데 당신의 자원들을 사용하면서 반응할 수 있다. 당신의 내적 아이가 가슴과 마음속에 품고 있는 것들을 반영할 시간을 가지시오. 그리고 이제 성인으로서 당신이 지닌 지식들, 기술들과 능력들로 반응할 수 있다. 당신 아이가 알 필요가 있는 것과 없는 것, 했어야 될 것과 하지 않았어야 될 것을 반영하고, 그리고 이제 당신 스스로 그것에 반응할 수 있는 방법을 생각하시오. 당신 아이가 들을 필요가 있는 사랑스럽고 부드러운 일들 모두와 들을 필요가 없는 일들 모두를 말해주시오. 그런 다음 당신의 가슴에 안고 부드럽게 작별의 말을 하시오.

이제, 당신의 과거부분에서 아이를 의식하여, 당신 아이가 무엇을 느끼고 있었는지 그리고 당신에게 무엇을 말했는지 일기장에 적어보시오. 당신의 반응들도 적어보시오. 당신자신의 이 부분과 접촉하면서 과거로 되돌아보고, 극히 미미한 힘, 제한된 지식과 많은 욕구들 및 느낌들을 지녔던 가끔 돌아가서 어떻게 느꼈는지 적어보시오. 당신이 원했고 필요로 했던 것과 받지 못했던 것을 기록해보시오. 지금도 당신에게 영향을 미치고 있는 그 당시에 이루어진 결정들을 회상해보시오. 이를테면, "아무도 믿지 말라, 누구의 도움도 받지 말라", "누구에게도 의지하지 말라" 혹은 "나서지 말라" 혹은 "나는 경쟁할 수 없어" 등이다. 이제 당신이 내릴 수 있는 다른 결정들을 생각해보시오. 당신의 감상을 일기장에 적어보시오. 나중에 당신의 배우자와 이 작업이 당신에게 어떤 의미가 있는지, 동시에 당신이 가진 특별한 회상들과 새로운 이해들을 놓고 나누시오. 당신이 학습해 온 모든 것과 이 날 이 시간에 이르기까지 극복해 온 모든 것에 대해 당신 자신에게 감사하시오.

회상들

작고 무력한 아이들로서 우리가 가졌던 경험들과 우리가 행했던 결정들은 아직 현재의 삶에 작용한다. 우리가 살아있는 한 어릴 때 습득된 패턴들을 반복할지도 모른다. 그러나 어떤 연령에서도 통찰은 낡은 결정들을 수정하여 우리를 자유롭게 할 수 있고 똑같은 슬픈 노래를 다시 부르지 않게 한다는 것도 사실이다.

이제, 깊고, 열렬하고, 빛날 수 있는, 당신의 어린 시절에 일어났던 것은 물론 그 이후 친구관계들, 사랑하는 관계들 및 인생경험에서 일어났던 것까지 포함하는 전기적 연습을 하나 더 준비하시오. 다음 연습은 이들에서 어떤 관점을 얻도록 설계된 것이다.

PAIRS 연습: 시간 / 삶의 영역

한 두 시간 당신자신에게 몰두해보시오. 이렇게 한 후 당신을 자극하는 새로운 생각들 및 기억들을 따라가 보시오. 이 PAIRS 연습은 창의적인 사람들의 삶의 전환점을 연구한 심층심리학자 프로고프(Ira Progoff)의 연구에서 채용한 것이다. 다섯 가지 중요한 영역이 있다: 당신의 삶이 나뉘는 결정적 시기들; 각 시기에 일어난 중요한 사건들; 각 시기에 당신에게 중요한 사람들; 이들 사람들과 사건들이 당신에게 미친 정서적 충격; 그 결과로 당신이 한 결정들. 아래 표는 이 작업을 위한 본보기이다.

시기	사건들	사람들	정서적 충격	결정

이것을 위해 잃어버린 것에서 아마도 당신의 삶에서 오래 동안 잊힌 사건들을 재회상하고 다시 연결 짓는 의미 있는 경험의 준비가 되었다. 여러 가지 방식에서 사건들은 당신의 삶의 패턴들을 결정했고 당신 자신의 보이지 않는 각본을 만들었다.

이제 당신 일기장의 새 페이지를 시작하고 제목을 시간/삶 영역이라 붙이시오. 심호흡을 하면서 시작할 준비를 하시오.

우리는 "지금" 순간에 초점을 맞추어 당신의 삶을 그리는 작업을 시작한다. 현재에 의미 있는 요소인 과거의 최 근접 부분부터 시작한다. 이것은 현재로 이동해 온 당신의 가장 최 근접 과거인, 당신 삶의 "지금"인 시기를 형성한다. 각자에게 이 탄력적 "지금"은 다른 내용과 다른 기간을 지닌다. 그것은 사랑하는 관계에 혹은 어떤 사람의 상실에 의해 측정될 수도 있다. 그것은 일, 이동, 환경의 변화에 의해 측정될 수도 있다. 이 현재 순간은 짧을 수도 길 수도 있다. 기간, 내용이 무엇이든, 즐겁든 고통스럽든 이것은 시간 단위이고, 당신이 일기 쓰기를 시작하는 시기이다.

눈을 감고, 편안하게 앉아 조용하게, 내면을 향하여, 당신 삶의 운동을 느껴보도록 하세요. "나의 삶에서 지금은 어디쯤에 있는가?"라고 자문해보세요. 이 현재 시기에 형성되고 있는 것처럼 당신 삶의 운동을 내면적으로 느껴보세요. 삶을 생각하지 말고, 그것을 "느껴보세요." 당신의 최근 경험들의 내적 운동을 판단이나 검열 없이 느껴보세요.

당신 삶의 최근 시기를 느끼다보면, 어떤 그림, 비유 혹은 은유 같은 것이 떠오를 것이다. "그건 산을 오르는 것과 같았어, 혹은 특급열차에 있었던 것 같아, 혹은 태풍의 눈 그 자체였어." 이 시기는 … 와 같았어. 그림 혹은 은유가 당신에게 떠오르면, 일기장에 그대로 기록하세요.

이제 반영해보도록 하세요. 이 시기는 언제 시작하였습니까? 그것이 시작된 특정의 사건이 있습니까? 이 시기의 윤곽을 재구성해 보세요. 무슨 기억들이 떠오릅니까? 관계들, 혹은 일, 혹은 내적 경험을 포함하는 사건들이었습니까? 질병이 있었습니까? 상실이 있었습니까?

최근시기를 기록하면서, 이 시기에 당신의 삶에 영향을 미친 사건들과 사람들을 회상해보세요. 성공했건 실패했건 당신에게 중요하거나 의미 있는 사람은 누구였습니까? 그들을 기록하세요. 이 시기에 당신에게 중요한 사건들은 어떤 것이었습니까? 그것들을 간단하게 기록하세요. 이 시기에 대해 보다 충분히 회상하면, 유의미한 사람들 및 사건들로 인한 정서적 충격, 이 시기에 한 결정들: 삶, 사랑, 믿음, 관계들, 필요, 목표들, 희망들에 대한 결정들이 생각날 것이다. 당신에게 일어난 생각들을 기록하세요.

그리고 이제 이 최근 시기에 당신 삶의 자세를 가지고, 그 이전 시기와 그 시기에 당신에게 의미 있었던 사람들과 사건들과 그들의 정서적 충격 그리고 삶의 경험에 기초하여 내린 결정들, 그 시기에 당신이 학습한 것을 생각하세요. 떠오른 것을 간단하게 기록하세요.

이제 당신 삶의 더 이른 시기들을 회상하여, 당신의 어린 시절의 시간으로 되돌아가서 회상해보세요. 각 시기를 구분지울 만한 특별한 사건들이 무엇입니까? 이동, 혼란, 새로운 활동, 시작 혹은 종결, 어떤 변화, 어떤 상실이 있었습니까? 당신에게 열려진 가능성들은 무엇이었습니까? 그들 자체에 어떤 대안들이 등장하였습니까? 어떤 중요한 결정들이 이루어졌거나, 미해결의 것은 무엇입니까? 무잇을 배웠습니까? 결정들은 어떤 것이었습니까?

특히 당신의 삶의 디딤돌, 당신이 한 결정들과 새 목표들을 설정한 변환기를 살펴보시오. 초기 가족갈등들과 스트레스들, 특별한 사건들과 변화들에 대해 쓰시오. 당신의 가장 어린 시절의 기억들을 쓰시오. 당신의 가장 행복했던 ("절정") 경험들과 가장 불행했던 경험들을 쓰시오. 그리고 학교, 직업, 진로와 관련된 중요한 경험들을 쓰시오. 가족 밖의 성실한 조언자들 및 모델들이 누구였습니까? 당신을 배신한 사람 혹은 당신의 적은 누구였습니까? 그것이 어떤 영향을 미쳤습니까? 당신에 대해 형제들의 영향은 어떤 것이었습니까? 부모 혹은 다른 유의미 타인의 죽음과 같은 상실의 영향은 어떤 것이었습니까? 누가 당신에게 특별히 도움이 되거나 친절하였습니까?

어떤 기억이든 당신에게 일어난 것의 성질을 간단히 기술하시오. 다른 연령들에서는 무엇을 좋아했습니까? 다른 시기들에 대한 느낌 상태는 어떤 것이었습니까? 생활방식과 당신이 "될 것이라고 가정한 것"에 대한 결정들 혹은 분노, 실망, 고통, 공포, 사랑을 처리하는 방식에 대한 결정들은 언제 하였습니까?

다음 질문들에 대한 대답들은 생각해 보아야 할 것이다. 무슨 사건들이 어떤 느낌들을 제한하거나, 감추거나 혹은 폭로시키게 만들었습니까? 무슨 사건들이 신뢰, 지배력, 통제, 애정 및 섹스에 대한 당신의 태도들에 영향을 미쳤습니까? 무슨 사건들이 죄책감, 부끄러움, 혹은 굴욕감을 느끼게 만들었습니까? 자긍심과 환희를 느낀 특별한 순간들은 있었습니까? 언제 행복하였고 언제 불행하였습니까? 언제 안전하였고 언제 불안전하였습니까? 무엇에 대해? 당신이 죽음, 이별, 이주의 결과로 경험한 상실들은 무엇입니까? 애완동물의 죽음, 방화 혹은 화재 또는 홍수로 집을 잃는 것과 같은 다른 상실들이 있었습니까?

당신이 회상하는 각 사건의 간단한 묘사와 그것이 당신에게 미친 영향 — 당신 자신, 타인들 혹은 일반적인 삶에 대한 당신의 느낌들에 어떻게 영향을 미쳤는지 그리고 당신 삶의 방향 혹은 질, 신념들 혹은 가치들에 어떻게 변화시켰는지 쓰시오.

당신 삶의 경로를 조용하게 반영시켜보고, 당신 삶의 과거시간 단위를 해명함으로써 편안하게 느끼도록 하시오. 회상하고 쓰시오.

그리고 이제, 이 순간에, 당신에 대한 감사의 메시지를, 당신이 이룩한 모든 학습에 대해 그리고 오늘과 같은 한 사람이 되도록 극복해온 모든 시험에 대해 감사의 메시지를 만드시오. 당신 자신에게 감사하고, 그리고 당신이 되어왔고 지금 어디에 있는지 알도록 민감하게 된 것에 감사하시오. 당신은 이미 맞지 않은 낡은 것에 새로운 선택을 할 수 있다. 당신은 마음과 가슴과 신체의 자원들을 사용할 수 있으며, 새로운 학습으로 대체할 수 있으며 그리고 새로운 지혜를 얻을 수 있다.

다음 장들에서 우리는 당신의 독특한 자원들을 더 발견하는 사고를 자극하고 통찰이 풍부한 방식들을 소개할 것이다.

당신이 깨닫기 시작하고 있는 것에 대해 일기장에 적는 시간을 잠시 가지시오.

3
특성들의 내적 유형

*   *   *

지금까지 당신에게 하도록 요구해온 모든 일 중에, 이 흔치않은 연습은 아마 퍽 매력적일 것이다. 그건 당신 자신의 복합성에 새로운 관점을 마련하며, 따라서 당신의 배우자에 대한 새로운 이해를 얻는 방법이 될 것이다. 결과적으로, 그건 당신 자신과 배우자가 더 조화하는 것을 찾는 방법을 안내할 것이다. 그건 유머, 기발한 언동, 언어와 새 용어들을 제공할 것이다.

인간의 마음은 선원들이 반란을 일으켜 함장과 항해사를 선실에 감금해버린 배와 매우 흡사하다. 선원 각자는 그가 원하는 대로 배를 조종할 수 있다고 믿는다. 우선, 한 선원과 다음 선원이 조타기를 잡고, 그동안 배는 정해지지 않은 항로로 멋대로 간다. . . 이들 선원은 어떤 목표지점에도 합의할 수 없다. 그리고 만약 그들이 합의할 수 있다고 해도, 그들은 배를 거기에 도착하도록 항해하는 방법을 모른다. 이 사람들의 과제는 반란을 종식시키고 항해사와 선장을 방면하는 것이다. 그래야만 그는 목표지점을 선택하여 거기에 도착하는 직항로를 잡을 수 있을 것이다.

(플라톤의 공화국에서)

당신 자신을 *플라톤*이 우리 모두를 안내하는 것으로 본 배의 선장이라고 상상하시오. 이 배 위에 당신은 한 어릿광대 선원을 두고 있다. 이 선원이 당신 특성의 내적 유형이거나, 아니면 다른 상황들에 나타나는 당신 자신의 다양한 부분이다. 당신의 선원들이 누구인지 아는 것이 중요하다. 왜? 어느 시점에서든, 만약 당신이 피곤하여 낮잠을 자고 싶고 키를 선원 중 한 사람에게 넘긴다면, 당신은 가고자 하는 곳에 도달하지 못할지도 모른다. 당신이 부산으로 향하고 있었는데, 만약 *멍청이 선원*에게 키를 넘겼다면, 인천에 배가 도착해 있을 수도 있을 것이다. 만약 당신이 키를 당신에게 *반항적 선원*에게 넘긴다면, 배가 밀물을 타고가 바위에 좌초될지도 모른다. 만약 당신이 키를 *모험적 탐험가*에게 넘긴다면, 당신의 배는 대마도로 향하고 있을지도 모른다. 배를 통솔하는 당신의 능력은 당신의 다양한 부분들을 알아서 지휘하는 지도성에 좌우된다. 그런 다음 당신은 당신의 항로를 선택할 수 있으며 그 일을 하는데 누가 가장 적임자인지 불러내어 선정할 수 있을 것이다.

이것을 이해하는 다른 방법은 여러 면의 크리스털, 즉 각 면이 다른 상황들에 빛을 잡는 크리스털로 당신 자신을 생각해 보는 것이다. 당신은 사무실에서 *독재자*일 수 있으며, 논쟁에서 *실력자*일 수 있고, 아이들과 있을 때는 신사임당일 수 있으며, 혼자 있을 때는 근심어린 *아이*일 수 있으며, 타이프라이트 앞에서는 소설가나 시인일 수 있으며, 파티에서는 우아한 여주인이고, 침실에서는 섹시한 황진이이며, 기도할 때는 *성 아우구스틴*일 수 있을 것이다.

당신의 주요 부분들을 유명한 사람들의 다루기 쉬운 이름들로 대신해 보는 것도 유용하고 재미있다. 우리 자신의 다른 측면들을 말할 때 *고질라* 혹은 *람보* 혹은 *제임스 본드* 혹은 *마키아벨리*같이 많은 이미지들이 망라된다. 그리고 우리는 나의 신사임당, 나의 이순신, 나의 허준, 나의 황진이 혹은 나의 춘향이 말하는 것으로 한다면 무엇을 의미하는지 쉽게 이해할 것이다. 우리는 본능적으로 우리들 주위의 요구들 혹은 기회들에 대한 반응에서 이들 성격적 버릇들에 따라 한다. 우리의 배우자들은, 가끔 우리의 기분에 아주 민감하여, 우리가 우리의 격분된 *악마*, 오래 고생하는 *천사*, 정신 나간 *교수*, 분리 뇌의 *크라운*, 혹은 불쌍한 *팔쥐*가 작용하는 것을 의식하기 전일지라도 자그만 신호들을 잡을 수 있을 것이다.

우리의 관계들에서 우리의 성격적 부분들 각각의 영향은 보다 심대할 수 있다. 우리가 배우자들에게 나타내는 모든 부분, 기분 혹은 태도는 어떤 반응을 불러일으킨다. 그런 다음 우리는 그들의 반응에 우리의 성격적 부분들 간 예측불허의 반응연쇄를 시작하면서, 반응한다. 만약 우리가 어떤 부분이 어떤 시간에 책임이 있다는 것을 의식하지 못한다면, 그것은 우리가 어떻게 거기에 도달했는지도 모르고 바위 속에 좌초될 수 있을 것이다.

이것의 한 예는 12년간 무미건조한 결혼생활 후 PAIRS에 참여한 돌*갑*과 *갑순*에 의해 마련된다. 그들은 4세, 7세, 그리고 11세의 자녀들을 두었다. 그들은 다음과 같은 상황을 연출하였다.

*갑*돌이 사무실에서 비즈니스 문제들로 지쳐서 귀가했을 때, 그가 원한 것은 사랑받고 양육 받고, 잠시라도 일을 잊는 것이었다. 문을 열면서 들어오는 *갑*돌의 부분은 차고 적대적 세계에서 겁먹은 작은 아이 같이 보였다. *갑순*은 *갑*돌의 부분을, 그의 신체언어, 그의 표정을 확인하자말자, 그녀의 팔쥐 버튼이 눌러졌다. *갑*돌이 걱정하기 때문에 하늘이 무너지는 것 같고, *갑순*은 더욱 걱정스러워졌다. 이런 일이 일어날 때, *갑*돌(그가 원했던 것과 반대의 것을 취한)은 끊임없이 화가 나게 되고 그의 고립된 수도사 부분은 물러나고, 이는 *갑순* 더욱 미치게 만든다. 전형적으로 며칠 혹은 몇 주가 지나야 그들은 기존 균형을 회복하였다.

PAIRS연습에서, 그들은 그들의 부분들은 물론 이런 일이 언제 어떻게 일어났는지 및 부분들 각자가 무엇을 느꼈는지 다이어그램을 통해 규명할 수 있게 되었다. 그들은 부분들에 명칭을 붙임으로서(나는 이장의 말미에 당신이 명칭을 붙이도록 요청할 것이다), 상호작용 패턴들을 볼 수 있게 되었으며 악순환을 끊는 방법도 찾을 수 있게 되었다.

엄격한 양육적인 어머니 부분을 지닌 *갑순*은 만약 그녀가 남편이 집에 왔을 때 이 모드를 변화시켰다면, *갑돌*은 그의 에너지를 재충전하고 관심과 안온함에 대한 그녀의 요구를 들어주었을 것이라는 것을 깨달았다. 그녀는 기어의 변환을 신중하게 선택할 수 있게 되었다. 이 간단한 연습은 그들에게 고통스런 고질적 문제를 해결하는 전략을 제공하였다. 그것은 또한 그들에게 규명할 수 없는 것을 규명하도록 그리고 혼란만 초래하는 문제들을 협의하도록 하는 언어를 제공하였다.

놀랍게도 쉬우면서 발견의 기쁨까지 가지고, 우리는 상황이 바뀔 때마다 활성화되는 우리 자신의 부분들을 규명하는 일을 시작할 수 있다. 어떤 부분들은 갈등 속에 있을 것이다. 우리들 중 얼마나 많은 사람들이 어떤 사람에게 화가 나서 소리를 지르고 있는 자신들을 발견하고는, 그것들이 너무 상처가 되어 우리의 어떤 부분은 그들에게 실제로 말하고 있는 것을 믿을 수 없다는 듯이 말하고 있는가? 우리 중 얼마나 많은 사람이 우리의 일상을 침범하는 환상들로 이념이 없는 악마들을 지니는가? 우리 중 얼마나 많은 사람이 우리에게 일상을 차분하게 유지하는 *만능의 천사*를 지니는가?

어떤 부분은 좀처럼 드러나지 않는다. 이들 잠긴 부분들은 그림자 속에 감추어져 있으면서, 가끔 관계에 문제를 일으킨다. 그것들을 그런 상태로 유지하는데 많은 에너지가 소모된다. 결과적으로 감추어진 혹은 묶여진 부분들은 어쨌든 튀어나오는 경향이 있으며, 마치 "내 차례는 언제야?" 라고 말하는 것 같다. 당신의 어떤 부분이 억압되어 왔을 때 마침내 주장하는 것은, "이때야! 이제 내 차례를 원해" 라고 말하면서 실행하는 기회를 잡는 것이다. 그것은 모든 일과 모든 사람을 옆으로 밀어붙일 정도로 강하나 당신은 진행되고 있는 것을 의식하지 못할 수도 있다. 이것은 작가 *게일 쉬히*(Gail Sheehy)에 의해 그녀의 획기적 작품 **변천**(Passages)에 묘사된, 사람들은 다급할 때, 쇼크나 혼란에 의해 그들의 생활을 변화시키는 현상 같은 것이다. 그것은 마치 그들의 이전에 억압된 부분들이 "나는 이제 내 차례를 원해!" 라고 말하는 것과 같다.

순자가 그녀의 성공한 남편, 짐을 떠났을 때, 다섯 자녀들은 원룸에 살고, 학위를 마치고, 그리고 교사로서 직업생활을 수행하는 참인데, 아무도 그녀가 어떻게 그렇게 실행하는지 이해하지 못했다. 그녀의 변은 다음과 같다. "나는 17세에 결혼했다. 나는 *순철*을 제외하고 누구하고도 데이트하지 않았다. 우리가 만났을 때는 내가 12세였고, *순철*은 14세였다. 나는 한 딸로, *순철*의 아내로, 자녀들의 어머니로 밖에 결코 다른 삶을 알지 못했다. 삶은 그보다 더 많은 것이 있는 것 같다. 나는 그런 방식으로 더 이상 살지 않겠다."

*순자*의 살지 않았던 부분들은 *순자*가 그것들을 경험하고, 그녀 자신의 이익과 새로운 관계들을 수행하기를 기다리면서, 묶여 있었던 것이다. 그 부분들은 절박하게 되어 그녀의 전체 삶을 뒤바꾸어 놓은 것이다.

다음의 예도 극적인데, 즐거운 25회 결혼기념일에, 진수는 조용하게 아내에게 그녀를 떠나겠다고 말했다. 그는 더 늙기 전에 다른 여인과 다른 성적 관계를 경험할 기회를 갖기를 원했다. 그들의 관계는 그가 익숙한 오직 한 가지뿐이었다. 그는 책임감 있는 남편, 아버지, 제공자였다. 이제 그는 다른 곳에서 자유롭게 성적 경험을 탐색하기를 원했다. 그의 *돈 주앙*(Don Juan)과 *워렌 비티*(Warren Beatty) 부분들이 "나는 이제 내 차례를 원해" 라고 말한다. 진숙은 충격을 받았다. 그녀는 그에게 이런 측면이 있다는 것을 꿈도 꾸지 않았다. 그녀는 그가 만족하고 있는 것으로 생각했었다. 그는 열성적인 정원사, 적극적인 재주꾼, 주의력 깊은 아버지 그리고 남편이었다.

PAIRS연습에서, 우리는 감추어진 부분들의 지배력을 설명한 **억압한 부분들** 연습(Virginia Satir에 의해 발달된) 실시하였다. 우리는 참가자들이 그들이 좋게 느끼는 부분들과 좋지 않게 느끼는 부분들을 확인해 보도록 하였다. 그런 다음 요소들을 네발을 꿇고 억압된 것과 실제로 다른 것들에 의지하여 앉아있는 것으로, 각자가 어떤 부분을 대표하도록 분류하였다. 억압된 부분들이 활성화될 때(그들이 항상 그런 것처럼), 그들은 전체 배열을 뒤집는다. 그들이 일어서 그들 역시 원하며 필요한 것을 말할 수 있을 때만 그룹 내에서 조정과 조화의 기회가 있는 것이다.

우리의 부분들은 상호 연결되어 있으며 자동적이다. 그들은 다른 때에는 통제를 다투고, 서로 상호작용하고, 동맹을 맺고 어떤 때에는 서로 전쟁에 돌입할 수 있다. 우리의 많은 부분들은 그들의 발달에 우리의 초기 가족생활이 영향을 미쳤다. 얼마나 자주 우리 머릿속에 엄마 혹은 **아빠**의 목소리가 들리는지 — 그리고 얼마나 자주 **엄마** 혹은 **아빠**와 반대하는 혹은 전쟁하는 우리의 다른 측면들을 지니는지, 우리의 발달사에는 반대자로서 발달시킨 자아들이 있다.

여기 *순철*과 *숙희*의 사례가 있다. 그들은 오랜 연애기간을 거친 후 결혼하기로 결정했을 때, 그들의 관계에 특이한 변화를 경험하였다. 갑자기 *숙희*가 *순철*에게 요청한 모든 것이 흥미가 없거나 섭섭하기까지 하였으며, 주말에 영화나 드라이브를 함께하는 시간까지 꺼려졌다. 결국 그들은 그들의 관여에 대해 두 사람 모두 의문을 제기하게 되었다. 그러나 그들은 이전에 서로에게 발견했던 즐거움들을 기억한 터라, 그들은 **PAIRS연습**을 받아보기로 하였다.

연습에서, *순철*은 홀어머니의 외아들로서 그는 어머니의 요구들에 의해 통제되었으며 그녀가 원했던 대로 하지 않았을 때마다 죄책감을 느꼈다는 것을 깨달았다. 그는 그 자신을 위한 일을 할 때마다, 열심히 일할 때를 제외하고 죄책감을 느꼈다. 그는 과도하게 장시간 일했다. 그는 나아가 그 자신이 결혼을 진행하면서 그의 한 부분은 그가 어머니의 요구들에 의해 통제되듯이 숙희의 요구들에 의해 통제될 것이란 점을 예상하였다. 그는 그의 **반항자**를 불러와 *숙희*가 원한 것에 저항함으로써 반항하였다. 그는 그녀를 피하기 시작했던 것이다. 그녀는 이것을 사랑이 식은 것으로 경험하였으며, 거절당하는 것을 느꼈으며 그녀 안에서 갈등하는 자신을 발견하였다. 그녀는 애처로이 매달리지 않고 맞섰으며, **비난자** 혹은 **독립적인 여성 부분**을 불러내어, 즉 누구도 필요로 하지 않는 부분을 불러내어 관계를 끝내기로 하였을 것이다.

*순철*이 그의 **탐정** 부분을 불러냈을 때, 그는 그의 발달사(그의 숨겨진 기대들, 그의 권태와 무감동적 결정들)가 그가 *숙희*에게 느꼈던 사랑을 어떻게 파괴하고 있었는지 깨닫게 되었다. 어린 시절에 발달시켰던 그 자신의 부분들을 규명하자, 그는 그의 어머니와 *숙희* 간의 차이를 스스로 발견할 수 있었다. 그들은 매우 달랐다. 그는 *숙희*와의 관계에서 기쁨을 발견하였던 **로멘틱 구애자**를 회복할 수 있게 되었다. 그리고 *숙희*는 **클레오파트라**를 회복할 수 있게

되었다.

분노와 공포의 부분들은 사람들이 가끔 유지하고 감추고자 노력하는 측면들로, 그들은 미성숙 혹은 어린아이처럼 보일까봐 걱정한다. 가끔 분노 부분들은 부정되고 감추어져 있으나, 그 후 새어나와 그가 만나는 모든 여성을 유혹하려고 하는 **돈 주앙**같이, 가족을 버리고 알라스카를 향해 혼자 떠나는 꿈을 비밀리에 꾸는 **월터 미티**같이, 그 앞에 끼어드는 모든 운전자에게 화를 내고 종업원이나 여종업원을 어떤 핑계를 찾아서라도 모욕을 주는 **람보**같이, 끊이지 않는 병으로 우울과 실망을 피하는 **카밀레**같이 된다.

우리는 이들 부분들을 어쨌든 우리에게 위험하다고 믿기 때문에 억압하거나 무시한다. 우리는 통제를 잃을까봐, 우리 스스로를 당혹하게 할까봐, 난폭하게 될까봐 두려워한다. 우리는 알라스카를 향해 실제로 떠나서 사랑하는 가족에게 결코 돌아오지 않기를 원할까봐 겁낸다. 성적 환상들을 실제로 실행할까봐 겁낸다. 우리는 우리를 파괴할 이들 부분들을 확인하게 될까봐 겁낸다.

버지니아 세티어(Virginia Satir)는 들개들을 우리에 가두고 있는 한 남성 이야기를 한다. 그는 그들에게 먹이를 거의 주지 않고 우리를 지나칠 때마다 그들에게 욕을 하였다. 어느 날 개들이 우리에서 풀려나자 그에게 달려들어 먹어치웠다. 다른 남성은 개들을 우리에 가두고, 그들에게 말을 걸고, 먹이고, 잘 돌보았다. 어느 날 개들이 우리에서 풀려났다. 그들은 주위를 맴돌았으나, 그를(혹은 어느 누구도) 먹지 않았다.

PAIRS 연습: 당신의 내적 특성들의 유형에 이름 붙이기

나는 당신을 당신 자신의 내적 특성들의 유형을 의식하게 되고 이름들을 선택하도록 초대하고자 한다. 이 작업은 재미있으며 일상생활에서 나타나는 당신 자신의 다른 측면들을 보는 강력한 방식이다. 당신은 아마 즉시 6-7개를 생각해 낼 수 있을 것이다. 다음과 같은 여러 상황에서 어떻게 행동하는지 생각해보시오: 놀 때, 일할 때, 스트레스 받을 때, 쉴 때, 당신이 자신감을 느낄 때, 당신이 사랑과 성욕을 느낄 때, 당신이 패자인 것을 확인하였을 때, 당신이 당혹감을 느꼈을 때, 당신이 화가 날 때. 특징적 태도에 초점을 맞추어 그것들에 이름을 "좋은 아내는 결코 남편에게 소리 지르지 않아" 혹은 "비 올 날을 대비해 아껴라" 같이 붙인다. 만약 특정의 태도가 어떤 사람으로부터 학습된 것이라면, 그 사람의 이름을 사용할 수 있을 것이다. 예를 들면, 갑돌은 그가 행한 어떤 일에 대해서도 충분치 않을 것이라고 말하는 끊임없는 비판자로 행동하는 부분을 지녔다. 그가 목소리를 탐색해 보았을 때, 그의 아버지가 그의 모든 움직임에 대해 비판적이었으며 그가 성취한 어떤 행동에 대해서도 칭찬을 하지 않았다는 것을 깨달았다. 그는 그 부분을 *빅 갑돌이*라고 이름을 붙였다.

여러 날의 이 과정이 끝나고, 당신은 일상사에 대해 코멘트 하는 다양한 내적 목소리에 귀 기울임으로써 더 많은 부분들을 추가한다. 다른 계절들, 휴일들 및 가족 친목회들이 커다란 "부분들 촉발자"가 될 수 있다. 어떤 PAIRS 동료들은 그들의 각성 수준이 높아지고 그들이 변화함에 따라 그것들을 조정하여 여러 해를 두고 목록을 추가한다.

이 연습은 기발한 행동 감, 장난 끼, 과장까지 하면서 하시오. 이 연습에 대한 가장 보편적인 PAIRS 반응들은 우리가 부분들에 부여한 타이틀들의 종종 코믹한 성향에 흥겨운 감사를 표시하는 것이다. 그것들이 얼마나 서로를 강화하거나 자극하며 우리들 관계들에 영향을 미치며, 그리고 우리가 감추거나 가면을 쓴 부분들의 상당

량이 드러나고, 이해되고, 그리고 수용될 수 있다는 것을 깨닫는데서 오는 자유 감에 대한 발견의 흥분 같은 것이 있기 때문이다.

다음은 특성 이름들과 기술적 형용사들의 기초적 목록이다. 어떤 이름들이 당신의 내적 특성 유형에 맞는가? 당신에게 맞는 의미가 있는 다른 것을 추가하고 더 정확하게 맞도록 목록상의 이름을 바꾸시오. 당신의 목록은 당신에 대한 개인적 의미를 가진 잘 알려진 사람들, 배우들 혹은 여성 배우들(생존자 혹은 죽은 자), 역사적 혹은 문학적 인물들, 코믹 배우들, 정치적 인물들을 포함할 수 있다. 다음 형용사들이 있는 목록을 참고하여 차트에 그것들이 얼마나 자주 나타나는지 그것들에 대해 어떻게 느끼는지 표시해 보시오.

심청이	효성을 위해 어떤 대가도 지불하며, 불손한 대접도 받아들이며, 기쁘게 하려고 노력하는
어드벤처	모험 취하기, 새로운 일 시도를 즐긴다. 탐험가
슈바이처 박사	"삶에 대한 경의", 철학자, 과학자, 치료가
이기붕	보복적, 권력에 굶주린 불평꾼, 억압자
콜럼버스	탐험가, 끈기 있는, 단호한
천사	파도를 일으키지 않고, 선에 대한 확신
바보 온달	유치한, 눈치 없는 시골뜨기
떠버리	텅 빈, 피상적인
비관론자	당신의 꿈과 성취를 수포로 돌림, 새로운 일 시도하지 못하도록 낙담시키기
아줌마	주부, 빈둥거리는 사람, 요리하기
이 태영	여성주의자, 야망, 노력하기, 지도자
김삿갓	재치 있는, 재미있는, 선량한, 실천가
비난 자	비판적, 흠 들추는 자, 풍자적, 고발하는, 판단하는

보이 스카우트	모범적 행동하기, 도움 주는
막내 아이	트집 잡는, 불평하는, 항상 자기고집만 부리는
버트 레이놀즈	모험하기, 깡패성향, 섹시한
불도그	고집 센, 완고한, 단호한, 참을성 있는
호스피스	도움 주는, 양육적인
찰리 채플린	재미있는, 유희적인
쇼팽	고뇌하는, 상처받기 쉬운, 곰곰이 생각하는, 로맨틱한, 천재적인
방자	모든 것에 호기심, 소란한
반다이크	자애로운, 매력적인, 유머러스한
산만 자	부적절한, 주제를 바꿈, 문제를 피함
지킬 박사	이중인격, 악마, 위험한
돈 주앙	유혹자, "세계적으로 위대한 구애가", 헛된, 계집질
몽상가	상상력 있는, 새로운 방식으로 사물을 보도록 돕기
루스벨트	인도주의자, 지도자, 조직 전문가, 양육적인
김소월	시인, 로맨틱한 구애 자
팬	당신을 믿음, 당신을 북돋움, 당신을 칭찬함
공자	완벽주의자
나이팅게일	보살핌, 치료함, 양육함, 봉사
간디	자기희생적인, 정의를 위해 평화적으로 싸움함
배 삼룡	쇼맨, 주의 끌기 및 웃기기
브라우닝	낭만적 시인, 작자
그루미 거스	부정적, 우울한
고질라	화내기, 주체할 수 없는 분노, 협박하는
햄릿	피 흘리는, 비극적인, 희생, 우울한
맥가이버	모든 것을 고치다, 땜장이, 솜씨 좋은

내추럴 차일드	유희적인, 상상력 있는, 자발적인
헤라클레스	강한, 독립적인, 무엇이든 할 수 있음
히어로	구출 자, 강한, 힘이 넘침
대원군	통제하는, 엄격한, 완력적인, 폐쇄적인
이멜다 마르코스	물질적인, 욕심 많은
제인 폰다	날씬한 몸매, 건강과 외모 중시
지저스	구조 자, 치료하는, 신비한, 사랑하는
저지	판단적인, 비판적인, 엄격한, 완벽주의자
황희 정승	통찰력 풍부한 유머와 지혜
맥베스 부인	복수심 있는, 통제적인, 질투하는
레오날드 다빈치	창의적 천재, 발명가
어린 왕자	버릇없는, 위엄
로드 바이런	낭만적 시인
로스트 차일드	상처받은, 부상당한, 도움이 없는
마키아벨리	교활한, 기민한, 공모하는, 전략가, 조종자
마담 버트프라이	천진난만한, 순진한, 믿음이 가는, 비극적인
마담 라파지	감정이 극에 달한, 응보의, 원한 품은, 인정 없는
마리 큐리	과학자, 진리 추구자, 완벽주의자
마르린 몬로	매력적인, 섹시한, 호리는
마티나 나브틀로바	승리자, 운동선수, 경쟁적인, 넘버 원
마티어	희생자, 고통을 참는
남숙 타일러 무어	긍정적인, 쾌활한, 낙관적인
마스코트	재미있는, 긍정적인, 낙관적인, 쾌활한
미켈란젤로	예술적인, 창의적인
마더 핸	까다로운, 시끄러운 사람
마더 태래서	돌봄, 동료애, 친절한, 도움 주는

칼 로저스	부드러운, 나누는
향단	활기 넘치는 하녀
뭇소리니	거만한, 젠체하는 태도, 파시스트, 독재자
나나	호색적인 방종, 촌티 나는, 섹시한
나폴레옹	권력추구, 독재자
나르시스	신경질적인, 자기중심적인
나타리 우드	열성적인, 타고난, 젊은, 순수한, 사랑스런
옵티미스트	긍정적으로 생각하는, 수렁에 빠지는 것을 피하는
판도라	문제 만드는 사람, 도전적인
페시미스트	어두운 목소리, 최악을 예상하는
피터 펜	영원히 젊은, 자유로운 영혼
악마	사악한, 죽음을 가져오는
퀸	전제적인, 계산적인, 국왕다운
록펠러	재력 있는, 통제적인, 강력한
리차드 로저스	음악가, 작곡가
산타크루스	애정 어린, 관대한
스크루지	욕심 많은, 구두쇠, 모진, 냉소적인
싯다르타	마음을 추구하는 자
프로이드	통찰력 있는, 분석적인, 사려 깊은, 현명한
솔로몬	현명한, 명상가, 문제해결사, 제왕의
스포일러	기쁨 추구하는 사람, 재미를 최우선으로 하는
슈퍼맨(우먼)	모든 것을 할 수 있는, 기적을 만드는 사람, 구출 자, 모험가
탱크 맥나마라	세련되지 않은, 발음이 분명하지 않는
타잔	원시적인, 인간적인, 모험적인
토마스 에디슨	발명적인, 창의적인, 호기심 많은

토리우	명상에 잠기는 사람, 천연 연인, 철학자, 신비가
월트 미티	몽상가, 환상에 사는
위즈 키드	총명한, 혁신적인, 부러움을 사는
윗치	빈정거리는, 트집 잡는, 화내는, 냉담한
워커홀릭	일만 하는, 재미없는,
제우스	전능한, 경고와 번개로 다스리는

나의 특성의 내적 유형

기술적 형용사들	특성의 이름	나타나는 시기	선호(좋아함 혹은 싫어함)

당신은 누구입니까?

많은 부부들이 그들의 내적 특성들의 유형을 끌어올리면서 함께 작업하는 것이 도움 되고 흥미로운 것을 발견한다. 만약 당신이 배우자와 함께 작업하고 있다면, 당신은 이 연습을 서로 마주 앉아서 종이와 펜을 가지고 감정을 개입시키지 않고 냉정한 태도로 "당신은 누구입니까?" 라고 반복적으로 질문하고, 각자의 반응을 쓰는 게임으로 전환할 수 있을 것이다.

질문 받을 때마다, 당신 자신을 다음과 같이 기술하는 방식으로 생각하시오.

당신은 누구입니까?	나는 열심히 일하는 사람입니다.
당신은 누구입니까?	나는 돌보는 사람입니다.
당신은 누구입니까?	나는 쾌활한 사람입니다.
당신은 누구입니까?	나는 선하고 성실한 친구입니다.
당신은 누구입니까?	나는 외로운 사람입니다.
당신은 누구입니까?	나는 시인입니다.
당신은 누구입니까?	나는 소박합니다.
당신은 누구입니까?	나는 능력 있는 사람입니다.

만약 당신 혼자 작업하고 있다면, 당신 자신에 자문하고 대답을 쓴다. 만약 배우자와 함께 있다면, 배우자가 하나씩 쓴다. 마지막에 당신이 원한다면, 배우자가 초대하여 서로 빠진 부분을 생각해서 구체적 특징들을 추가할 수 있을 것이다. 그것들을 목록에 추가하시오.

이제 각 형용사들 세트에 대해 당신의 부분을 대표할 수 있는 특성을 선택하시오. 가능한 한 정직하게 반응하도록 하시오.

날을 거듭하면서, 당신의 목록에 다른 형용사 혹은 특성 이름들을 추가하시오. 그것들에 대해 평가적으로 되지 않도록 하시오. 당신 부분들의 어떤 것은 부정적 의미를 지닐 수 있다. 당신의 모든 부분은 그 중심에 근본적으로 선한 욕구 혹은 소망을 지닌다는 것을 아는 것이 중요하다. 우리 모두는 사랑받고, 보살핌을 받고, 보호받고 인정받고, 생존하고 성장하려는 욕구에서 출발한다.

당신의 일기장에 당신이 깨닫기 시작한 것을 적는 시간을 가지시오.

4
책임 맡기: 유형 배열하기

* * *

이제 당신의 내적 유형을 규명하였으며 그것들에 이름도 부여하였다. 우리는 잘 기능하고 있는 것은 어느 것인지, 갈등하는 것은 어느 것인지, 사보타지 하는 것은 어느 것이며 특별한 때에 사용할 수 있는 것은 어느 것인지 조사하고자 한다. 이 연습의 포인트는 당신의 부분들을 조정하는 **선장**으로서 당신에게 **능력을 주는** 것이다.

당신의 부분들을 수용하는 것은 부정적인 부분들을 부정적 방식으로 사용하는 것을 의미하는 것이 아니라 우리 안에 그것들의 존재를 받아들이는 것을 의미한다. 우리는 어떤 부분을 감추거나 부정적 판단을 부과함으로써 그것이 우리에게 유용하게 되는 것을 막고 있는 것이다.

직접적으로 그것 자체를 표현할 수 없는 부분들은 엄격하거나 왜곡된 방식으로 표현되는 경향이 있다. 예를 들어, 만약 질투나 부러움을 인정하지 않는다면, 우리는 화를 내고 철회하거나 반대하게 될지 모르며, 그 문제를 해결하지도 않을 것이다. 만약 우리가 우리의 부분들이 지니는 이면적 욕구들(안전에 대한 욕구 혹은 성취하려는 욕구 같은)에 호의적으로 될 수 있다면, 우리는 우리 안에 상당한 새로운 자원을 발견할 수 있을 것이다. 당신이 질투, 복수심, 괴로움, 비열함, 조종과 속임 같은 측면들을 표현하는 우리의 부분들을 한번 받아들이면, 그것들은 당신을 습격하지 않을 것이며 일들을 잘못되게 만들지 않을 것이다. 당신은 당신의 부분들을 조사할 수 있는 지점까지 가기를 원하며, 부분에게 말하기를 "나는 당신을 소유하고, 그리고 이것이 다음번에 내가 당신에게 행동하기를 원하는 방식이다."

책임지기는 사건들을 분별하는 것을 의미한다. 당신의 부분들에게 이야기하고 부분들 서로 이야기하게 하시오. 당신의 부분들이 그들이 지니는 욕구들에 대해 무엇을 말하고 있습니까?

당신의 목록을 보시오. 어느 부분들을 "동맹자" 목소리로 어느 부분들을 "적대자" 목소리로 봅니까? 어느 부분들이 우선권을 가집니까? 목소리는 차례로 냅니까? 아니면 혼란이 있습니까? 민주적 과정을 취합니까? 아니면 모두를 통제하는 독재자가 있습니까? 어느 것이 묶여 있습니까? 어느 것이 걱정의 근원입니까? 어느 부분들이 가장 믿을만합니까? 어느 것이 가장 큰 놀라움을 일으킵니까? 어느 것이 가장 큰 문제입니까? 어느 것을 발달시키고 싶습니까?

사람들과 같이, 그것들은 끼리끼리 작용하는 경향이 있으며, 특정의 상황들에서는 서로 팀을 이루는 경향이 있다. 우리가 한번 누가 거기에 있는지 확인할 수 있으면, 그들을 가장 잘 조화시킬 수 있는 방법을 선택하게 된다.

갑수는 그의 아내와 헤어지기로 한 다음 아내와 함께 PAIRS에 참석했다. 그의 두 번째 결혼이었다. 각자 더 좋은 관계를 희망하였음에도 그들은 막다른 골목에 와 있었다. 갑수는 그의 부분들을 규명하여 기술하도록 요청받았다. 그는 엄격하고, 비판적이고, 비관적인 부분들을 지녔다는 것을 알게 되었다. 그가 규명한 부분들을

다음과 같다:

대원군	독재적인, 가학적인, 무례한
저지	판단적인, 비판적인, 독재적인
스팅	혼란된, 지휘자
월터 미티	몽상가, 상상력이 풍부한
고아	빼앗긴, 벼려진, 사랑받지 못한
프로이드	사려 깊은, 통찰력이 풍부한
믹 제거	과시주의자
로버트 영	사랑스런 아버지
쇼팽	고뇌의, 상처받기 쉬운
조니 카슨	사회적으로 매력 있는
마담 라파지	감정이 극에 달한, 응보의, 원한 품은, 인정 없는
나타리 우드	열심인, 순진한, 천진한

PAIRS에서, 우리는 부분들 각각을 한 사람씩 맡아 연기하도록 연습 동료들을 초대하여 마치 그들이 파티에서 만나 자연스럽게 그룹지어 지도록 하였다. 이 연습을 발달시킨 버지니아 세티어(Virginia Satir)는 그것을 **부분들 파티**(Parts Party)라고 불렀다.

연습 동료들이 갑수의 부분들을 연기하자, 강력하고 부정적 부분들은 동맹하여 *갑수*의 더 부드럽고, 더 친절하고, 더 가난하고, 더 사랑하고, 더 창의적인 부분들에 비해 우선적 자리를 차지하였다. 부분들 스스로 줄로 배열되어, *대원군*, *저지*, 그리고 *마담 라파지*는 앞줄에 강력하게 자리 잡고, *스팅*과 *믹 제거*는 바로 옆줄에 자리 잡았다. 그들 뒷줄에 *조니 카슨*, *프로이드* 그리고 *로버트 영*, 그리고 뒷줄 멀리 몽상가 *월터 미티*, 통절한 *고아*, 고뇌의 *쇼팽*, 열망하는 천진한 *나타리 우드*가 자리 잡았다.

갑수가 그의 결혼생활에서 지녔던 문제들을 찾는 것은 어렵지 않았다. 연습에 참여했던 그의 아내는 이들 그룹 지움에서 그녀의 *갑수와의* 관계에서 실제로 경험했던 것을 보면서 수긍의 고개를 끄덕였다.

그 다음에 우리는 갑수에게 그의 부분들을 그가 좋아하는 다른 순서로 배열하도록 요청하였다. 그는 *대원군, 저지* 그리고 *마담 라파지*의 강력한 동맹을 필요할 때 보호막으로 부를 수 있을 만큼의 뒷줄로 보냈다. 그리고 사랑스럽고, 매력적이며, 가난한, 상처받기 쉬운 부분들을 앞줄에 배열하였다.

그가 부분들을 배열하자, *대원군*이 뒷줄을 나와 마치 지휘권을 잡을 것처럼 그룹의 정면으로 나섰다. 이 시점에서 *갑수*는 그의 *대원군*을 억누르려고 노력했음에도 불구하고, 거만한 지배자가 항상 정면에서 똑바로 긴장해 서는 것처럼 보이는 것을 확인하고는 웃었다.

그의 부분들 파티 말미에, 나는 그를 끌어안기 위해 다가갔고 딱딱하고, 경계하는, 거리감 있는 낯선 사람을 끌어안고 있다는 것을 발견했다. 나는 "나는 *고아*를 끌어안고 싶다" 고 말했다. 그 즉시, 나는 *갑수가* 이완되고 따뜻하게 나를 끌어안는 것을 느꼈다. 그는 그의 부분들을 전환시킬 수 있었다. 파티에서 취한 모든 행동계열은 깨달음과 의식적인 선택을 하기 위한 의지의 표현이었다.

가끔 우리는 보다 충분히 발달시키는데 유용한 성격의 태아적인 부분들을 발견한다. **심리학자 이라 프로고프**(Ira Progoff)는 "성장의 씨앗모델" (seed model of growth)로 부르는데, 이 개념은 우리 각자는 발달시킬 수 있는 능력들의 전 영역을 지니나, 그들 중 어떤 것은 묘목단계에 머물러 있다고 설명한다. 저자(Lori. H.

Gordon)는 자신의 부분들 목록을 알아보았는데, 그것들은 다음과 같다:

브라우닝	낭만적 시인, 작자
리차드 로저스	음악가, 작곡가
마더 허브버드	양육적인, 헌신적인 어머니
나타리 우드	신뢰하는, 사랑스런, 순진한
시몬 드 보바르	철학자, 작가, 여성주의자
슈바이처	인도주의자, 선천적 박애주의자, 과학자, 신비주의자
블독	완고한, 보수적인, 열심히 일하는, 참을성 있는
카밀레	피로한, 아픈

"나는 많은 보살핌, 창의적 및 열심히 일하는 측면들을 지녔다는 것을 발견했다. 나는 근심이 없거나, 재미를 보거나, 논쟁을 중단시키거나, 악의를 떨쳐버리는 부분을 지니지 않았다. 내 존재의 깊숙한 틈에는 화나는 일들을 오래 기억하는 것 같기도 하다."

이런 점을 깨닫자, 낙천적인 "될 되로 되라" 의 부분을 내가 인생을 더 즐기고 악의를 벗어나도록 구체적으로 발달시킬 수 있게 되었다. 낙천가는 스트레스를 완화시키고 균형감을 유지하는데, 특히 자신 아니면 다른 사람들의 문제들 속을 헤맬 때 커다란 도움이 되었다. 문제가 매우 심각하거나, 해결하는 것이 좋은 것이라면, *슈바이처*나 *시몬* 측면들을 부를 수 있다. 그러나 *시몬*이 한번 죽음으로 분석하였거나 혹은 *블독*이 잔인하게 추적한 사건들이, 지금 그렇게 중요한 것이 아니란 생각을 한다. 나는 더 웃을 수 있고, 주제를 바꿀 수 있고, 휴가도 가질 수 있다 — 항상 열심히 일하지도 않고 그렇게 심각하지도 않다. 이것은 그 안에 커다란 *도깨비*를 가지고 놀 수 있고 편안할 수 있는 *모리스*와 그것을 나눌 수 있기 때문에 특히 놀라운 일이다. 이것은 나아가 *골디* 부분이 나와서 놀 수 있도록 격려한다.

재미를 즐기거나 편안하게 일을 처리하는 부분들을 발달시키도록 학습하지 않는 것은 위험하기까지 하다. 그것은 지나치게 심각하거나 파괴적이기까지 한 부분들이 일들을 처리하게 방치하여, 결과적으로 일들을 망치도록 이끌어 가는 것이다. 이런 이야기는 알(Al)로부터 얻은 것인데, 그는 40대 후반에 우울증에 빠져, 나에게 와서 어떤 관계도 그에게 들어먹지 않고 있다고 말했다. 그는 다음과 같이 진술하였다: "어떤 한 관계가 원만하지 않게 되었을 때, 나는 내가 *엑스 맨*(Axe Man)이라 부르는 나의 부분을 가져 왔다. 그는 베어 넘기고, 파괴하고 그 관계와 관련된 모든 것을 제거한다. 그러면 *히트 맨*(Hit Man)이 나타난다. 그는 *엑스 맨*에게 말하기를, '베어 넘기는 것을 중단하시오 파괴를 중단하시오 당신은 전에는 [관계]없이 살았다. 당신은 다시 관계할 수 있다. 중단하시오!' 그리고 *엑스 맨*은 베어 넘기기를 중단한다. 그런 다음 나는 *콘크리트 맨*을 부른다. 그리고 그는 전체에 콘크리트를 쏟아 붓는다."

이 시점에서, 생생한 이미지로 흥미로워져서, 나는 "그 다음 어떻게 되었습니까?" 라고 물었다.

"그런 다음 나는 나의 여생을 위해 그것을 뒤에 남겨두지요," 라고 말했다.

당신의 부분들 모두는 이익도 주고 불이익도 주는 잠재적 자원들이다. 당신의 *미루는 버릇* 혹은 *세발가락 나무늘보*는 당신을 이완시키고, 쉬게 하고, 스트레스가 고조에 달한 날 에너지를 중단시킬 수 있게 할 것이다. 그러나 만약 당신이 위협받고 있으며 신속한 결정을 내려야 하는데 당신의 *나무늘보*가 작동하고 있다면 그것은 커다란 장애가 될 것이다. 당신은 그 부분의 긍정적 기능이 무엇인지, 예를 들면 *빈정댐*이 유머와 통찰로 봉사할 수 있는지 생각해 보아야 한다. 비슷하게 자기-연민이 깊은 동정심으로, 천진난만함이 경이로움으로, 비굴이 감사로, 광적 행동이 흥분으로, 불평꾼 혹은 불평이 힘으로, 공포가 용기로, 지나친 활동성이 활력과 탐구적 행동으로, 무력함과 도피가 평화로, 우울경향이 즐거움으로, 편견이 충성으로, 질투가 야망으로, 비난하기가 문제해결하기로 의심과 적대감이 개방성으로, 교활함이 지적 능력으로, 죄책감과 사죄가 공감과 민감성으로, 공격성이 창의적 에너지로 전환될 수 있다.

당신의 부분들 목록을 돌이켜 보시오. 일기장에 각각의 긍정적 의미에 대해 당신이 생각한 것을 — 예들 들면, 사랑, 힘, 생존, 보호, 창의성, 에너지 방출, 즐거움을 쓰시오. 당신이 부정적 의미를 부여한 부분들 이면에 긍정적 성향을 찾는데 당신의 상상력을 최대한 발휘해 보시오.

이제 일기장 새 페이지에 당신의 부분들을 당신의 느낌대로 배열해 보시오. **"부분 배치도"**에 가장 빈번하게 나타나는 것 혹은 가장 강력한 것은 전면에 배열하시오.

당신의 수행능력이나 일을 즐기는 것을 방해하는 것 같은 부분들에 특별히 주의를 기울이시오. 만약 당신이 글쓰기를 좋아하는데 글 쓸 시간이 없다면, 무슨 목소리가 *작가*에게 그는 시간을 가질 자격이 없다 혹은 그는 능력이 없다고 말하고 있습니까? 만약 당신이 참모회의에서 많은 아이디어를 가졌음에도 불구하고 결코 말하지 못한다면, 어느 부분이 *혁신자*를 침묵하시오라고 말하고 있습니까? 만약 당신이 어떤 관계에서 고독을 느낀다면, 무슨 부분들이 당신의 *사랑하는 자* 혹은 *장난꾼 아이*에게 당신의 배우자는 믿을 수 없다거나 짜증난다고 말하고 있습니까? 만약 당신이 잘못된 혹은 불건강한 관계를 하고 있다면, 무슨 부분이 당신은 떠날 수 없다거나 떠나서는 안 된다고 말하고 있습니까? 만약 당신이 배우자를 물어뜯거나 계속적으로 비판한다면, 무슨 부분이 그 또는 그녀에게 상처입거나 화나있지만 문제를 직접적으로 다루지 못하게 합니까? 만약 당신이 비만함을 느낀다면, 어느 부분이 당신의 *늘씬한 남성*에게 산보 대신에 TV를 보시오라고 말하고 있습니까?

한번 당신이 당신의 부분들을 다 모았다면, 그들을 어떻게 재배열하는 것이 좋을지 생각해 보시오. 어떤 부분들이 서로 어떻게 지지할 것 같습니까? 당신의 좋아하는 그리고 가장 중요한 부분들이 가장 현저함과 지지를 제공하는 방법들을 생각해 보시오. 모든 부분들이 자리 잡아 당신이 만족할 때까지 배열하는 것을 중단하지 마시오. 그들을 재배열하는 다음 두 가지 원리를 사용하시오:

1. 당신이 권력을 주기를 원하는 부분들을 전면으로 옮기고 당신의 삶에 덜 중요하게 되기를 원하는 부분들은 뒷면으로 옮기시오.
2. 당신이 서로 간의 성질을 강화시킴으로써 혹은 단점들을 보완함으로써 서로 지지하거나 수정하기를 원하는 부분들을 전면 다음으로 옮기시오.

당신의 새로운 배열을 바라보면서, 어느 부분들이 그들의 본래 상태에 비해 일들을 지원하고자 노력할 것 같이 보입니까? 어느 부분들이 그들의 새로운 역할들에 만족할 것이며 당신의 마음에서 그들의 자리를 지키고자 할 것 같습니까? 어느 부분들이 당신의 새로운 부분을 중재하는 역할을 맡고 당신이 성장하고 변화함에 따라 적절한 변화를 만들 것 같습니까?

다음은 *남진*이 그의 부분들의 분열된 상호작용을 묘사한 것이며, 마찬가지로 그가 만든 재배열들이다.

바우더빌레 쇼맨	스포트라이트에서 어릿광대 노릇하기를 좋아하는
람보	격노하는
굿 리틀 보이	즐기는 것을 추구하는
토리우	명상적인, 숲 속 산책을 좋아하는
앵시우스 차일드	상실과 버림받음을 두려워하는
론 이글	독립성이 잘 자라는, 외로운, 자유
스판키 키드	놀기를 좋아하는, 가끔 거친
칩 자스티스	완벽한 지식의 출처, 그가 탐색하는 모든 것의 사정관
핸디맨	그의 손으로 일하기를 좋아하는

"만약 어떤 사람이 나를 비판하면, *굿 리틀 보이*는 그의 일을 적절하게 수행하지 못한 것으로 느껴서 화를 낸다. 그는 *칩 자스티스*를 불러내어 지지를 호소한다. *칩 자스티스*는 비판자에게 조용하고도 단호하게 비판이 틀린 점을 설명하며, 여하간 문제되는 것이 무엇인지 묻고, 그가 비판적인 사람들에게 갈 일이 생기면, 먼저 자신의 집부터 갈 것이라고 선언한다."

"만약 그의 아내 *남숙*이 어떤 친구와 저녁 먹으려 외출할 것이라고 말하면, 나의 *앵시우스 차일드*는 그녀가 더 이상 나를 사랑하지 않기 때문에 그녀가 나를 오래 떨어져 있기를 원하는 것으로 걱정하기 시작한다. 나의 *앵시우스 차일드*는 핸디맨을 자극하는 *굿 리틀 보이*에게 말을 걸고 말하기를 '야, 오늘밤이 당신이 낡은 흔들의자 색칠을 마치도록 돕기로 한 밤이지.' 라고 한다. *남숙*이 친구들과 만나기로 이미 약속이 되어 있음으로 일요일에 의자를 손보자고 말할 때, *앵시우스 차일드*가 *람보*의 소매를 끈다. *람보*는 어떤 사람이 그의 착한 작은 친구에게 상처를 주었다고 격노하면서 그의 병기고에서 모든 무기들을 장착하고는, '맙소사, 나는 당신이 당신의 살찐 친구들과 화려한 저녁을 먹는데 그렇게 많은 돈을 낭비하지 않기를 바라오. 우리는 당신이 항상 많은 시간과 돈을 집 밖에서 사용하기 때문에 우리 수표를 지불할 수 없거나 하룻밤을 외출할 수가 없어요. 그 밖에, 당신이 집 근처에서 기분전환을 위한 어떤 일을 할 수 있으면 좋겠소. 나는 집에서 모든 일을 해야만 한다니 지겹소.' "

*남진*의 처음 "부분 배치도"

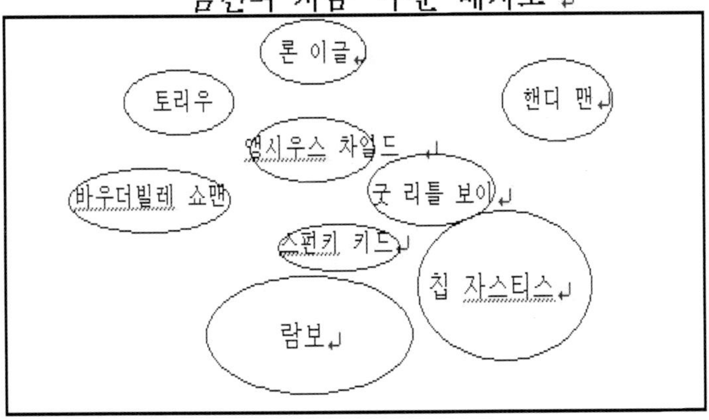

"만약 얼마 후에 *남숙이* 나를 지나치게 사랑하는 저녁을 보낸다면, *앵시우스 차일드*는 다시 초조해져서, 그녀가 그렇게 좋아지게 된 이유를 걱정한다. *스펀키 키드*는 누군가 덫을 놓아 그를 안심시키려 한다고 생각할 것이다. *론 이글*과 *토리우*는 의기투합하여 이것은 혼자서 산책하면서 별들을 보는 적기라는 결정을 내린다. 아마도 보복적인 *람보*의 묵인이 있어서, '이제, 나는 당신을 위해 존재하지 않아' "

*남진*의 부분들은 부분 배치도에 그의 가장 방어력이 없고 취약한 부분들을 가장 강력한 부분들이 보호하고 있는 것으로 나타난다. *람보*와 *칩 자스티스*는 전면에, *굿 리틀 보이*, *스펀키 키드*와 *앵시우스 차일드*는 중앙에, 그리고 보다 재미를 찾고 창의적인 부분들은 뒷면 혹은 측면에 밀려나 있다(*바우더빌레 쇼맨*, *론 이글*, *토리우*). 만약 이 배치도가 이 형태로 머문다면, 의심할 여지없이 *남숙*은 그가 항상 화내고, 비판하거나 무뚝뚝해 있다고 불평하며 그녀는 더 이상 어떻게 할 수 없어 비슷한 행동으로 반응할 것이다. 그리고 친밀해질 수 있는 어떤 기회도 파괴할 것이다. 만약 *남진*이 친밀한 관계를 원한다면, 그는 그의 부분들을 수정하거나 재배열하는 방법을 찾을 필요가 있다.

그의 이야기는 다음과 같다: "나의 부모는 내가 6세 때 이혼했다. 아버지는 주 밖으로 이사했다. 어머니는 내가 12세 때 갑자기 돌아가셨다. 나는 아버지에게 살러 갔다. 그는 재혼해서 다른 아이들이 있었다. 나는 항상 아웃사이더인 것처럼 느꼈다. 내가 인정받은 것처럼 느낀 유일한 경우는 집 주위의 허드렛일을 했을 때 혹은 내가 아버지의 목수 일을 도왔을 때이다(*핸디맨*의 탄생). 그런 다음 아버지는 의례히 내가 일을 엉망으로 만든다고 지적하였다. 가끔 나는 어릿광대짓으로 긴장을 풀었다. 그것이 학교생활을 어렵게 만들었지만(*바우더빌레 쇼맨*) 나의 친구들은 그것을 즐겼다. 나는 18세에 군에 입대하였다. 가족은 마치 내가 곧 바로 떠날 수 없을 것처럼 대했다."

*남진*은 말을 마치자, *람보*가 그를 떠난 사람들에게 화를 낸 반

면, 어머니의 죽음에도 집을 잃었을 때도, 혹은 아버지의 무관심에도 결코 슬퍼하지 않았다는 것을 깨달았다. *앵시우스 차일드*는 항상 슬퍼할 능력을 지녔지만, 고통에 압도당할까봐 두려워했다. *람보*의 용기로 아마 이제 그 고통을 마주할 수 있고 경험할 수 있게 되었다. 그는 또한 손으로 일하기를 좋아했던 것만큼, 그가 일했던 프로젝트들은 항상 다른 누군가가 원했던 것이었다. 그리고 만약 *앵시우스 차일드*가 어쨌든 위협받거나 불신 받는다고 생각하면, 그는 *론 이글* 혹은 *토리우*를 불러내어 혼자서 나갔다.

그의 부분들이 어떻게 협력하고 공모하는지 탐색함으로써, *남진*은 또한 그들이 어떻게 서로 실패하는지 보았다. 분노 혹은 고립을 통해 거리를 유지함으로써, 버림받음과 사랑의 상실을 두려워한 *앵시우스 차일드*와 *론 이글*은 결국 *남진*이 사랑하는 관계를 유지할 수 없다는 사실을 확인했다.

이것이 그가 그의 배치도를 재배열하고 부분들의 새로운 균형을 찾아야하는 이유이다.

"나는 *앵시우스 차일드*를 줄 중앙에 배치할 것이다. 그 오른 편 첫째에 *칩 자스티스*를 배치하여 그의 실질적 소망인: 사랑받게 되는 것을 환기시킬 것이다. *칩 자스티스*는 실질적인 위험 혹은 불신의 이유가 있는 때를 결정함으로써 심판자로 기능할 수 있다. 반면에 고통에 대해 아는 *앵시우스 차일드*는 *칩 자스티스*가 동정과 공감을 학습하여 심판적인 비판을 조력적인 통찰로 전환하도록 도울 수 있다. *앵시우스 차일드*의 다른 측면에 그 자신 및 그의 삶과 관련된 사람들을 그가 두려워하는 것이 아니고 그가 원하는 것을 가지고 가까운 거리에 둠으로써 양육하도록 도울 수 있는 *굿 리틀 보이*를 배치한다. *앵시우스 차일드*는 *굿 리틀 보이*가 실현되어 마땅한 욕구들을 지니고 있다는 것을 환기시킴으로써 다른 사람들을 즐겁게 하려고 극단으로 나가지 않도록 지켜줄 수 있다.

"*람보*와 *스펀키 키드*는 뒷줄에 배치하여, *람보*는 *크기*와 힘이 다른 것에 두드러지지 않도록 조금 더 후면 쪽에 배치한다. 이들 부분은 나로 하여금 모험을 하고 주장하도록 돕는다. *스펀키 키드*의 삶에 대한 사랑과 사나움은 *굿 리틀 보이*가 더 재미있어 하고 다른 사람들을 기쁘게 하는 일을 하지 않도록 도울 수 있다. *람보*는 *굿 리틀 보이*가 물건을 주어버리는 것으로부터 보호하는 손이 될 수 있다. *굿 리틀 보이*와 *앵시우스 차일드*는 *람보*에게 동정을 제공하여 달랠 수 있고, 그의 분노를 변화를 가져오는데 필요한 힘으로 제한하도록 관여하고 즐기고 도울 수 있다. *스펀키 키드*는 *람보*와 함께 나의 신체를 굳세게 만들도록 도울 수 있다.

"전면에, 나는 명상적이고 영적인 *토리우*를 놓고, 나란히 '재미를 즐기는 *바우더빌레 쇼맨*을 배치한다. 손을 맞잡고, 그들은 지나치게 떨어지거나 지나치게 난폭하게 되는 것에서 서로 견제할 수 있다. *핸디맨*을 한 쪽 측면에 그리고 반대 쪽 측면에 *론 이글*을 배치한다. *핸디맨*은 이제 다른 사람 대신에 나를 기쁘게 하는 것을 만들도록 자유롭게 둘 수 있다. 그는 나의 창의적 측면이다. *론 이글*은 나의 힘을 재충전하고 회복하는 나의 능력이며, 내가 문제를 해결하거나 사물의 의미를 꿰뚫거나 외롭지 않으면서 혼자 있는 능력이다."

*남진*의 배열은 정적인 것이 아니다. 그것은 상황이 변화함에 따라 나날이 변화할 것이다. 그는 가끔은 *앵시우스 차일드*를 그의 상사가 아니라 *남숙*에게 드러낼지도 모른다. 그는 오랜 기간 *론 이글*은 뒷줄에 *람보*와 *스펀키 키드*는 앞줄에 두고 지낼 수도 있을 것

*남진*의 재배열된 "부분 배치도"

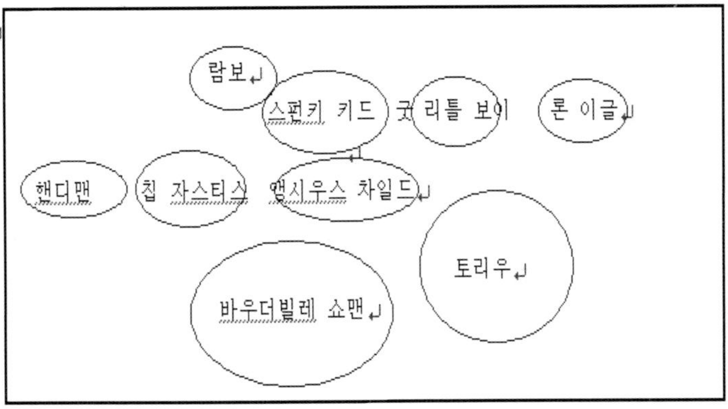

이다. 그러나 변하지 않는 것은 그 자신의 선택의 길에 그의 삶을 지키는 *남진*의 위대한 능력이다.

다음 장에서 우리는 부부의 부분들의 풍부하고 복잡한 상호작용을 조사하게 될 것이다.

잠깐 시간을 가지고 일기장에 당신이 깨닫기 시작한 것에 대해 쓰시오.

5

우리가 추는 댄스: 부부의 부분들

* * *

당신과 당신의 배우자가 특성의 내적 유형을 함께 가져온다면 어떤 일 일어날까? 만약 당신들 각자가 10개 혹은 그 이상의 부분들을 지닌다면, 적어도 20개의 특성들이 당신의 관계에서 공간과 주의를 요구하면서 배회할 것이다. 아무라도 가끔 혼잡함을 느끼게 될 것이다. 특성들의 두 유형들이 어떻게 상호 작용하는지 탐색하는 것은 긴장, 갈등, 공허, 기쁨과 고요가 어떻게 오고가는지 이해하도록 도울 것이다.

작가 미가엘 벤투라(Michael Ventura)는 관계의 초기에 일어나는 만남들과 후기에 일어나는 놀라움들에 대해 다음과 같이 고상하게 묘사하였다:

나의 거친 거리의 아이가 당신의 카바레 천사와 로맨스에 빠지고 있다. 나는 당신의 집 없는 방랑자이며 당신은 나의 사랑하는 어머니이다. 나는 당신의 잃어버린 아버지이고 당신은 나의 사랑하는 딸이다. 나는 당신의 숭배자이고 당신은 나의 여신이다. 나는 당신의 신이고 당신은 나의 여 성직자이다. . . .

그러나 그 안의 *리틀 보이*가 그녀 안의 *마미*를 찾고 있는데 대신에 그의 창자를 해부하는 날카로운 이빨의 *분석가*를 발견한다면 어떤 일이 일어날까? 그녀 안의 *리틀 걸*이 그 안의 *대디*를 찾고 있는데 대신에 *여신*에게 기도하기를 원하는 *이교도 숭배자*를 발견하는 경우와 같을 것이다.

우리의 꿈들이 악몽들로 바뀌기 시작할 때, 우리의 내적 특성들 유형의 이해는 무엇이 일어나고 있는지 그리고 그것에 대해 우리가 할 수 있는 것이 무엇인지 생각하는 새로운 유용한 방법을 제공할 것이다.

빨간 머리의, 매력적인, 학교 다니는 세 아이의 어머니, *순주*는 *마미 디어리스트* 부분들의 하나가 그녀의 아이들에게 갑작스럽게 강렬하게 폭발하는 증오를 발달시키며 복수하고 협박하는 측면임을 확인하였다. *순주*에게 그녀의 *마미 디어리스트* 부분을 부를 수 있는 남편의 한 부분은 태만하고, 편안하고, 이완되고, 유혹적인 그의 *론 보이*이다. 그러나 만약 그가 그의 *쓰리 토드 스로쓰*(소파에서 게으름 부리는)를 나타내면, 그녀의 분노는 급속하게 그 혹은 자녀들에게 비명을 지르는 싸움으로 발전할 것이다.

그들의 특성들의 내적 유형을 나눔으로써 *순철*은 가끔 *순주*를 도울 수 있는 방법이 분명해 졌다. 거꾸로 그녀도 *순철*에게 같은 종류의 도움을 제공할 수 있었다. 그가 지나치게 일에 몰두하고 완벽주의자 *호레티오 알저*를 나타내면, 그녀의 *클레오파트라*가 그로 하여금 기어를 전환시켜 긴장을 풀도록 도울 수 있었다.

*철순*은 PAIRS 연습에서 그녀가 어떤 프로젝트에 집중하여 열심히 일할 때, 그녀는 남편 *경철*이 이름을 붙인 *블독* — 집요한, 사나운, 완고한, 참을성 있는 — 부분으로 바뀐다. 그녀는 직무를 수행해 나가는데 이 방식이 필요했다. 이 모드에서 그녀는 혼란되지 않았다.

*경철*이 그녀의 관심을 원했을 때, 그녀에게 실패하지 않고 다가

가는데 사용한 두 부분은 그의 *골든 리트리버* — 없는 꼬리를 열심히 흔들며 애정을 추구하는 — 와 그의 *허트 차일드* — 가난하고 애처로운 — 이었다. 어느 하나라도 *철순*의 웃는 플레이메이트를 끌어내는데 충분할 것이다. *경철*은 항상 그녀에게 이와 같은 방식으로 접근할 수 있으며 그녀가 전에 했던 것과 같이 강렬하게 일하게 되기를 그가 원할 때도 그들의 관계를 위협하지 않고 접근할 수 있다는 것을 알고 있다. 그리고 그들의 부분들에 이름을 붙이는데도 그들은 항상 유머를 가지고 전환할 수 있는 언어를 지녔다.

연습: 나누기, 짝짓기, 그리고 비교하기

함께 불행했던 많은 부부들이 이 PAIRS 연습이 특별히 도움이 된다는 것을 발견한다. 그것은 그들에게 오랜 기간 지속되어 온 파괴적인 패턴들을 부술 수 있는 통찰과 언어를 제공한다. 그것은 또한 통상적 관계를 유지할 수 없게 되었거나 신뢰, 나누기 및 사랑을 지키기에 문제를 지닌 많은 사람들에게 많은 도움이 된다.

결과적으로 이 연습은 PAIRS에서 가장 재미있는 활동 중의 하나이다. 이 과정 자체에서 우리는 학습자 부부 각자의 다양한 부분들을 연출함으로써 하나의 그룹으로 활동한다. 집에서 종이와 연필을 사용해서 배우자와 함께 집중적 탐색으로 이 활동을 하는데, 당신은 특성들의 내적 유형의 언어를 이용함으로써 자발성, 기발한 행동과 상상력을 해방시켜 활용할 필요가 있다.

이 나누기, 짝짓기와 비교하기 부분들 연습을 위해 적어도 한 시간 정도는 일상적인 일을 제쳐둔다. 당신은 당신의 부분들 목록의 각 욕구로 다가갈 예정이며, 한 장의 커다란 신문용지 혹은 커다란 백지와 두 가지 색깔의 마크 펜을 준비한다. 조용한 장소를 찾아 함께 편안하게 앉는다. 이완되고, 유머러스하고, 부드러운 목소리를 가져온다.

단계 1:

첫째, 각자는 자기의 부분들 목록을 살펴보고 당신 자신이 보는 것과 같이 당신을 잘 대표하는지 확인한다.

단계 2:

이제 목록을 배우자와 교환한다. 각자는 상대의 목록을 읽고, 그것이 타당한지 보고 조사하여, 선택된 부분들에 대한 어떤 질문이든 표시한다. 각 부분이 나타내는 것을 분명히 하기 위해 질문들을 한다. 만약 배우자가 빠뜨린 것으로 보이는 중요한 부분들이 있다면, 그들을 추가하도록 요청한다. 왜 이들 부분들이 추가되어야 한다고 생각하는지 서로 이야기를 나눈다. 가끔 배우자는 당신이 인식하지 못한 당신의 측면들을 본다. 시사들을 할 수 있도록 개방되어 있어야 한다. 앞 장에서 추가될 부분들의 이름들을 보고 가능성 있는 부분들의 목록을 살펴보시오.

단계 3:

당신의 완성된 목록을 돌려받는다. 이제 당신의 부분들의 각각에 번호를 1부터 시작하여 연속적으로 번호를 부여한다. 배우자도 자신의 목록에 똑같이 번호를 부여한다.

단계 4:

큰 신문지나 광고판을 사용하여, 색깔 팬을 가지고 당신의 부분들 목록에 일련번호와 기술적 형용사들을 한 쪽에 쓰고 당신의 배우자 것도 똑같이 하되, 다른 쪽에 다른 색깔 팬을 사용하시오. 당신의 부분들 목록과 배우자의 부분들 목록이 다음과 같이 나타날 것이다:

당신의 부분들 (형용사들)	배우자의 부분들 (형용사들)
1.	1.
2.	2.
3.	3.
.	.
.	.
.	.

부분들은 특별한 순서를 가지는 것이 아니라, 단지 각자가 번호를 갖도록 한 것이다.

다음은 *순철과 숙희*의 부분들 목록과 그들의 선택된 기술들의 보기이다.

순철의 부분들	숙희의 부분들
1. 더 파더—책임지는, 사랑하는, 자비로운	1. 토리우—자연을 사랑하는 자
2. 더 닥터—문제들을 치료하는	2. 마리 큐리—진실의 추구자
3. 더 인디언—자연을 사랑하는 자	3. 아멜리아 에르하트—탐험가, 완고한, 고집 센
4. 돈 쥬앙—세계적 연인	4. 마마 카스—자기몰입적인
5. 나르시서스—매우 공허한	5. 찰리 차프린—재미있는, 유희적인
6. 마지막 모히컨—정의로운, 판단적인	6. 프로이드—통찰적인, 현명한, 분석적인
7. 페릭스 웅거—완벽주의자	7. 브레이즈 스타—섹시한

8. 미스터 로저스—부드러운, 나누는
9. 루이스 엔 크라크—탐험가
10. 이멜다 마르코스—물질적인
11. 하워드 휴즈—사적인, 통제적인, 엄격한
12. 토마스 에디슨—발명적인, 창의적인,
13. 제임스 본드—조사하는, 조종하는, 매력 있는

8. 미켈란제로—예술적인
9. 마담 버트플라이—천연스런, 순진한, 사랑하는
10. 로드 바이론—낭만적인, 시적인
11. 슈퍼우먼—무엇이든 할 수 있는, 모험하 는, 열심히 일하는
12. 월트 미티—몽상가, 호기심 많은
13. 마더 테레사—돌보는, 자비로운, 친절한, 도움 주는

갈등하는 그들의 부분들과 서로 잘 지내는 그들의 부분들을 볼 수 있습니까?

단계 5:

이제 당신은 번호들을 가지고 놀이를 하게 된다. 당신은 번호들의 승리하는 조합들—보물 상자를 열 수 있는 조합들—을 찾고 마찬가지로 전혀 열릴 것으로 보이지 않는 "안전장치가 된" 조합들을 찾게 된다. 당신은 또한 공존 혹은 협력할 수 있는 부분들을 짝짓고 서로 독립적으로 작용하는 것들도 찾을 것이다. 당신은 **관계패턴들**을 조사하게 될 것이다.

두 사람 부분들 번호 1번부터 시작하여, 그들이 서로 어떻게 맞는지 논의한다. 각 부분의 맞는 정도를 다음 기호들로 표시하시오. ★ 표는 두 부분의 아주 좋은 관계를 의미하고, ☑ 표는 좋거나 괜찮은 관계, X표는 좋지 않은 관계, ☮표는 아주 좋지 않은 관계를 의미한다. 두 사람의 부분들의 목록을 보아 내려가면서 각 번호가 배우자의 같은 번호와 어떻게 맞는지 논의하시오.

예를 들면, *순철*의 1번 부분 *더 파더*는 *숙희*의 1번 *토리우*와 아마도 잘 맞을 것이며, 마찬가지로 그녀의 자기몰입적인 *마마 카스*를 제외한 다른 부분들과도 잘 어울릴 것이다. 책임지는 *파더*는 자

기몰입적인 *마마 카스*에 대해 비판적으로 될 것이다. 반면에 *마더 테래사*와는 놀라운 관계가 될 텐데, 그의 아버지 역할이 그 자신의 가족에 더 치중되고 보편적 인간성으로 확장되지 않는다면, 갈등에 빠질 수 있을 것이다.

그들의 2번 부분들—*더 닥터*와 *마리 큐리* —은 의심할 여지없이 이야기꺼리가 많을 것이다. 한 쪽은 문제들을 치료하는 자이고 다른 쪽은 대답들을 찾는 과학자이다. 그래서 둘은 아주 좋은 조합으로, 그들 간 즐거움의 근원이 될 수 있다.

단계 6:

이제 당신이 서로 갈등하는 부분들을 접할 때, 다른 부분들은 그 상황에서 제외시키거나 타임아웃이 필요함을 논의한다.

예를 들면, 만약 *순철*의 *닥터*가 *숙희*의 *에르하르트*와 짝지어지게 된다면, *에르하르트*는 자신의 문제를 해결할 수 있기 때문에 계속적으로 성가시고 괴롭힘을 당하는 것을 느낄 것이다. *순철과 숙희*는 *순철*의 *미스터 로저스*가 *에르하르트*를 더 즐기고, 그녀의 자기-충족을 바라보고 매우 기뻐할 수 있도록 선택할 수 있을 것이다. *숙희*의 자기 몰입적인 *마마 카스*와 *순철*의 물질적인 *이멜다 마르코스*가 함께 하면, 그들은 그녀의 *프로이드*와 그의 *라스트 모히칸*이 손을 잡고 갑작스런 *카르비안* 여행을 위해 2000달러를 그들의 비자카트에 충전해줄 것을 확실히 하기를 원할 것이다.

당신이 부부들의 목록을 서로 맞추어 가면서, 당신들 자신에게 다음 질문들을 해보시오:

1. 어느 부분들이 서로 언제 적대하는가? 어느 지지적인 부분들을 돕

도록(지혜, 재치, 유머, 양육하기를 제공함으로써) 가져올 수 있는가?
2. 내가 나의 ________부분에 있을 때, 그것은 나의 상태, 욕구들, 그리고 느낌들에 대해 일반적으로 무엇을 의미하는가? 당신은 나에게 통상 어떻게 반응해 왔는가?
3. 내가 그 부분에 있을 때, 당신으로부터 실제로 필요하거나 원하는 것 혹은 필요하지 않거나 원하지 않는 것은 무엇인가? 당신은 어떻게 그것을 마련할 수 있는가?
4. 어떤 부분들이 분리가 필요한가? 어떤 부분들이 격려가 필요한가? 어떻게?

종종 상식만이 부분들 간 상호작용들을 완화시킬 행동 혹은 반응을 선택하는데 필요하다. 그러나 가끔은 부분들이 보다 근본적인 변화들을 요하는 기본 신념들을 반영한다. 만약 당신이 어떤 영역들에서 바위벽처럼 보이는 것을 만나면, 해결을 강요토록 시도하지 않을 것이다. 당신의 일기장에 그것을 기록하고 나아가 타개하도록 학습한 도구들을 고려해 보시오.

긍정인 부분들과 마찬가지로 부정적인 부분들에 초점을 맞추는 것을 잊지 마시오. 당신 배우자와 다음 질문들을 논의해 보시오:

1. 당신 배우자의 부분들 중 어느 것이 당신에게 특별한 즐거움과 기쁨을 가져오는가? 무엇이 그것들을 활성화시키는 것처럼 보이는가? 당신은 그것들을 더 자주 초대할 수 있는가?

예들 들면, 만약 그의 어린애 같은 유아적 부분이 당신에게 특별한 즐거움을 준다면, 그리고 텔레비전을 보고 있는 동안 당신이 팝콘을 한 사발 만들어 줄 때 의미 있는 빈도로 발생하는 것처럼 보인다면—그러면, 아인슈타인을 불러내어 그 부분을 행동하도록 유혹하는 방법을 찾을 필요가 없을 것이다.

2. 당신의 부분들 중 어느 것이 배우자에게 특별한 즐거움과 기쁨을 주며 무엇이 그것들을 불러일으킵니까? 배우자는 그것들을 어떻게 자주 불러낼 수 있습니까? 당신은 배우자를 위해 그렇게 하는 것을 어떻게 더 쉽게 할 수 있습니까?

3. 당신들 두 사람이 함께 더 큰 즐거움을 가져올 수 있는 아직 연결되지 않은 다른 부분들은 무엇입니까? 예를 들면, 당신이 그의 침착하고 사려 깊은 측면(사색에 필요한 시간)을 인정하고 그가 당신의 "보금자리를 제공하는" 측면(뜨개질할 때 고요한 즐거움)을 즐긴다. 아마도 과거에 이들 부분들은 협조관계에 있지 않았을 수도 있다. 대신에 어색한 때에 서로 상대의 주의 끌기를 놓고 경쟁 상태에 있었을 수도 있다. 아마도 이들 부분들을 별개로 두기보다 조용한 안식처와 생각하는 시간을 함께 즐길 수 있을 것이다.

결론적으로 이것을 종이와 연필 연습에 그치지 않기 바란다. 부분들의 개념이 당신의 대화의 일부분이 되게 하시오. 부분들 개념을 서로 놀이로, 유머러스하게, 혹은 중요한 문제해결 논의에 계속 사용하시오. 자기 각성의 습관이 당신에게 기계적 행동하기보다 행동하는 방법을 선택하는 힘을 제공할 것이다. 긴장은 줄어들고, 일상생활은 장애물 코스보다 다양성으로 경험될 수 있을 것이다.

당신 배의 선장과 선원으로서 당신 자신을 위한 선택을 계속하시오. 그래서 당신은 만약 *바하마스*가 진정 가기를 원한 곳이라면, *바하마스* 대신에 *발티모어*에 와 있는 자신을 발견하는 일은 일어나지 않을 것이다.

잠시 시간을 가지고 당신이 깨닫기 시작한 것을 일기장에 쓰시오.

제 5 부

즐기기

1. 즐거움 격려하기
2. 연결하기
3. 성욕: 환상과 불화를 넘어서

제 5 부

즐기기

■ ■ ■

돌보는 맥락이 없는 성적 친밀은 단지 유혹, 착취, 조종, 비인간화, 외로움 달래기, 스릴, 의무, 기분전환, 습관, 에너지발산일 뿐이다. 그것은 사랑과 성적 즐거움이 아니라 공격과 불안에서 지배와 처벌에 이르는 모든 것이 난무하는 투쟁장이 된다.

- 조지 바하 / 라우라톨밴,
[돌보기 위한 시간]에서

1
즐거움 격려하기

* * *

우리는 서로 즐거움을 가지기 때문에 함께 하고, 즐기기를 선택한다. 만약 어떤 관계가 그 빛을 잃어, 우리가 외로움을 느끼기 시작하거나 고통까지 느끼게 된다면, 그것은 어쨌든 우리사이의 즐거움이 분산되었거나 사라져버렸기 때문이다.

부부 상담을 찾는 많은 사람들, 그리고 PAIRS에 참여하는 많은 사람들은 그 즐거움을 놓고 대립하거나 차단하는 사건들에 초점이 맞추어 진다– 싸움의 스타일들이 조화 대신에 혼란을 낳고; 감추어진 기대들 중의 하나가 충족되지 않을 때 실망을 경험하고; 억압된 부분들 중의 하나가 전체를 곤란에 빠뜨리는 혼란 같은 것이다. 감추어진 장애가 없는 사람들조차도 생생한 즐거움을 유지하려면 많은 도전들을 이겨내야 한다.

갈수록 관계로부터 즐거움을 이끌어내는 것이 어려워지고 있다. 일, 자녀들, 증가하는 경제적 압력과 즉시적 기쁨과 기분전환이 마련되는 사회에서, 부부간의 즐거움은 쉽게 손상당할 수 있다. 만약 우리가 관계행로의 즐거움 측면에 닻을 내리고자 한다면, 즐거움은 주의 깊게 계발할 필요가 있을 것이다.

친밀한 사람 간 즐거움은 주의를 요하는 많은 구성요소를 가진다. 이들 모든 요소들을 함께 다루어 고요와 단일성의 정신적인 분위기를 창조해야 한다. 두 사람이 그들 사이에 그와 같은 정신적인 분위기를 만들 때, 우리는 그것을 사랑과 로맨스라고 한다. 그 단일의 느낌은 우리의 전존재- [원시 뇌], [학습 뇌]와 [지적 뇌]- 가 깊이 만족하는 즐거움 상태에 있을 때만 도달한다.

이들 3중뇌는 그들의 독립적 욕구들이 만족될 때 즐거움을 경험한다. 그래서 부부로서 우리의 도전은 각각의 욕구들을 서로 알리는 것이다.

우리 뇌의 가장 원시적인 부분은 안전을 요구한다. 우리는 [원시 뇌]를 재조건화에 의해, 한 때는 위험했지만 지금은 안전한 상황(가까이 하는 것과 같은)이라는 것을 가르침으로써 안전감을 느끼도록 돕는 것이다. [원시 뇌]는 매우 신체적이다. "당신이 원하는 사랑을 취하시오"의 저자, 핸드릭스(Harville Hendrix)박사는 이 안전감은 우리의 원시적 자아들이 서로를 알고 기쁨을 느끼도록 함께 신체적 일들을 할 때 크게 향상된다고 믿는다. 그는 우리자신들의 이 부분을 자극하는 신체적인 "재미있는 활동목록"을 제안하는데, 레슬링, 술래잡기 혹은 함께 집짓기 같은 것, 마찬가지로 감각하는(섹스와 메시지들로) 시간 갖기 및 능동적으로 되기(함께 연습하기) 같은 것이다. 이들 모든 활동들은 원시적인 자아에 안락함을 주고 덜 방어적으로 느끼게 만든다.

[학습 뇌]는 양육과 돌봄을 느끼기를 요구한다. 그것은 감정적으로 좋게 느끼게 만드는 활동들에 이끌린다. 사랑어린 접촉, 안락함, 사랑의 언어와 관대한 제스처들이 [학습 뇌]에 즐거움을 가져오는 활동 속에 있다. 우리는 여기에 아주 재미있고, 흥분되고, 웃음이 나는 게임, 관능과 섹스를 여기에 추가할 수 있다.

[지적 뇌]는 세 가지 주된 그리고 명백한 욕구들을 지닌 것처럼 보인다. 첫째는 사물을 감각하고자 하는 욕구를 지닌다. 그것이 만

족되려면 마치 사물이 질서 속에 있는 것처럼 느낄 필요가 있다.

관계행로

친밀에 영향을 주는 신체적 가까움과 멀어짐

연결하기

기쁨 고통

욕구
사랑
안락
유-스트레스
신뢰

두려움
분노
비-안락
디스트레스
불신

친밀을 격려하는 신체적 가까움	친밀 성취에 방해되는 신체적 멀어짐
행동 돌보기	행동을 돌보지 않음
즐거움을 줄 수 있음	즐거움을 줄 수 없음
애정	제한된 애정
부드러움	제한된 접촉
접촉	제한된 부드러움
관능성	제한된 관능성
섹스	제한된 섹스

둘째는 그것은 우리의 몸이 그런 것처럼 도전받아 숙련되고자 하는 욕구를 지닌다. 이 욕구에 따라 오락, 책을 통한 자극, 영화들, 예술과 대화들을 사랑한다. 셋째로 그것은 휴식과 이완을 요구한다. [지적 뇌]는 하루의 대부분을 우리를 다스리고 지치게 만든다. 그것은 원시적 부분에 대한 안전과 학습 부분에 대한 즐거움을 찾

아 가끔 자아의 통제로부터 방향을 바꾸게 할 수 있고 사고로부터 쉬게 할 수 있다.

. 당신은 부부관계에서 즐거움을 위한 시간을 가지는가? 혹은 당신은 당신의 모든 일과 책임이 완성될 때까지 재미있는 일들이 항상 미루어져 있다고 느끼는가?
. 당신의 재미있는 활동에 당신 배우자가 포함되는가?
. 그들 활동들은 당신의 "세 가지 뇌"의 세부분 모두에 관련되는가? 혹은 그들 중 한 부분, 혹은 두 부분인가 ?

PAIRS 연습: 돌보기 행동

우리는 우리에게 즐거움을 주는 것에 대해 생각할 필요가 있다. 많은 사람들은 그들의 배우자를 즐겁게 하는 것을 생각하는데 너무 습관화되어 있거나, 혹은 그들의 배우자가 하기를 또는 하지 않기를 원하는 일에 대해서는 귀찮아 여기면서, 배우자들이 더 만족으로 느끼도록 만드는 것을 정확하게 지적하는 데는 어려움을 가진다는 것을 발견하고는 놀란다.

이 연습의 포인트는 첫째, 당신의 배우자가 행하거나 혹은 당신에게 즐거움을 줄 수 있는 것, 당신을 기쁘게, 흥분되게, 행복하게, 당신 삶을 좀 더 나아지게 하는 그런 작은 것들의 목록을 만드는 것이다. 욕실에, 냉장고 위에, 혹은 두 사람이 접근하기 쉬운 곳에 꽂아둘 종이쪽지에 목록을 쓰시오.

구체적이어야 한다. "나는 당신이 나를 사랑하기를 원한다." 고는 말하지 마시오. 당신이 사랑받고 있다는 것을 알리는 행동(행동들)을 지적하시오. 당신의 배우자는 직장에 가서, 생계비 벌어, 집에 봉급을 가져오는 것이 사랑을 나타내는 것이라고 생각할지 모르며, 당신은 매일 오후 전화가 있고, 집을 들어오거나 나갈 때 따뜻한 포옹을 하고, 가끔 꽃을 가져오는 것이 사랑받고 있다고 느끼게 만드는 것이라고 생각할지 모른다.

목록을 준비할 때 생각을 너무 하지 마시오. 마음에 떠오르는 첫 번째 것을 쓰시오. 적어도 12가지를 작성하시오. 그러나 스스로를 제한하지 마시오. 그리고 만약 당신이 며칠 후에도 어떤 것이 생각난다면 그것을 추가하시오. 만약 당신이 당신에게 즐거움을 주는 행동을 생각하는 것이 어렵다면, 당신이 데이트를 했을 때 혹은 당신이 구애 받았을 때- 그리고 당신이 항상 무엇인가 일어나기를 원했으나 일어나지 않았던 것을 생각하시오.

여기 몇 가지 상대를 돌보는 행동들이 적혀있다:

당신이 다음과 같이 할 때 나는 사랑받고 있다고 (혹은 나는 그것을 사랑한다고) 느낀다:

- 나에게 어떤 메시지를 줄 때(섹스에 대한 전조로써 뿐만 아니라)
- 나를 목욕시켜주고 내 머리를 감아줄 때
- 섹스를 시작할 때
- 내일에 대해 묻거나 혹은 내가 어떻게 느끼는지 혹은 하루를 어떻게 보냈는지 그리고 정말 알기를 원할 때.
- 나보다 앞서 저녁외출을 계획할 때
- 아침에 안녕 키스를 해줄 때
- 영화관에서 내 손을 잡을 때
- 당신 팔로 내 어깨를 감싸거나 혹은 당신 손으로 내 목 뒤를 감쌀 때
- 내 머리를 만지거나 내 머리칼을 가지고 놀 때
- "나의" 허드레 일 중 하나를 할 때(저녁 짓기, 접시 닦기,

잔디 깎기)

- 나를 위해 문을 열어줄 때
- 나와 함께 운동할 때
- 내 어머니(친구 등)에 대해 좋아할 때
- 낮 동안에 전화할 때
- 사랑한다는 메모를 줄 때
- 내생일이나 우리의 기념일에 꽃을 줄 때
- 우리가 일어나기 전 아침에 나를 잡고 있을 때
- 침대에 있는 나에게 커피를 가져다줄 때
- 밤을 위해 자녀가 친구 집에 머무르도록 비밀스럽게 계획할 때

당신은 특별한 환경을 위해 하나의 섹션을 포함해야만 한다 :

- 내가 아플때, 당신이 ...할 때 나는 그것을 사랑한다.
- 내가 피곤할 때, 당신이 ...할 때 나는 그것을 사랑한다.
- 내가 근심스러울 때, 당신이 ...할 때 나는 그것을 사랑한다.
- 내가 두려울 때, 당신이 ...할 때 나는 그것을 사랑한다.
- 내가 불행할 때, 당신이 ...할 때 나는 그것을 사랑한다.
- 축하에 대해, 당신이 ...할 때 나는 그것을 사랑한다.

당신의 목록을 끝냈을 때, 그들을 서로 교환하시오. 혹은 당신의 배우자가 그들을 읽을 수 있는 장소에 두시오. 그런 다음, 그 다음 7일 동안, 당신배우자의 목록에서 적어도 매일 3가지는 시도하시오. 이 7일 동안 당신은 3가지 이상은 요구하지 마시오. 이것이 경쟁으로 변하려는 유혹은 피하시오. 당신이 받을 수 있는 것 못지않게 줄 수 있는 것을 즐기시오.

기쁨이 추가됨에 따라, 당신이 비밀리에 그 혹은 그녀가 좋아하는 것을 메모함으로써 저절로 배우자를 놀라게 할 수 있는 목록들이 생긴다. 그리고 풍성하고 쾌활한 그리고 서로 재미있게 하는 활동들을 추가하시오. 그리고 그것들을 행하시오

하루의 끝에, 당신의 배우자가 한 것에 당신이 주목해야할 것은 감사이다. 그 혹은 그녀가 주의하지 않은 것을 당신이 했던 것을 지적하시오. 주말에는, 돌보는 행동이 차이를 만드는지 아닌지 서로에 대해 당신이 어떻게 느꼈는지를 앉아서 이야기하시오. 사랑의 성장은 가끔 즐거움의 상호교환을 포함한다: 즐거움을 찾는 것은 인간의 본성이며, 우리가 행하는 것의 긍정적인 것에 대해 주목하는 것이 인간의 본성이다. 돌보는 행동, 양육과 감사가 즐거움과 사랑이 번성할 수 있는 분위기가 되도록 돕는다.

돌보는 행동 목록

이름______ 오늘 실행 여부_______

(배우자의 이름)

1.									
2.									
3.									
4.									
5.									
6.									
7.									
8.									
9.									
10.									
11.									
12.									

지시들

1. 12가지 또는 더 이상의 구체적인 행동 목록들, 당신으로 하여금 돌봄, 특별한, 중요함을 느끼게 하는, 당신의 배우자가 수행할 수 있는 목록들을 만들어보시오.
2. 그 목록을 매일 볼 수 있는 장소에 붙여보시오.
3. 당신 배우자의 목록 중 매일 적어도 3가지의 돌봄 행동을 수행하시오
4. 매일 밤 목록을 리뷰하시오:
   a. 당신의 목록에서 당신이 받은 돌봄에 대해 당신 배우자에게 감사하고 당신의 배우자가 수행한 날 각 행동의 옆 상자 안에 날짜를 써넣어 보시오.
   b. 배우자의 목록에 당신이 수행한 긍정적 행동들이 배우자가 알아 체지 못했거나 표시하지 않은 것이 있다면 그것들에 부드럽게 주의를 환기시켜 알리시오.
5. 즐기시오!

즐거움은 어떤 건강한 관계에서도 본질적이기 때문에, 이것은 PAIRS에서 매우 중요한 연습들 중의 하나이다. 만약 당신이 스스로 장애물이 되거나 억제하는 것을 발견한다면, 당신은 모험을 취할 필요가 있으며 매일의 삶에서 어떤 방법으로든 조절되는 이들 돌보는 행동을 포함해야하고 앞으로 나가야 한다. 당신은 또한 이들 느낌의 뒤에 무엇이 있는지를 탐색할 필요가 있다. 우리 중 대다수는 하나의 커다란 **반발** 부분을 가지고 있거나 발달의 청년기 단계에서 고착되어 있다. 어떤 것을 이야기 하거나 무엇을 하도록 요청받는 것에 깊게 저항한다. 이들 장애들을 제거하는 방법을 학

습하도록 연습부분들 및 다른 연습들을 사용하시오

당신의 일지노트에 당신이 인식하기 시작한 것에 대해 기입하는 순간을 가지시오.

2
연결하기

* * *

친밀한 관계로부터 추구하는 모든 질적인 것 가운데, 가장 파악하기 어려운 것은 일체성에 대한 느낌이다. 우리는 방법에 대한 사전지식 없이, 배우자가 우리를 영적으로 완전함을 느끼게 만들어주리라고 기대한다. 우리는 가끔 섹스의 신체적 감정적 열정에서 이 일체감을 경험하지만, 대부분은 이 모두가 너무 덧없음을 발견한다.

만약 이 일체감을 단지 섹스를 통해 추구하면서 아직 공허감에 실망하기를 계속한다면, 섹스로부터 너무 많은 것을 기대하기 때문에 오히려 무력하게 되어 갈 수 있다. 부부가 정신적 영역에서 일체감을 찾는 길은 연결하기를 통해서이다- 서로 감정적으로 개방하는 두 사람 간 신체적 친밀이다.

많은 사람들은 성인-연결하기의 즐거움을 결코 경험하지 못하는데, 가까워짐은 즐거움보다 고통과 거부의 근원이었다는 것을 인생의 초기에 배웠기 때문이다. 아마 아동기 경험들은 누군가를 믿는 것은 안전하지 않았음을 우리에게 확신시켰으며, 아무도 우리가 생각했거나 느낀 것을 알기를 원하지 않았으며 삶은 주기, 가까워지고 혹은 사랑하기가 아니라, 통제되고, 통제하고, 생산적으로 되고, 능력이 있을 때만이 안전하다는 것을 확신시켰다. 우리 대부분은 연결하기를 잠재적인 속박으로 본다. 우리는 자유를 잃을까봐 지나치게 걱정한 나머지 진실한 가까워짐에서 오는 심층의 성취감을 결코 얻을 수가 없다.

우리 중의 일부는 연결하기를 짧게 경험하였으며 그런 다음 상실해버렸다. 가끔 우리는 "그것은 오래가지 않을 거야" 혹은 "너는 다른 사람들에 의지할 수 없어" 혹은 "비극을 자초하지 말자" 혹은 "대가가 너무 비싸 지불할 수 없을 거야" 등과 같은 그런 내적인 경고들을 받게 된다. 만약 이들 중 어느 것에라도 친숙하다면, 당신에게는 친밀에 대항하여 형성된 방어를 푸는 작업이 중요할 것이다. 당신은 한 때 필요했지만 지금은 필요하지 않은 요새에 살고 있을지 모르며, 그래서 이제 그것은 당신의 감옥이 되어 있을지도 모른다.

부부 상담에 나오는 중요한 문제들 중의 하나는 부부간 성적 욕구의 명백한 차이로 인한 것이다. 가끔 남편은 아내가 섹스에 흥미를 갖고 있지 않거나 혹은 흥미가 없다고 불평한다. 친밀은 언제나 섹스 중에 끝나버려서, 아내는 비록 섹스를 하고 싶지 않으나 애정을 느끼고 싶은 때에는 남편이 떨어져 있다고 불평한다. 가끔은 그들 중 한쪽 또는 양쪽이 그들이 얼마나 외로움을 느끼는지, 그들이 함께 있을 때조차도, 혹은 섹스 후에 얼마나 공허함을 느끼는지 의사소통할 것이다.

이와 같이 부부들에게, 섹스는 가끔 친밀 대한 방어와 마찬가지로 연결하기의 대용물이 되어 버렸다. 일단 부부들이 그들의 성적 욕구와 연결하기 욕구 사이의 차이를 인식하도록 학습하면 그리고 규칙적으로 연결하기의 즐거움을 경험하기 시작하면(침실시간, 혹은 아침에 첫 번째 일로), 그들의 성적 욕구들 간 불일치마저도 자주 균형을 찾는 경향이 있음을 발견하고는 놀랄 것이다.

연결하기의 이익들

연결하기는 한두 가지 이유로 억제되어온 느낌들을 표면화시킴으로써 불안을 경감시킬 수 있다. 많은 부부들은 배우자가 상처받고 있거나 정서적 고갈을 느껴서 지지와 치유를 필요로 할 때는, 목마른 식물이 물을 필요로 하는 방식으로, 서로를 갈구하고 있는 것이다. PAIRS에 참여한 한 여성은 그녀 남편과의 연결하기는 "비정한 세상에 대항해서 서로를 껴안는 것과 같다. 나는 섹스 혹은 애정으로 더 연합하여 바싹 다가서곤 했다. 지금 나는 그것에 대해 우리가 만드는 신체적인 피난처 이상이라 생각 한다" 고 말했다.

복남은 복잡한 디자인 문제에서 사소한 사무실 말다툼까지 하루 종일 많은 일을 조정하는 건축가이다. 그는 연결하기를 스트레스에 대한 강력한 해독제로 묘사한다. 소원한 관계의 아버지와 예측할 수 없는 알코올 중독자 어머니의 자녀인 그는 초기 가정생활을 고통스러움과 불안을 자아내는 것으로 경험했다.

"그것은 나를 내면으로 향하게 하고 정말로 궁핍한 자로 만들었지만, 욕구들을 충족시키기 위해 갈 곳이 어디에도 없었다. 나는 심각한 결함을 지닌 체 성인생활로 접어들었다. 그리고 (많은 알코올 중독자들의 자녀들처럼) 나는 돌보는 사람이다. 나는 하루 종일 주는 일에 매달리면서, 제공될 때조차 받는 일은 진정 좋은 것으로 여기지 않는다. 나는 내가 집에 오면 그날의 경험들에 의해 힘을 내뿜는 그런 방법으로 움직이기를 바라지만, 나는 그렇게 하지 못한다. 하루를 마감하고 나면 나는 공허하다- 나는 내 가슴에서 전적으로 공허만 느낀다."

“연결하기는 특별히 내게 중요하게 되었는데, 그것은 내가 대규모로 취하는 능력을 획득한 하나의 영역이기 때문이다. 복순과 내가 함께 누웠을 때, 서로 팔을 두르고, 내 가슴에 그녀의 머리가 놓이고 그녀의 다리가 내 몸 위에 포괴일 때, 그것은 문자 그대로 내가 그녀로부터 따뜻한 에너지의 직접적인 전달을 경험하는 것 같다; 그것은 위안으로 다가오며, 이완시켜서 바로 치유한다. 그때는 욕구가 날카로울 때이며- 특히 내가 밖에서 스트레스를 받아 불안이 많을 때이며- 그런 종류의 느낌은 매우 극적이다. 다른 때에, 그것은 따뜻한 우유 같다. 나는 한밤중에 사무실문제를 걱정하면서 잠에서 깰 것이며 연결하기는 다시 잠들게 할 것이다. 그것은 깊은 안정감과 평화로움을 가져온다.”

연결하기는 복남으로 하여금 그의 자녀와의 관계하는 방식을 변화시켰다:

“나는 자녀들을 돌보는데 어머니의 패턴을 따랐으며 위안과 신체적인 접촉도 나 자신의 욕구들을 충족시키기 위함이었다. 점차로 나는 나의 결혼관계속으로 연결하기를 다져갔다. 지금 나의 초점을 내가 원할 때가 아니라 자녀들이 원할 때 반응하는데 둘 수 있다. 내가 신체적 및 심리적 지원을 필요로 할 때 거기에 없었던 부모들을 대신하는, 그 공백을 보충하는 나의 부모처럼 되어 그들에게 비치는 바로 그 아이처럼 되는 대신에, 나는 그들을 자녀들로 대하는 부모가 될 수 있다.”

우리의 학습자아가 만족하고 이완될 때, 우리가 배우자와 고요, 안전 그리고 연결됨을 느낄 때, 우리의 사고는 공포, 격노, 의심 또는 고통에 의해 더 이상 물들지 않으며, 우리는 분명하게 창의적으로 사고하게 되는 것이다.

우선 서로를 껴안고 다음에 말하는 것이 부부싸움의 빈도, 강도 및 파괴성을 줄이는 놀라운 전략이다. 우리가 감정적 상황을 "합리적"으로 처리하려고 노력할 때, 우리는 종종 진정이 아니며 나중에 말한 것을 후회했다고 말한다. 가까이 함께 누워, 서로 분노 및 모든 것을 받아들임으로써, 부부는 거의 언제나 밑에 철회 혹은 분노 폭발을 깔고 있는 상처를 찾아내기가 훨씬 더 쉬우며 화나게 하는 사건이 증대되어 더 위협적으로 되어가는 것을 피할 수 있다. 연결하기는 종종 말로서 느낌들에 반하는 교묘한 방어를 사용하는 말 잘하는 사람들에게 오히려 감정들을 극적으로 표현하는 방식으로 반응함으로써 매우 효과적이다.

연결하기는 전언어적 기억들을 의식하도록 돕는데 특별히 효과적이다– 가끔 신체적 공포와 관련 있는(버림받음의, 예를 들면, 흔들림, 매 맞음, 무시당함) 또는 사랑하기, 친밀과 신뢰하기의 초기 박탈의 기억들이다. 이런 이유 때문에, 두 사람이 처음 연결하기를 시작할 때, 그들은 과거 역사에 기초한 감정의 실제적 잔재를 표현하고 갈구하는 자신들을 발견하게 될 것이다. 현 상황에 대해 감정적 과잉반응을 나타내는 것은 단순히 어린 시절의 표현되지 않은 감정의 과부하 또는 이전의 어려운 경험이 표면화된 것이다.

한번 우리가 우리 자신의 감정적 역사를 이해하면, 우리가 한 때 방어해 왔던 느낌들이 갑자기 덜 위협적으로 되며, 그리고 서로 연결하기는 점차 즐거움의 원천으로 된다. "그것은 사랑을 지속시키는 방법의 전부이다."와 같이 긍정적 의미에서 중독증이 될 수 있다.

PAIRS 연습: 연결하기

온몸을 껴안은 자세로 함께 누워있을 조용한 시간과 장소를 찾아보시오. 당신은 서로 나란히 얼굴을 맞대고 그리고 함께 껴안거나 혹은 배우자의 위에 누워있을 수도 있다. 당신이 사랑하고 신뢰하는 곰 인형을 껴안듯이 배우자를 껴안아보시오. 당신 자신을 이완시키시오. 당신의 느낌들이, 그것들이 무엇이든 간에- 신뢰 혹은 불신, 욕구, 친밀에 대한 공포 또는 즐거움이 표면에 떠오르게 하시오. 당신 자신이 그것들을 느끼도록 허용하고 간단한 방법으로 당신이 느끼고 있는 것을 배우자도 알도록 하시오: 예를 들면, "나는 참말로 기분이 좋다," 혹은 "나는 짜증이 난다." 배우자가 당신의 느낌들을 경험하듯 당신을 껴안기를 계속하도록, 껴안고 있는 배우자가 오직 당신만을 위해 거기에 있다는 것을 믿으면서, 허용하시오. 당신의 분리된 정체들에 대한 감각이 분리되도록 허용하시오. 이와 같이 10분 혹은 이상 시행하시오.

이제 역할교대 하시오. 당신이 배우자에게 곰 인형이 되어보시오. 즐거움을 위해, 친밀을 위해, 안녕을 위해 서로 껴안기만 하시오. 가능한 한 오래, 무슨 느낌들이든 표면화되도록 허용하면서 그렇게 하시오.

이처럼 당신이 배우자와 가까이 눕는 것에 어떤 어려움이 있다면, 그것이 무엇인지 생각하고, 배우자와 당신이 깨달은 것을 나누면서 계속 껴안으시오. 당신이 평화로움의 느낌, 더 큰 고요와 이완의 느낌을 이룰 때까지 계속하시오. 당신이 행할 때 그것은 응답한다. 그것을 취하여 충분히 경험하도록 당신자신을 허용하시오. 이것이 연결하기이다.

이 연습은 참으로 친밀성 학습의 핵심이기 때문에, 연결하기를 둘러싼 많은 곤란한 감정들이 있을 수 있다. 만약 배우자가 싫어하거나 불편하게 보인다면 그 또는 그녀를 귀찮게 하거나 압력을 넣지 마시오. 만약 당신 배우자가 이 싫어해서 이야기하기를 내켜하지 않아 보이면, 당신 두 사람을 위해 전문적 도움을 찾도록 숙고하거나 적어도 자신을 위해 그 실망을 다루도록 하시오.

일지에 당신의 감정에 대해 쓰시오. 연결하기동안 당신의 감정은 긍정적 아니면 부정적이었는가? 당신은 평화와 사랑스러움을 느꼈는가? 아니면 고통 또는 분노, 근심을 경험했는가? 당신은 자신의 감정을 자유롭게 표현할 수 있었는가? 당신에게는 이 "타임아웃"을 취하기가 쉬웠는가? 배우자와 연결되는 느낌을 가졌는가? 당신은 배우자가 반응하고 있는 것을 느꼈는가? 이 연습은 당신이 규칙적으로 하고 싶어 하는 것인가?

많은 부부들은 하루를 연결하기로 시작하고 마무리하고자 한다. 그들은 하루에 서로가 주고받는 즐거움 없이는 무언가 빠진 것 같다고 말한다.

생물학적인 욕구

연결하기에 대한 욕구는 유아기로부터 우리의 생물학적 유산의 한 기본적 부분이다. 이 욕구를 충족시킬 수 없으면, 많은 증상들, 이를 테면, 우울증, 질환, 불안, 긴장과 공허감, 고독, 무기력과 절망, 자기불만족으로 인한 사회의 부산물들 및 "냉정"을 포함하는 증상들이 발생한다.

우리는 문화에 의해 느낌들과 친밀에 대한 욕구를 부정하거나 숨기도록 격려됨으로써, 많은 사람들은 약물, 알코올, 음식 및 섹스 같은 심리적 고통완화제로 공허감을 채우려고 한다. 우리는 가끔 일, 자녀들, 가정, 교회 혹은 선행들에 몰입하게 되거나- 혹은 불만을 반항, 반사회적 행동이나 폭력을 통해 분출시킨다. 그러나 불만에 대한 감정은 해소되지 않는다. 우리의 감정적 불만과 고립은 편두통들, 고혈압, 근육경련과 궤양들 같은 심리적 증상들로 나타날지 모른다.

연결하기에 굶주린 사람들은 가끔 긴장과 불행을 느끼지만, 그들은 가정에서 그들 스스로 혹은 다른 사람들과 있으면서 소속감을 느끼지 못한다는 것을 제외하고, 그들의 불편함의 원인을 정확하게 집어낼 수 없다.

연결하기에 굶주린 어떤 사람들은 명백한 증상들을 나타내지 않는다. 가끔 그들은 정서적으로 닫혀져 있다. 아마 그들은 상처 혹은 박탈감을 경험하는 것을 계속하기보다 중립 혹은 공허감을 선택한 것 같다(보통 매우 어린 나이에). 그들은 아무것도 느끼지 못한다, 4-5일 동안 먹지 못한 사람이 마침내 배고픈 느낌이 멈춰지게 되는 것과 같다. 그들은 당신이 배고픈 감정이 중단된 후에도 계속 굶주림이 계속될 수 있다는 것을 인식하지 못한다.

신체적 정서적 가까움에 대해 두려움을 느끼는 사람들은 애정적인 욕구에 대해 안전한 배출구인 애완동물을 찾으며; 외롭게 살고 있는 사람에게 그들은 가끔 유일한 배출구가 된다. 정말로 애완동물은 우리의 많은 부분의 삶에서 엄청나게 중요한 역할을 하며 특히 자녀들의 정서적 발달에 중요하다. 애완동물은 우리가 정서적 신체적 금지를 학습하는 것만큼 유능하지 않으며, 그리고 그들은 친밀과 애정에 대한 그들 욕구를 개방적으로 나타냄으로써, 그들은 가끔 우리들이 다른 사람을 허용하지 않을 자유와 함께 우리자신의 욕구를 충족하도록 허용한다.

초기 조건화

많은 부부들에게, 정서적 친밀을 유지하는 능력은 초기 조건화를 통해 고통, 두려움, 분노 같은 감정들, 마찬가지로 즐거움과 사랑

같은 보다 긍정적 감정들의 수용성에 대한 그들의 신념들로 조건화된다. 조건화에 있어 성차에 기초한 신념들은 가끔 친밀에 대한 서로의 단서를 잘못 읽도록 만들기도 한다. 그리고 많은 사람들은 신체적 정서적 연결에 대한 그들의 욕구를 의식하지 못함으로써 정체성을 바로 세울 수 없게 될 수도 있다.

이것은 특히 남성들에게 흔한 것인데, 그들은 친밀에 대한 느낌들이나 욕구들을 그들 자신들에게는 물론 다른 사람들에게도 통제하거나 감추도록 조건화된다. 반면에 여성들은 좀 더 문제를 받아들이고 분노 감정을 표현하는 경향인데, 남성들은 고통, 공포의 느낌들 및 사랑에 대한 욕구를 받아들이고 표현하는데 어려움을 더 가지는 것 같으며, 상당한 남성들은 분노를 다루는데도 어려움을 가지는 것 같다. 많은 남성들은 여성의 눈물이 반드시 속임수도 아니고, 반드시 고통을 의미하는 것도 아님을 배울 필요가 있다. 분노 혹은 공포를 억압하도록 조건화된 많은 여성들은 울분, 좌절 혹은 놀람으로도 눈물을 흘린다. 이 경우에 남성들이 할 수 있는 가장 사랑스런 일은 그 자신을 방어하는 것을 떠나 그녀의 감정을 표출하도록 배우자를 격려하는 것이다. 가끔 남성에게 있는 분노폭발은 공포나 고통을 감추는 것일 수 있다. 일단 부부가 그들의 개인적 조건화의 상호작용을 이해하면, 서로의 행동에 대한 그들의 반응은 신속하게 더 지지적인 것으로 되어 간다.

초기 조건화는 또한 신체적 친밀에 대한 우리의 태도들에 영향을 미친다. 많은 아버지들은 사춘기 딸들을 껴안기를 중단한다. 남성들은 일반적으로 여성들이 신체적 친밀을 기대하는 것보다 더 일찍 조건화되어, 그들은 다른 사람에게 가까이하는 요구나 껴안는 것은 수용될 수 없다고 생각하거나 남성답지 못하다고 느끼는 것 같다.

신체접촉 스포츠들은 소년들에게 그들이 성장함에 따라 사람들에게 친밀을 나누는 한 가지 수용될 수 있는 방법을 제공한다. 스포츠는 일종의 동료애를 제공하며, 마찬가지고 등을 두드리고 부둥켜안는 것은 자연적 피부접촉의 욕구를 만족시킬 것이다. (우리 피부속의 수많은 기쁨 수용기들로 미루어 판단하건데, 자연은 가끔 접촉의 기쁨을 경험할 의향을 가지게 한 것처럼 보인다.) 그 후 청소년기의 소년들은 섹스는 여성들에게 친밀하기를 원하는 수용가능한 방법이라는 것을 배우며, 그리고 섹스는 연결을 위한 그들의 욕구를 충족시키는 하나의 방법이라는 것을 배운다. 애정, 친밀, 관능, 성욕 모두는 하나의 행동으로 모아지며, 그리고 많은 사람들에게 섹스는 수행(“나는 충분히 잘 했는가?”)과 경쟁(“그[혹은 그녀]는 다른 사람들을 더 선호할까?”)과 혼합되어 마음 조리며 서로 신체적 접촉으로부터 오는 자양분을 취하기만 한다.

PAIRS 연습: 애정-당신의 가족모델들

돌보기, 부드러움과 애정은 3가지 기본 방식으로 나타날 것이다:

신체적으로: 만지기, 애무하기, 가볍게 두드리기, 그 밖의 몸짓들
언어적으로: 애정 어린 말들 및 어조들
행위에 의해: 동작들, 행위들 혹은 즐기기 위한 특별한 노력

어떤 가족에게 있어, 애정은 어떤 방식으로- 말하자면 말보다 껴안기를 통해 전달될 것이다. 애정은 요리하는 동안에, 자는 동안에 문지르기를 통해 및 함께 게임하면서 보내는 시간을 통해 전달될 수 있을 것이다

당신의 가족에는 애정이 어떻게 나타나는가? 당신의 일지에 그것에 대해 쓰고 아래 차트에 채워보시오(하나 또는 그 이상을 체크):

	신체적으로	언어적으로	행위들 혹은 활동에 의해
아버지가 어머니에게			
아버지가 나에게			
어머니가 아버지에게			
어머니가 나에게			
내가 배우자에게			
배우자가 나에게			

당신 어머니와 아버지가 당신에게 나타낸 애정과 그들이 당신의 형제들 혹은 서로 간에 나타낸 애정과 차이가 있는가?
그것이 당신에게 어떻게 영향을 미쳤는가?

. 나는 배우자에게 ________의해 더 애정을 나타낼 수 있으면 좋겠다.
. 나를 방해하는 것은________이다.
. 나는 배우자가 ______에 의해 더한 애정을 나타내기를 바란다.
. 나의 배우자와 생생하게 기억나는 애정의 순간은 ______이다.

당신의 일지에 쓴 것에 대해 생각하시오. 당신에게 보이는 드러난 패턴은 무엇인가? 당신의 배우자가 보이는 애정의 방법은 당신 것과 다른가? 당신들 중 한 사람이 당신이 다른 방식들 혹은 다른 양으로 애정을 나타내기 때문에 사랑하는 느낌이 시작되는가?

당신 모두 이 연습을 마쳤으면, 함께 앉아 기록한 것을 비교하시오. 각자 경험하지만 표현하지 않은 감정은 어떤 것인가? 당신은 그 이유를 아는가? 당신의 배우자가 당신을 위해 당신이 표현하기 어렵지만 나눌 수 있으면 좋을 것 같은 느낌들을 표현하기가 더 쉽도록 도울 어떤 것이 있는가?

만약 당신이 이 연습에 대한 기록을 비교하기가 어렵다면, 당신의 **매일 온도 읽기**의 부분에서 깨달은 것을 생각해 보시오: "나는 ___에 대해 당신에게 알리지 않은 것을 깨닫는다." "나는 만약 당신이____이면(충고, 판단, 정정, 논의, 웃는 등을 하지 않는다면) 이들 감정에 대해 더 쉽게 이야기 할 수 있을 것이다."

스트레스 아래, 우리는 보통보다 좀 더 연결하기를 필요로 할 것이다.

예를 들면, *복남*은 기대하지 않았던 심각한 사업적 손실을 입었으며, 그는 그의 전 경력과 재정적 투자가 허사가 될 것 같은 두려움에 빠졌다. 그는 주말 내내 아내 *복순*과 연결하기로 보냈는데, 그녀는 그가 의심과 공포를 비탄에 빠져 표현할 동안 그를 껴안아 주고 보살펴 주었다. 그 주말을 보내고, 그는 사무실로 가서 참모 회의를 소집할 생각을 분명하게 하고 있는 자신을 발견하였다. 거기서 그는 그 난국이 전환되는 그런 각오와 통제력으로 행동하게 된 것이다. 그가 아내에게 주말 내내 그의 불평에 의해 짜증이 났었는지 물었을 때, 그녀는 웃으면서 "글쎄요, 만약 그것이 여러

해 계속됐다면 빨리 끝나기를 원했을 거예요. 그러나 내가 당신을 위해 거기에 있을 수 있었다는 것이 기뻐요." 라고 말했다.

연결하기와 섹스

안겨있거나 안고 있는 것은 성적 각성으로 이끌 것이며, 그 같은 것은 전희의 한 부분이다. 그렇지 않으면 그것은 우리의 가장 깊은 비성적인 열망의 표현일 것이다. 이제 이들은 인생 초기에 시작해서 전 생애에 걸쳐있는 욕구들임이 확인되고 있다. 조화로운 결혼에서는, 비성적인 욕망들은 성적인 욕망들과 같이- 어린아이 같은 욕구들과 같이 어른 욕구들이 충족된다.

미리 당신이 동의하는 연결하기를 위해 시간을 챙겨두는 것은 특별히 성적인 것이 아닐 수도 있다. 이렇게 하는 주된 이유는 *당신이 섹스와 연결하기 간의 차이를 이해하도록 돕기 위한* 것이다. 만약 연결된 배우자들 간에 섹스를 갖지 않을 것이 분명하다면, 배우자 어느 쪽도 섹스를 수행할지에 대한 근심으로 미리 겁낼 필요가 없을 것이며, 그들은 상대에 의해 부추김 당하거나 혹은 부추기거나 혹은 통제 당하거나 통제할 것이다.

서로 즐거움 취하기

서로 간에 즐거움을 취하는 것은 부부들이 획득해야하는 습관이다. 어떤 사람들은 친밀의 즐거움을 오직 보호자로서만 누린다. 그들은 돌보는 기능이 소용되면, 친밀을 "줄" 수 있지만, 그들은 자신을 위해 친밀을 추구할 수 없다. 다른 사람들은 그들이 하여야 한다고 생각하는 모든 일을 한 다음 친밀이 "주어지도록", 마치 착한 작은 소녀와 소년들 일 때 머리를 가볍게 두드리기를 바라는 것처럼, 기다린다.

경우에 따라서는 이 방법이 통할 수도 있다. 어린아이 때 우리는 부모에게 우리의 욕구들이 충족되도록 의지하며, 그리고 부모들은 종종 그런 욕구들을 충족시키는 상응한 조건들에 애착을 나타낸다. 만약 어린아이처럼 우리가 사무실에서 고된 하루를 보내고 지치고 피곤한 아버지에게 애정을 나타낸다고 습관적으로 인사하면, 우리는 무시당하거나 혹은, 잘하면, 건성의 다독거림이나 키스를 받게 될 것이다. 그러한 상황에서 분명하게 받은 메시지는 그렇게 애정을 표현하는 것은 "잘못된" 것 아니면 "고통스런" 것이며 따뜻한 반응을 기대하는 것은 어리석다는 것이다. 이와 같이 즐거움을 취한다는 개념은 우리 대부분에게 낯설다. 사랑하는 누군가가, 그들에게는 즐거움이기 때문에 다가와 우리를 포옹할 때 그것이 어떤 느낌인지 우리는 깨닫지 못한다. 아마도 우리는 이것이 즐거움이 될 수 있다는 것을 알지 못하거나 아니면 아마도 거부 혹은 이기적으로 보이는 것에 대해 두려워하는 것일 수도 있을 것이다. 우리는 자기-겸양적인 사람이면서 우아하고 그리고 착한 행동을 하기가 너무 바빠서 *배우자에게서 즐거움을 취하는 것은 배우자가 우리에게 요구하는 바로 그것이라는 것을- 그 연결하기가 우리가 서로에게 주는 하나의 선물임을* 깨닫지 못한다. 우리는 각자가 상대에게 진정한 즐거움이 될 수 있도록 경험하는 것이 필요하다.

당신의 일지에 당신이 깨닫기 시작한 것을 쓰는 시간을 가져보시오.

3
성욕: 환상과 불화를 넘어서

* * *

연결하기는 깊이와 평온을 통해 부부로서 전체성을 성취하도록 돕는데, 마치 우리가 부드러운 물위의 보트에 있는 것처럼 흔들림과 안락함을 준다. 성욕은 열정, 유혹, 욕망 그리고 강렬함을 통해 거기로 이끄는데, 그것은 마치 우리가 눈썰매로 언덕 아래로 내리꽂는 것과 같다.

남성 혹은 여성의 성적 본질은 우리의 정서적, 지적, 신체적 그리고 환상경험들 모두에서 표현되며 반응들과 관계들- 동성에게 마찬가지로 이성에게 주고받는 안락, 즐거움, 도전, 의미와 자극들 모두에서 표현된다. 성욕은 애정, 친밀, 접촉하기, 대화, 나누기, 관계하기에 대한 우리의 욕구를- 간단히 말해, "존재"에 대한 욕구를 포함하며- 마찬가지로 성적인 각성 동안에 축적된 신경 및 생리적 긴장의 방출에 대한 욕구들을 포함한다.

PAIRS연습: 당신의 성생활은 얼마나 만족스러운가?

우리는 섹스가 저절로 잘 되기를 기대하는 것 같다. 우리는 가끔 배우자와 성생활을 논의하는 것에 대해 걱정한다. 그것이 부적절하다거나 무언가 신비감을 잃어버릴 것 같은 두려움에 빠지기 때문이다. 이 침묵은, 섹스에 대해 가지는 다른 태도와 마찬가지로, 우리의 성생활을 깊게 할 수 있는 개인적 취향과 욕망들에 대한 지식을 얻지 못하게 방해한다. 이 연습은 당신의 성생활을 평가하는데 도움을 주기 위해 설계되었으며, 주로 당신들 중 어느 쪽이든 부부관계에서 성적인 문제로 겪고 있는 어떤 문제에 대해서든 배우자와 이야기하기 쉽도록 만들어졌다.

당신의 일지에 아래 문항에 맞추어 1에서 42까지 번호를 쓰시오. 각 번호 다음에 성생활에 대한 당신의 만족 정도를 점수로 나타내는데, 매우 만족 5점에서 매우 불만족 1점까지 해당되는 점수를 쓰시오. 만약 당신의 성생활에 대한 특정 측면에 대해 어색함, 당혹, 불편, 부끄러움, 두려움, 죄책감, 부적절감, 분개, 자랑, 섹시, 등등을 느끼게 하여 높은 혹은 낮은 점수를 주고 있는 것을 발견한다면, 당신의 일지에 이것을 표시하되, 점수만은 정직하게 쓰시오.

5는 매우 만족, 4는 어느 정도 만족, 3은 보통, 2는 어느 정도 불만족, 1은 매우 불만족을 나타내는 점수임을 기억하시오.

1. 우리가 섹스를 갖기로 결정하는 방식__________
2. 내가 섹스를 시도하는 빈도__________
3. 배우자가 섹스를 시도하는 빈도__________
4. 우리가 섹스를 갖는 빈도__________
5. 배우자의 섹스를 시도하는 방법__________
6. 섹스를 시도하는 나의 방법__________
7. 섹스에 대해 "거절하는" 배우자의 방법__________
8. 우리가 섹스를 갖는 상황__________
9. 섹스에 대한 나의 관심 수준__________
10. 배우자의 관심 수준__________
11. 우리가 섹스를 갖는 시간대__________

12. 우리가 취하는 프라이버시의 정도________
13. 우리가 사용하는 출산조절 방법________
14. 나의 몸의 매력 정도________
15. 배우자의 몸의 매력 정도________
16. 배우자 몸의 청결과 향기________
17. 전희와 발정에 주어지는 시간과 관심________
18. 전희의 다양성________
19. 나의 성감대에 대한 배우자의 지식________
20. 배우자의 성감대에 대한 나의 지식________
21. 성교에 보내는 시간________
22. 배우자의 열정 강도________
23. 나의 열정 강도________
24. 성교 시 사용되는 체위________
25. 성적 실험의 정도________
26. 나의 오르가즘의 빈도________
27. 배우자의 오르가즘의 빈도________
28. 전희로부터 나의 만족 정도________
29. 오르가즘으로부터 나의 만족 정도________
30. 해소기로부터 나의 만족 정도________
31. 배우자의 분명한 성적 만족________
32. 섹스가 시도되기 전에 보여주는 배우자의 애정의 양과 스타일________
33. 절정 전에 배우자가 보여주는 애정의 양과 스타일________
34. 절정 후에 배우자가 보여주는 애정의 양과 스타일________
35. 섹스가 시도되기 전에 내가 보여주는 애정의 양________
36. 절정 전에 내가 보여주는 애정의 양________

37. 절정 후에 내가 보여주는 애정의 양________

38. 비 성적인 애정의 양________

39. 성적 논의의 용이성________

40. 상호 욕구수준의 관점에서 본 우리의 성적인 조화 ________

41. 우리가 즐기는 섹스의 종류의 관점에서 본 우리의 성적인 조화________

42. 성적인 다양성에 대한 욕구 관점에서 본 우리의 성적인 조화________

당신이 표시한 점수를 5점 개수, 4점 개수, 3점 개수, 2점 개수, 그리고 1점 개수를 헤아려서 합산하시오. 이것에 대한 과학적인 근거는 없으며, 그리고 총점에 대해서도 큰 의미가 있는 것이 아니다. 당신이 원하는 것은 당신이 얼마나 만족하는지 그리고 당신이 그렇게 만족하지 못하는 영역에 대해 느낌들은 어떤지에 대한 일반적인 판단일 것이다. 만약 당신이 자신에게 모두 3점을 주고, 당신의 성생활에서도 아주 행복하다면, 그것은 정상범위의 생활일 것이다. 문제는 당신의 불만족 수준이 상대적으로 높은 때이거나 아니면 당신과 배우자간의 점수 불일치가 나타날 때에 발생한다. 만약 당신의 점수 1/3이상이 1점이나 2점이거나, 아니면 당신중의 한 사람은 모두 3점이거나, 4-5점대이고 상대는 아주 적은 1점과 2점대라면, 당신은 어떤 조치를 취해야 할 것이다. 그러나 마음에 새겨두시오: 당신은 여기서 당신의 불만족의 영역을 규명함으로써 그 작업을 시작할 수 있을 것이다. 이 장에서 당신은 많은 사람들이 그들의 성적 만족수준을 높이는데 도움을 찾은 몇몇 도구들을 발견하게 될 것이다.

당신의 점수들은 배우자가 기록한 것과 매우 차이난다고 생각하는가? 당신의 점수에 어떤 패턴을 발견할 수 있는가? 당신은 섹스에 대한 사전준비, 예를 들면, 실험과 다양성의 정도에 대해, 혹은 보여주는 애정의 양 혹은 다른 무엇에 불만인가? 이 목록에 당신의 일지에서 문제제기가 된 항목들이 있는가? 당신은 낮은 점수에서 높은 점수로 바꾸는 변화에 대한 구체적인 요청을 생각할 수 있는가? 만약 당신이 "나" 다음에 "우리가 가지는 프라이버시의 정도"라고 쓴다면, 예를 들면, 프라이버시를 더 보증하는 방법을 생각할 수 있는가- 아마 침실 문의 잠금장치 설비; 자녀들에게 그들로부터 종종 있는 프라이버시를 위한 당신의 욕구를 존중하도록 가르치기("방해하지 마시오." 표시로 명예를 훈련하기); 집밖으로 자녀들을 대리고 나가는 보모를 고용하기, 그래서 당신은 가까이 있는 자녀들에 의해 방해받지 않으며; 자동응답 전화기를 구입하거나, 아니면 적어도 당신이 그 벨을 끌 수 있는 전화기를 둘 수 있을 것이다.

섹스에 대한 신화와 오류

섹스의 즐거움을 증가시키는 가장 좋은 방법 중의 하나는 즐거운 섹스를 구성하는 신화들과 오류들을 찾아서 파기하는 것인데, 신화와 오류는 당신의 즐거움에 대한 그림자와 성적 친밀의 많은 범위의 경험을 방해하는 가족태도로부터 물려받은 것이다.

성적행동과 기능에 대한 신화의 목록은 끝이 없을 정도로 많다. 현대에 성적으로 알려진 것들 중에서 중요하게 여겨지는 몇 가지 신화에만 초점을 맞추는 것이 좋을 것 같다. 물론, 사회에서 젊은이들에게 "성은 더럽다" 그리고 "당신이 사랑하는 사람을 위해 그것을 아껴라" 와 같은 두 가지 기본적이며 모순적인 메시지가 전해지도록 함으로써 혼란과 신화는 불가피하다. 성적인 계몽운동이 일어나고 있는 최근까지도 똑같이 해로운 오류들이 발생한다.

남성이 전문가이다. 어떤 사람들은 남성은 선천적으로 특별한 성적 지식과 능력을 부여받았다고 여전히 믿고 있다. 그는 본능적으로 여성이 원하는 것 또는 욕구하는 것이 무엇인지 알기 때문에 안내자이면서 교습자이여야 한다는 것이다. 본질적으로 이것은 그로 하여금 부부의 성적 수행의 질에 대해 책임지게 만든다. 이것은 또한 여성이 주도적이거나 혹은 성적으로 재치 있고, 표현적인 것을 부적절한 것으로 만든다. 이것은 불합리하다고 우리 모두 지적으로 동의하지만 여성이 더한 성적인 상상 혹은 실제적 기술들 지닌다는 것을 증명할 때 정서적 충격(남성의 불안과 여성의 죄책감)은 지워지지 않는다.

오르가즘. 성교는 동시적인 오르가즘이 있을 때만 최상이라는 생각은 비교적 최근 생긴 오해이다. 의심할 여지없이 오르가즘은 일치에 의해 또는 상호만족을 높이게 한 설계에 의해 동시적으로 되며, 부부가 그것을 좋아한다면 그것을 위해 노력하지 않아야할 이유가 없는 것이다. 그러나 남성과 여성의 흥분패턴들의 많은 측면들은 동시적 오르가즘을 어렵게 만들며- 그리고 성적 느낌들의 충분한 표현을 기계적 묘사로 틀에 맞추는 것은 불합리하다. 당신은 그것을 보도에 갈라진 틈을 밟지 않을 정도의 주의를 요하는 것이지만 당신은 이 과정에서 섹스의 상당한 기쁨을 상실할 수 있다.

수행. 성적인 자유 운동은, 아마 두 배우자 간에 섹스에서 수행하는 질에서 보다는, 신체적 기술들과 운동의 솜씨(즉, 솜씨 좋음, 기교 및 오르가즘의 빈도)에 비통상적인 강조로 초래된 경향이 있다. 대체로, "언급할 수 없는 섹스" 의 암흑기 동안, 기교에 완전

히 무지하여 섹스에 대한 최근의 그런 강조는 필연적이었으며, 여러 가지 면에서 건강하기까지 하다. 그러나 여론은 너무 혼란을 초래한 것처럼 보인다. 기교에 강조는 당사자들을 전체 성적 경험이 포함해야 하는 다른 모든 요소들, 즉 자발성, 탐색하기와 어린아이 재미, 무계획적인 부드러움과 순간에 "자아"와 "상대"의 완전 몰입에서만 올 수 있는 즐거움의 진정한 나눔으로부터 멀어지게 만든다. 또한 기교는 생식기에 지나치게 초점을 두는 경향이 있어, 배우자의 몸 전체는 끝없는 감성적 및 성적 반응성과 만족이 풍부한 곳이라는 사실을 간과하게 만든다. 당신은 오르가즘과 불쾌한 섹스를 가질 수 있는데, 이것으로 볼 때, 당신은 오르가즘 없이도 기억에 남을 성적경험을 가질 수 있는 것이다.

자발성. 섹스 하는 동안 우리는 자발적이어야 하지만 섹스에 대해서는 자발적일 필요는 없다. 우리는 저녁파티, 작업 스케줄 및 일상의 모든 일에 대해서는 조심스럽게 계획하지만- 우리의 삶에 가장 중요한 측면의 하나를 위해 시간을 챙겨두는 것에 대해서는 관대한 편이다. 이것은 부분적으로 계획된 섹스는 어쨌건 기계적일 수 있다는 이해할만한 느낌에 기인하고 있지만, 그럴 필요는 없는 것이다. 우발적 "정열가"를 결코 평가절하 하는 것은 아니지만, 우리는 배우자와의 섹스 "데이트"를 위해 충분한 시간과 최적의 상황을 만드는 것을 자신들에게 확실하게 하여야 한다.

고착시키기. 가장 뿌리 깊고 유해한 오류 중의 하나는 사람들 대부분이 상당히 같은 방식에서- 즉, 당신이 행하는 방식에서 성생활을 한다는 가정이다. 더욱 유해한 것은, 만약 그들이 그렇게 하지 않는다면, 그들은 그렇게 해야만 할 것인데- 그것이 "표준" 방식이기 때문이라는 가정이다. "표준" 방식은 아무데도 없다; 우리는 성적 흥분을 얻는 방식에서 매우 독특하다. 우리는 이장에서 이것

에 대해 더 세부적인 연습을 하겠지만, 핵심 포인트는 우리 각자가 실제로 우리를 흥분시키는 것에 접촉을 얻는 책임이 있다. 이것은 상당한 자기조사(신체적, 정서적 및 지적)와 정직성을 요구하는데, 그것이 우리 대부분이 무시해왔던- 어리석어 보이기 때문이거나(우리의 흥분들은 명백하였다) 위협적이었기 때문에(우리의 흥분들은 당혹스럽거나 "비정상적인" 것처럼 보여서)- 주제이다. 그리고 결국은, 약간의 용기를 낼 것이며- 우리의 소원과 욕구를 배우자에게 전할 책임이 우리에게 있기 때문이다. 증거는 아주 명확해 보이는데; 대부분의 빈약한 섹스는 빈약한 의사소통, 배우자가 실제로 원하는 것에 대한 오해로부터 오는 것이지- 그것을 제공하는 내키지 않음이나 무능력으로부터 오는 것이 아니다.

가족태도의 효과

섹스는 가끔 부부 상호작용에서 일반적인 강점들과 약점들을 반영하는 바로미터로 기능한다. 그것은 또한 다른 곳에서 해결되지 않은 문제들을 덮는 역할도 하는데- 그들은 실패, 권태, 단조로움, 지배력, 수행, 즐거움, 친밀, 분노 혹은 근심을 다루어야 한다. 그녀의 배우자를 거절하는 여성은 관계의 다른 영역에서의 지배력의 불균형을 수동적으로 수정하려고 시도하고 있는지도 모른다. 부부가 한 쪽은 요구하고 다른 쪽은 거절하는 패턴에 빠질 때, 그 문제의 근저에 성적인 것이 있을 가능성은 드물다.

브란댄 박사(Dr. Nathaniel Branden)의 가이드 북, *내가 말할 수 없는 것을 당신이 들을 수 있다면*(If You Could Hear What I

Cannot Say)으로부터의 다음 문장완성형은 친밀에 대한 자기이해를 증진시키는데 유용할 수 있다. 만약 반응들은 당신의 배우자 것과 비교한다면, 당신 두 사람의 감수성이 머무는 영역들을 각성하게 될 것이다. 당신의 일지에서 이들 문장들을 완성시키시오.

어머니는 나에게 나의 신체는 .... 라는 인식을 심어주었다.

어머니는 나에게 섹스는.... 라는 인식을 심어주었다

어머니는 나에게 남성은 .... 같다는 관점을 심어주었다

어머니는 나에게 여성은 .... 같다는 관점을 심어주었다

어머니는 나에게 사랑이란.... 라는 인식을 심어주었다.

내가 어머니로부터 받은 사랑의 비언어 메시지 중의 하나는 .... 이었다.

나의 어머니가 접촉되었거나 혹은 나를 잡았을 때 나는 .... 을(를) 느꼈다.

아버지는 나에게 나의 신체는 .... 라는 인식을 심어주었다.

아버지는 나에게 섹스란 .... 라는 인식을 심어주었다.

아버지는 나에게 남성이란 .... 같다는 관점을 심어주었다.

아버지는 나에게 여성이란 .... 같다는 관점을 심어주었다.

아버지는 나에게 사랑이란 .... 라는 인식을 심어주었다.

나의 아버지로부터 받은 사랑의 비언어 메시지 중의 하나는 .... 이었다.

나의 아버지가 나에게 접촉되었거나 혹은 나를 잡았을 때, 나는 ....을(를) 느꼈다.

나는 .... 을(를) 의식해 가고 있다.

나는 .... 을(를) 의심하기 시작하고 있다.

섹스는 많은 부모들이 그들 자녀와 토론하기에 불편하게 느끼는 주제여서 당신이 성적 태도에서 늘 갈구하는 것을, 이 연습으로도 얻기가 어렵다하더라도 놀랄 일은 아니다.

두 사람이 일지에 쓴 것을 가지고 토의하고, 섹스의 어떤 측면들 혹은 당신이 방해받아 민감해 있거나 부적절하게 느끼는 것에 대한 관능성에 대해 가능한 한 공개적으로 탐색하시오. 만약 당신이 당신의 사용법들의 어떤 것에서 유머를 볼 수 있다면 도움이 될 것이다. 예를 들면, 어느 유령들이 그녀와 침실에 있었는지 물었을 때, 그녀 자신을 마르린 몬로에서 시작해서 모든 영화스타와 어색하게 비교해 왔던 한 PAIRS 참가자는 "영화사 카메라맨들"이라고 반응했다.

당신이 침실에 있는 그 유령들을 살펴보는 동안, 당신이 주장과 통제의 문제를 다루는 방법에 대해 생각해 보시오. 만약 당신이 이 연결에서 정서적 발달의 유아기를 많이 지나쳐버리지 않았다면, 당신은 섹스에 대해 "나는 그것을 원할 때 원하는 것을 원한다."는 태도로 접근할 것이다. 이 태도는 장기간 먹혀들지 않을 것이다. 만약 당신이 좋은 소녀 혹은 좋은 소년 단계에 묶여있다면, 만약 당신이 배우자에게 순종적이고 조력하는 방향으로 대한다면 당신에게 커다란 즐거움으로 보상될 것이라 가정할 것이다. 문제는, 배우자가 다른 곳보다 침대에서 쉽게 당신의 마음을 읽을 수 없다는 것이며, 그래서 당신은 얻은 것으로 행복하지 않을 수도 있을 것이다.

만약 당신이 발달의 청년기단계에서 빗나가 있다면, 당신은 지배력 문제를 지닐 가능성이 높다. 침실에서 "나에게 무엇을 하시오라고 말하지 마시오."라는 말투는 치명적이다. 그 청년은 "만약 당신이 원하는 것을 나에게 말한다면, 나는 그것을 나를 통제하려는, 나를 아이 취급하는 시도라고 생각한다. 당신이 나에게 당신에게 줄 즐거움이 어떤 것이라고 말하는 순간, 그것은 내가 당신에게 줄 이 세상에서 마지막 것이 될 꺼야" 라고 말하고 있는 것이다. 섹스의 즐거움은 승자 없는 지배력 다툼의 나락으로 떨어지는 것이다.

만약 다음의 문장들 중 한 쌍 이상이 당신에게 친숙하다면 스트레스가 당신의 침실의 적이라고 가정할 수 있을 것이다:

섹스는 가끔 그것의 가치보다 더 문제가 많은 것처럼 보인다.

섹스 중에 집안 허드렛일들과 사무실 책임 맡은 일들이 생각난다.

당신은 섹스 중에 이들 책임 맡은 일들에 관해 생각한다.

당신은 섹스를 위한 시간을 가지는 것에 죄책감을 느낀다.

당신은 배우자가 섹스에 관심을 보여줄 때 강요받음을 느낀다.

당신은 배우자가 성적 흥분이나 절정에 도달하는 시간이 길어질 때 인내하지 못한다.

당신은 신체적 즐거움은 시간낭비라고 생각한다.

당신은 섹스의 시간이 너무 길어질 때 초조해진다.

당신은 피곤할 때 섹스를 한다.

당신은 섹스 향연을 위한 특별한 시간 예약에 실패한다.

우리 모두 섹스시간 중에 상당한 압력을 느끼지만, 만약 당신의 생활에 압력이 만성적이라고 의심된다면, 당신은 정원을 가꾸는데 적은 시간을 보내고 장미 향기를 맡는데 많은 시간을 보내는 특별한 노력을 해야 할지 모른다.

당신의 배우자가 당신을 즐겁게 하는 것을 추측하도록 기다리지 마시오. 당신을 자극하고 만족시키는 것을 자신을 위해 찾아내어 그것을 요청하거나, 아니면 그것을 취하시오. 주고받는 것으로는 충분하지 않으며- 우리는 또한 말할 수 있거나 혹은 우리 자신의 이익에 도달할 수 있어야 하며 취할 수 있어야 한다. 이상적으로, 성적 사랑은 이와 같은 주고받음의 흐름일 것이다- 그러나 그것은 욕망의 생동감을 유지하기 위하여 양방향으로 흘러야 한다.

섹스의 적들

섹스의 가장 큰 적들:

우리의 생활에서 즐거움의 시간 결여와 계획하기 실패. 당신은 휴일에도 모든 시간을 돈 버는데 보내면서 휴일도 잊고 지내지 않는가?(아니면 정신과 의사 던 케스리얼[Dan Casriel]이 말하곤 하는 것처럼, 당신의 모든 시간을 헛간을 청소하는데 보내고 조랑말을 타기를 잊어버리지 않는가?) 만약 당신이 에너지 모두를 일과 사회적 약속들에 쏟고 부부가 즐거움을 가지는 시간 예약에 실패한다면, 당장 앉아서 적어도 일주일의 하루저녁을 함께 하도록 실행계획을 세우시오. 가끔 섹스를 위한 우연한 데이트를 갖고 섹스 데이트의 타이밍과 설정을 다양화하시오.

섹스는 에너지를 요구한다는 것을 기억하시오. 당신의 배우자가 아프거나 피곤하더라도 사랑 만들기를 열망할 것이라고 기대하지 마시오. 섹스를 당신의 절정 에너지 시간대에 계획하시오. 만약 당신이 보통 때처럼 준비되어 있고 그런 다음 피로로 지칠 것 같으면, 섹스를 취침시간까지 지연시키지 마시오. 당신은 아마도 이른 저녁에, 아침에 첫 번째 일로, 혹은 토요일 오후에 에너지를 더 많이 느낄 수 있을 것이다.

한쪽 혹은 양쪽 배우자의 욕구의 결여 혹은 그들 간 욕구빈도의 불균형. 많은 시간의 욕구 결여에는 정서적 뿌리가 있다. 무관심과 권태는 가끔 해결되지 않은 문제들과 불만들에 대한 표현되지 않은 분노와 적의의 단순한 위장일 수 있다. 스트레스와 연계된 불쾌한 감정들은 또한 욕구를 위축시킬 수 있으며 당연한 일에 대해서도 반응적이지 못하다. 일, 돈 혹은 건강과 같은 문제에 대한 만성적 스트레스는 심각하게 성적 욕구를 저해할 수 있다.

때로는 욕구를 저해하는 느낌들이 의식되며, 때로는 의식되지 않는다. 우리는 배우자를 싫어하거나 불신하기 때문에, 예를 들면, 임신, 불임, 고통 혹은 판단되는 것(성적 수행에 대한 불안이 성욕의 킬러이다)에 대한 두려워하기 때문에 저해될 수 있다. 아니면 우리는 무의식적으로 처벌, 통제의 상실 혹은 성적인 만남이 함축하는 보다 깊은 관여에 대해 두려워할 수 있다. 그런 공포가 깊게 되면, 치료가 요구된다.

섹스의 오용- 예를 들면, 거래하는 도구 또는 무기 같은 것으로 조종하기 혹은 탐닉하기, 연결하기 및 애정을 위한 대용 같은 것으로 불안 완화시키기 등이다. 섹스는 부부간 연결의 강력한 부분이기 때문에 목적을 이루기 위한 수단으로 섹스를 사용하고자 혹은 형평을 얻기 위해 아니면 통제받는 느낌을 피하기 위해, 특히 섹스가 당신이 지닌 유일한 무기라면, 섹스를 유보하도록 유혹을 받는다. 결국, 섹스의 오용은 즐거움의 중요한 통로를 감소시킴으로써 역작용할 것이며, 궁극적으로 나와 배우자 모두에게 섹스의 통로가 파괴될 것이다.

무지와 잘못된 정보가, 가끔 섹스에 대해 이야기하는 것이 섹스의 자발성 및 로맨스를 빼앗는다는 신념에 의해 강화되었다. 많은 성적인 불만족에 깔려있는 것은 부적절한 신념인데, "만약 당신이

나를 사랑한다면, 내가 당신에게 내가 원하는 것을 말하지 않아도 당신은 알 것이다." 남성과 여성은 성적으로 다르기 때문에 대부분의 다른 영역들보다 이 영역에서 당신의 배우자가 당신의 마음을 읽도록 기대하는 것은 지극히 어리석다. 무엇이 당신에게 즐거움을 주는지를 배우자에게 알리고 당신의 사랑 만들기에서 배우자의 소망들을 배려하는 것이 중요하다. 비현실적인 기대 또한 많은 부부들의 성생활을 황폐하게 만든다. 우리가 이 장에서 당신에게 요청하는 것 중의 하나는 당신의 성적 기대들을 규명하여 소통하기 시작하는 것이다.

PAIRS 연습: 얼굴 애무

이 얼굴과 머리 마사지는 놀라운 흥분제이다. 당신은 또한 그것을 당신에게 좋게 느끼는 것을 서로 가르쳐 주는데 활용할 수 있다- 당신이 단단하고 깊은 두드림을 좋아하는 곳과 더 가벼운 두드림을 좋아하는 곳, 그리고 당신이 전혀 닿지 않기를 바라는 곳. 우리 대부분은 배우자가 우리가 하는 것과 같은 것을 좋아할 것이라고 가끔 틀리게 추측한다. 이 연습을 당신자신과 배우자의 선호를 찾는데 활용하고, 그리고 난 후 즐거움의 선물로 그것을 사용하시오.

이 연습을 위해 10-30분을 허용하시오. 불빛을 약하게 하고, 부드러운 음악을 켜고 그리고 배우자를 당신 정면에 매트나 침대에 눕히고, 당신 다리 사이에 배우자의 머리를 두게 하시오. 등 뒤 지지를 위해, 벽이나 침대베게에 기대시오.

당신의 두 손은 배우자의 턱의 곡선을 따라 두고, 한 면에 한손씩, 머리는 부드럽게 묻어 놓으시오. 천천히 그러나 확실하게 턱을 두드리며, 배우자의 턱의 구조와 피부질감과 따뜻함을 느끼시오.

눈을 잠깐 감고 당신은 장님이라고 상상하고 오직 손가락으로 더듬어 배우자의 얼굴모습을 파악하도록 해보시오.

음악에 자신을 맡기고, 천천히 배우자의 얼굴위로 움직여, 손가락 끝으로 각 부분을 만지고 느끼면서, 도로를 찾아 지도를 살피듯 얼굴을 탐색하시오. 당신의 손가락들을 턱뼈로부터 위쪽으로 움직이면서, 머리 양 쪽의 관자놀이 들어간 곳에는 모든 신경말초들이 만나는 곳인데, 그 관자놀이를 향하여 미끄러지시오. 당신의 중지를 그곳에 두고 부드럽게 잡아 순간적으로 강하게 눌러 주시오- 이것이 긴장을 경감시킵니다. 그런 다음 관자놀이 부근에서 작은 원을 천천히 만들어 만지시오.

배우자의 이마 중앙으로 움직여서, 두 손을 이마를 따라 두고, 작은 손가락들을 눈썹에 두고 다른 손가락들은 이마에 빙빙 돌리시오. 당신의 손가락들을 펴서 두 손으로 이마를 부드럽게 잡으시오. 이것은 매우 조용한 포지션입니다. 눈썹 안쪽부분에서 이마를 가로 질러 귀 바깥 부분들까지 천천히 더듬어 가시오. 관자놀이 주위로 확실한 원을 그리며 멈춰주시오. 당신의 손가락을 귀 뒤로 내려 목에 둔 뒤, 당신 배우자의 귀 뒤의 뼈 구조주위로 확실한 원을 만들어보시오.

두 손을 사용해서, 모든 신경말초가 있는 곳까지 가능한 한 멀리 가면서, 목 뒤로 확실한 원을 만드시오. 천천히 움직이면서 전체 손을 사용하여, 목뒤의 근육을 누르면서, 그런 다음 어깨를 강하게 누르면서 내려가시오. 큰 어깨 근육은 두드리며 내려가고, 그런 다음 누르시오. 음악 흐름에 따라 어깨 위의 당신 손들을 스쳐, 팔로 내려가서, 몸통 부분으로부터 떨어지시오- 마치 당신이 배우자 신체의 바깥으로 모든 긴장을 훑어 내리듯이. 이것을 3번~4번 하시오.

이제 당신의 손가락들을 배우자의 이마에 뒤집어 놓고 부드럽게 그 위의 선을 따라가면서, 관자놀이 들어간 곳을 지날 때마다 작은 원을 그리시오. 당신의 손가락 끝으로, 얼굴의 모든 선을 따라가면서, 눈망울 주위의 뼈 구조, 눈가 위의 선과 눈가 아래의 가장자리를 더듬어 가시오. 코의 옆면들을 따라 내려가, 코 옆면, 눈썹과 턱뼈 주위로 당신의 손가락으로 큰 원을 만들어 움직여보시오.

이제 당신의 손가락으로 귀의 들어간 곳과 갈라진 틈에 3-4회 원을 그려보시오. 부드럽게 당신 손을 귀 위에 놓고 5-10초간 그대로 유지하시오. 다시 귀에 원을 그리시오.

두 손가락으로 입술을 따라, 코 아래 들어간 곳 그리고 턱의 한 중간에 들어간 곳으로 움직이시오. 만져지지 않은 얼굴부분은 없도록 하시오. 당신의 손끝으로 작은 점의 움직임처럼. 얼굴을 부드럽게 두드려보시오.

이제 당신의 손이 얼굴 측면으로 미끄러지면서 당신의 손끝을 머리카락과 두피를 통해 나가게 하고, 머리 꼭대기, 머리 뒷면, 측면 주위 원에서 피부를 강하게 회전시켜보시오. 두피에서 신경말초 모두에 마사지하시오; 그들은 커다란 긴장을 가져옵니다.

당신의 손가락들을 사용해서, 목 뒤를 내려오면서 그리고 어깨 바깥쪽을 두드리고, 두피에서 큰 어깨 근육까지 긴장을 가져오시오. 다시 어깨를 쥐고, 그런 다음 팔꿈치 아래를 지나 쓸어내리는 긴 모션을 반복하여, 배우자 몸의 긴장을 쓸어 밖으로 내보내시오.

만약 당신이 한 차례의 마사지 받는 것을 끝냈다면, 배우자에게 그것이 어떻게 느껴졌는지, 그리고 얼굴 애무의 어느 부분이 특별히 즐거웠는지 말하시오. 그러면 좋아하는 것으로 돌아가, 배우자에게 같은 종류의 얼굴 마사지를 해주고 그리고 그것이 어떻게 느껴지는지를 확인하시오. 주고받은 즐거움에 대한 느낌들에 대해 당신의 일지에 쓰시오.

각성

성적 각성은 통상적으로 에로틱한 귀여움을 받는 것과 관련된 것 보다 더 미묘하다. 사람들은 그들이 어떻게 흥분되는지 그리고 그들의 열정이 어떻게 달아오르는지는 크게 다르다. 이들 선호의 차이는 좋고 나쁜 것이 아니다. 그들은 단지 존재할 뿐이다. 그들 중 당신을 위한 것이 무엇인지 배우는 것, 그리고 그들을 가지고 말하는 것이나 배우자에게 보여주는 것이 편하게 되는 것은 당신의 책임이다.

성적 즐거움을 받는 우리의 가장 큰 기관은 피부이며 즐거움을 주는 주요 도구는 손과 입이다. 당신의 손의 민감한 사용, 배우자의 신체에 입과 혀는 생식기의 섹스만의 강도를 크게 뛰어넘는 관능과 성적흥분의 수준을 불러일으킬 수 있다. 배우자의 몸의 어느 부분들이 특히 에로틱한지 찾는 시간을 가지는 것은 중요하다. 많은 사람들은 따뜻한 입속의 손가락과 발가락이 에로틱 경험을 강렬하게 할 수 있음을 알지 못한다. 어떤 사람은 가슴영역이 키스나 빨기의 접촉에 아주 민감하고; 다른 사람들은 덜 그렇다. (이를테면, 유두영역은 어떤 여성에게 그렇듯 어떤 남성에게 민감하다.)

복부영역은 신경말초로 가득하고 또한 접촉의 종류에 따라 반응하며- 손톱의 가벼운 추적으로부터 마사지와 핥기까지. 팔꿈치 안쪽과 무릎의 뒤쪽은 치기, 키스 또는 핥기에 매우 민감하며, 그리고 많은 사람들에게, 입술과 혀로 귀의 민감한 애무는 오르가즘을 일으킬 정도로 충분히 관능적일 수 있다. 목의 다른 부분에서 애무, 키스하기, 핥기는 똑같이 관능적일 수 있다. 당신의 입, 혀, 손가락과 손들이 당신 배우자에게 감각적인 즐거움을 어떻게 주는지 아는 시간을 가지는 것은 필수적이다.

다른 사람들은 섹스 중 다른 것들에 의해 촉발된다. 어떤 사람들은 말하기 좋아하고 ("더럽다" 혹은 그밖에 다른 것), 다른 사람들은 그들 스스로 취하는 침묵의 창조 부분을 허용하는 것을 선호한다. 어떤 사람들은 부드러운 음악과 향을 좋아하고; 어떤 사람은 불빛을 밝게, 낮게 혹은 끄기를 원하고; 어떤 사람은 조용히 감각을 느끼기를 좋아하고; 다른 사람들은 자신을 총체적으로 몰입하여 소리 지르기와 채찍으로 때리기를 좋아하며; 어떤 사람은 그들의 성적열정의 "동물적"인 면에 기뻐하는 반면 다른 사람들은 섹스 중 거의 영적인 자아경계의 상실을 경험하고 마치 무한 속에 들어간 것처럼 무아지경을 느낄 수 있다, 거의 모든 사람은 섹스가 근심과 긴장을 완화할 수 있고 그리고 평화와 고요 감을 회복할 수 있음을 발견한다.

사람들을 성적으로 변하게 하는 것들의 다양성이 놀랍다. 다음은 부부들이 시도해 볼 수 있는 성적 흥분의 목록들이다:

태양의 따뜻함을 느끼기
배우자가 나에 대해 좋아하는 것 듣기
낭만적 상황(혹은 단지 집을 떠난 상태)
느린 손들과 쉬운 접촉
성적 데이트를 위한 약속
함께 보여주기
훌륭한 근육 움직임
공공장소에서 성적 영역의 은밀한 껴안기
춤추기
자발성
멋진 향기
유머의 감각
어떤 특별한 의상(혹은 노출)
분노 가라앉히기

환상은 에로틱한 각성의 중요한 원천이다. 많은 사람들은 만약 배우자와 사랑하는 동안 다른 어떤 것이나 다른 누구를 생각한다면 불성실한 것으로 믿는다. 그러나 성적 환상들은 공유하기를 선택하지 않는다면, 전적으로 사적인 것이다. 많은 사람에게 에로틱한 사건들을 상상하는 능력은 (그들이 일어나기를 꼭 원하지 않아도) 절정에 도달하는 능력에 결정적이다. 전에 성적 해방을 성취할 수 없었던 많은 사람들은 성적 환상이 그들로 하여금 절정에 도달하게 한다는 것을 발견하였다.

환상은 세속적 것에서부터 공상적인 것까지 범위가 넓다. 부부들은 라켓볼 코트 위에서; 풀장 속에서; 스킨다이빙하는 동안; 개펄가까이의 풀이 무성한 비탈에서; 고속도로의 트럭 안에서; 삼나무 숲에서; 새벽 4시에 혹은 10마일 도보여행 후에; 3인조(남성은 특히 두 여성과 한 남성의 환상을 좋아하는 것처럼 보인다) 혹은 그룹으로; 아무런 죄의식 없이 결과 또는 문제를 일으킨 정사사건에서; *파리에서 마지막 탱고*에서 마론 브란도의 유혹 장면처럼 "취하려는" 것에 의해 섹스를 하는 것과 같은 환상들의 목록을 지닌다.

많은 사람들은 낸시 프라이데이(Nancy Friday)의 *'나의 비밀정원'* 같은 책에서 다른 사람들의 환상들을 읽어서 얻는다.

PAIRS연습: 성적 흥미 켜기들- 무엇이 당신을 자극하는가?

이 연습의 초점은 모든 종류의 감각적 및 성적 자극, 성기적인 것 및 유사 성기적인 것에 둔다. 당신의, 그러나 잠재되어 있는 성적 느낌들을 의식하도록 만드는 것을 찾는 것이며 당신과 배우자간의 성적 책임감이 살아있게 만드는 것을 찾는 것이다. 약간의 개인적인 시간을 가지고, 당신과 배우자에 관한 다음 질문들에 가능한 정직하게 당신의 일지에 답하시오.

무엇이 나를 감각적으로 그리고 성적으로 자극하는가?

나의 최초의 자극적 및 성적인 경험들에 대한 기억들은 무엇인가?

나의 초기 성적 환상들은 무엇이었는가?

현재 나를 자극하는 성적 환상은 어떤 것들인가?(기억하시오: 이 연결에서 묘하거나 괴짜인 것은 없다- 그것은 환상이지 행동이 아니다.)

나를 부드러움 또는 섹스 또는 둘 다에 빠져들게 하는 상황(장소, 시간, 음악 및 다른 조건들)은 어떤 것들인가?

나의 신체의 어느 부분이 가장 성적으로 반응하며, 그리고 어떤 자극(껴안기, 다독거리기, 핥기, 키스하기 등등)에 반응적인가?

그들 자극된 부분들 중에서 내가 좋아하는 계열은 무엇이며, 그래서 성적인 자극이 최고로 정립 되었는가?

나를 성적으로 관심을 갖게 하거나 자극하게 도움을 주는 다른 자극(부드러움, 접촉, 성적 이야기, 그림들, 필름들, 포르노그래피 등)은 어떤 것들인가?

내가 배우자에게 혹은 배우자를 위해 내가 하는(혹은 하기를 좋아하는) 것 중에 나를 가장 자극하는 것은 무엇인가?

사랑하는 동안, 나의 흥분을 가장 높이는 특별한 자극(말들 혹은 동작들, 나의 것 혹은 배우자의 것)은 어떤 것인가?

예를 들면:

정지하기와 시작하기 / 환상들 교환하기

시간을 더 끌기 / 음핵의 자극

동시에 여러 영역에서 자극주기 / 나의 배우자 누드 보기

누드 보여주기

키스하기(연속적 깊은 키스, 목 키스하기)

애무하기(몸 애무, 얼굴애무, 발마사지,
배우자의 키스하기 혹은 핥기(나의 가슴, 등 마사지, 등 두드리기, 기타)
젖꼭지, 얼굴, 입술, 목, 귀, 몸, 페니스, 음낭, 음핵, 질 입구, 음
문사이의 입술 영역, 가슴에 손, 안쪽 대퇴부, 더 낮은 복부, 둔부,
손바닥, 발, 발끝) 가슴에 입
나의 배우자의 생식기 애무하기
나의 생식기 만지기
생식기 핥기 나 자신의 생식기 자극하기
성적인 언어 나의 배우자의 주시와 함께
섹스에 관해 말하기 나의 배우자 자위행위 바라보기
섹스동안 말하기 구강섹스(혀 대기, 키스하기 또는 생
섹스동안의 음악 식기 핥기):나를 자극하기
섹스동안의 불빛 나의 배우자가 전희 혹은 절정을 통해,
성적 공상에 관해 말하기 나의 배우자가 나를 자극하기, 전희
성적 공상을 끝내기 또는 절정을 통하여; 나의 배우자의
집의 다른 부분 또는 그 밖의 장소에서의 섹스 자위행위
다른 자세의 섹스 나 자신 또는 내 배우자 위에서
음악 속에서 섹스 진동하기
양초 혹은 벽난로 불빛에 의한 섹스 내 배우자가 내 위에서 진동하기
섹스 없이 함께 누워있기 성교 없는 섹스
함께 클라이맥스를 가진 성교 오르가즘 없는 성교
둘 중 한사람만 절정을 가진 성교 관점 잇기: 핵심적인 포르노 그래픽
관능적 공상 필름 혹은 비디오들, "부드러운"
읽기를 통한 자극 포르노
외설적 재료 그밖에?

어떤 성적 자세들이 나를 가장 만족시키거나 또는 흥분시키는가?

섹스 후에, 즐거움과 만족을 연장시키기 위해 나는 무엇을 필요로 하는가?
현재 우리의 성생활에 관해 내가 가장 좋아하는 것은 무엇인가?
내가 사랑하는 사람으로서의 배우자를 위해 할 수 있는 가장 적합한 것은 무엇인가?
나는 배우자와 더 깊은 즐거움과 사랑을 나누기 위해 바라는 것은 무엇인가?
나는 더 만족하거나 즐기는 섹스를 위해 원하거나 필요한 다른 것이 있는가?

당신의 선호, 소망 혹은 환상이 무엇이든, 독특한 것이 아니므로 배우자도 그것을 공유할 것이란 점을 명심하시오. 당신이 소망들과 선호들을 배우자와 나누는 것이 중요한 반면에, 당신은 환상들을 당신 자신의 각성을 위해 나누거나 그것들을 지키는 것에 대한 선택권이 있다. 어떤 사람에게는 환상들을 공유하는 것이 섹스의 시작이고, 다른 사람들에게는 섹스의 끝냄이다.

만약 배우자가 당신이 처음 어떤 에로틱 소망들 혹은 선호들을 언급할 때 정열적으로 반응하지 않는다 해도, 세상의 끝이라고 여기지 마시오. 어떤 변화들은 오지 않고, 어떤 것은 보다 점진적으로 올 것이다- 당신이 정보를 교환하는 것과 즐거움을 주고받는 것에 대한 새로운 기술들을 획득하며 그리고 당신 스스로 신뢰를 얻는 것처럼.

PAIRS 연습: 성적 흥미 끄기들

이 마지막 연습에서, 당신에게 즐거움을 주는 배우자가 한 혹은 할 수 있었던 일들의 목록을 만드시오. 여기서는, 성적에서든 더 넓은 감각에서 간에 당신이 성적 흥미 끄기에 대한 목록을 작성하기 위함이다. 이 연습은 당신이 가끔 부정적으로 느끼지만 실제로 알지 못했던 일들과 접촉할 수 있도록 한다. 그것은 또한 상대적으로 얼마나 사소한 일들이 당신을 성가시게 한 것인지 깨닫도록 만들기도 한다. 당신의 목록을 편집하면서, 당신에게 즐거움을 주는 것보다 당신을 성가시게 하는 것을 규명하는 것이 더 쉽다는 데에 주목하시오. 만약 그렇다면, 즐거움을 주는 것에 더 많이 그리고 장애가 되는 것에 더 적게 초점을 맞추도록 해 보시오.

이 연습의 또 다른 기능은 진정한 문제가 무엇인지 분명하게 하는 것이다. 많은 사람들에 게는, 섹스에 관한 네 글자 낱말은 (특히 적대적 혹은 공격적으로 보이는 것들) 성적 흥미 끄기이지만, 다른 사람에게 그 말들은 성적 흥미 켜기일 수 있다! 당신 중의 한쪽이 어떤 것에 의해 배우자는 성적 흥미가 켜지는데 당신은 꺼진다면, 서로의 감정들을 결코 믿을 수 없거나 명예롭게 할 수 없다면 함께 즐거움을 얻을 방법은 없다고 하겠다.

여기 PAIRS 참여자들의 목록에 나타난 성적 흥미 끄기들 이다:

나에게 하루 종일 이야기하지 않고 그런 다음 섹스 원하기 항상 주도권을 가지기 내내 같은 것 하기(항상 같은 포지션, 창의성의 결여, 의식적인 접근, 변화 없음) 배우자의 면도하지 않음(얼굴, 다리, 겨드랑 밑) 더러운 농담 말하기 방귀뀌기 당신의 코 또는 귀에 털 자르지 않기 당신의 코 후비기 너무 큰 소리로 웃기

너무 많이 화장하기
몸 냄새
불결한 생식기(섹스 전에 씻지 않았을 때)
너무 말이 많은 것
뽐내기
상스런 언어 사용하기
너무 틀에 박힌 매너
점잔빼는
주저하는 접촉
거친 접촉
당신이 침묵하거나 혹은 비 반응적 혹은 정서적으로 분리될 때 (단지 누워서 "네가 그것을 하시오" 고 나에게 기대할 때)
당신이 의기소침했을 때(혹은 내가 그럴 때)
당신이 무기나 혹은 뇌물로써 섹스를 이용했을 때
술 취함(나 또는 너)
피로
일에서 무거운 압박을 받음
방해 혹은 방해의 두려움 (어린이, 전화, 도어 벨, 그 외 누군가 방안으로 움직여오기)
상호 오르가즘에 도달하기위해 압력
비만
피임의 젤리 거품
시간의 제한
순환의 결여
아무데서나 지분거림
대가로 취하기
다른 사람과 비교하기 또는 이번과 지난번 비교하기 또는 다른 때와 비교하기 많은 시간을 들여서라도 당신의 일지에 성적 흥미 끄기들 목록을 솔직하게 작성할 필요가 있다. 당신은 여러 날이 지난 다음에 목록을 추가하기를 원할 수도 있을 것이다.

당신의 성적 흥미 끄기 목록과 성적 흥미 켜기 목록을 비교하시오. 어떤 패턴이 보입니까? 당신의 성적 흥미 끄기 목록이 성적 흥미 켜기 목록보다 더 길지 않은지 유의하시오. 만약 당신을 성가시게 만드는 것에 대해 말하는 것이 당신을 즐겁게 만드는 것에 대해 말하기보다 더 쉽다면, 당신의 즐거움에 대한 가장 큰 방해는 그것에 대한 당신 자신의 부정적 태도임을 기억하시오.

PAIRS 연습: 감각적 즐거움 데이트

당신의 성적 흥미 켜기와 성적 흥미 끄기 목록 쓰기를 마쳤을 때, 집에서 좀 떨어진 곳에서 만나는 오찬데이트를 주선하시오. 가는 길에, 상점에 들러 당신이 좋아하는 방향 마사지 오일을 사시오. 점심 때, 당신의 목록들을 교환하여, 적절한 목소리로 낭독하시오. (이것을 항상 실행할 필요는 없지만, 할 수 있다면 하시오. 그것에 대한 장난스러움의 어떤 것이 기억에 남을 경험을 만든다.) 환상들은 실행할 필요가 없다는 것을 기억하시오: 그들은 환상으로 머무를 수 있다. 그러나 많은 부부들은 그것들을 나누어 성적 흥미 켜기에 활용한다.

당신의 목록에 관해 이야기하시오. 지금은 논쟁이나 방어를 위한 시간이 아님을 기억하시오. 당신은 정보를 찾는 것이지 동의를 찾는 것은 아니다. 경청함으로써, 당신의 배우자는 당신이 연기한 것을 실행하기를 멈추도록 동의할 필요가 없다; 배우자는 단지 그것을 의식하게 되어 그 정보에 감사하고 고려하도록 동의하는 셈이다.

같은 날 저녁에 감각적 즐거움 데이트를 실행하시오. 45분 정도 여유를 가지고, 즐거움을 주는 사람과 받는 사람을 미리 결정하시오. 그 데이트가 성교로 절정에 이르러야 하는지 혹은 아닌지, 아니면 그 순간의 상호 변심에 의해 결정되도록 두어야 할지 동의하시오. 만약 성적 수행이 당신 중 한사람에게 문제를 야기했다면, 그러나 당신은 아마도 섹스에 대해 기대가 없다는 것을 구체화해야 할 것이다- 지금 당신은 통상적으로 초점을 두지 않은 감각적 즐거움에 초점을 맞출 것이란 점을 구체화하여야 한다. 주는 사람은 은밀함, 음악, 촛불, 미리 함께 목욕이나 샤워하기- 무엇이든 받는 사람에게 즐겁게 할 것이다.

받는 사람으로서, 당신은 배에 아무것도 걸치지 않은 채, 큰 타월로 부분적으로 가리고 누울 것이고, 반면에 배우자는 부드럽고 여유롭게 신체 마사지를 해준다. 당신은 아무것도 하지 않고 즐거움을 받기만 하며 배우자가 당신에게 즐거움을 주는 것과 즐거움을 주지 않는 것을 알도록 둔다. 결과적으로, 당신은 조용하게 잠에 빠지게 되거나, 아니면 연결하기 혹은 역할 교대를 하거나- 무엇이든 당신의 즐거움이다. 나중에 당신은 배우자에게 당신이 특별히 좋아했던 것이 무엇인지 말할 수 있다.

같은 날 밤 아니면 얼마 후에라도- 그리고 어떤 부부들은 그들의 즐거움 데이트를 토요일과 일요일 아침에 마련하여- 역할을 교대하고, 즐거움을 제공하는 사람이 즐거움을 받는 사람이 되게 한다. 각 회기에 가지는 노력은 여유롭게 시간의 양도 상대와 같게 지속한다.

당신의 일지에, 이 연습의 결과로 당신에게 온 어떠한 통찰들이든 쓰시오. 가끔 부부들은 이와 같은 연습이 주기와 받기, 주도하기와 따르기 그리고 일하기와 즐거움 같은 문제들에 분명한 초점을 제공하도록 돕는다는 것을 발견한다.

. 즐거움을 위한 시간 만드는 것이 어렵다는 것을 발견했습니까?
. 당신스스로 시계를 보거나, 아니면 공정함(예를 들면. 누가 더 오래 끄는지)으로 점유되는 것을 발견했습니까?
. 당신은 감각이 기분전환, 즐거움, 위안에 모아지는 발견했나요? 만약 당신이 전통적으로 돌보는 사람이라면, 즐거움을 받는 사람이 되기가 어렵다는 것을 발견했습니까? 당신은 배우자에게 그 혹은 그녀가 하는 것이 틀려서 어떻게 그것을 "올바르게" 해야 하는지, 말하고 싶어 한다는 것을 발견했습니까?
. 당신 배우자는 그 정보로부터 배웠습니까?
. 그렇지 않으면, 그것은 즐거움, 순수함, 단순함이었습니까?

주초에, 회기 혹은 감각적 즐거움의 순간을 위한 시간을 따로 마련하는 의식적인 노력을 하고, 이들이 당신들 관계에 미친 효과를 일지에 기록하시오.

성적인 선호 탐색하기

이 연습은 당신에게 더 큰 성적 즐거움을 줄 것이 무엇인지 탐색하도록 돕는다. 먼저 앞에서 작성한 **무엇이 나를 감각적으로 그리고 성적으로 자극하는가?** 질문들에 대한 당신의 목록들을 살펴보고 당신이 경험하기를 좋아하는 일들 혹은 더 자주 경험하고 싶은 일들 다음에 표시를 하시오(아니면 당신의 일지에 복사하시오). 그런 다음에 당신이 즐기지 않고 정말로 경험하기 원하지 않는 일들 다음에(당신의 일지 두 번째 줄에 복사하시오) "no" 라고 쓰시오. 여기 빠진 행동이 있으면 추가하시오.

당신의 배우자가 이 연습에 반응할 기회를 가졌을 때, 대답들을 비교해 보는 시간을 가지고, 당신의 지각과 욕구의 관점에서 유사점과 차이점을 논의하시오.

다음에 배우자와 교대로 사랑 만들기로 갈 두 가지 성적 데이트를 마련하시오. 당신이 주도자가 되는 차례가 될 때, 배우자가 당신에게 한 사랑해주기 방식 중에 당신이 좋아했던 방식으로 배우자를 사랑하시오. 만약 당신의 선호가 부드러운 음악과 촛불과 성기자극에 집중하기 전에 머리에서 발까지 천천히 애무하는 것에 따라 사랑을 만드는 것이라면, 무대를 설치한 다음, 당신이 애무받기를 좋아했던 방식으로 배우자를 애무하며, 스스로 받기를 좋아했던 방식으로 속도와 접촉을 시도하시오.

이것을 교대로 하고, 그리고 배우자의 사랑 만들기가 당신이 배우자에게 보여준 것을 반영하는 것과 교대하는 것 사이에 몇 날을 허용하도록 하시오. 새로운 것을 시도하는 것을 두려워하지 말고, 그리고 어떤 것이 당신을 즐겁게 하며 배우자가 그것에 대해 알고 있다고 생각되지 않으면, 바로 말하시오.

이 연습의 포인트는 당신 각자가 좋아하는 것을 찾는 것이다. 당신이 탐색하기 전까지는 당신이 좋아하는 것을 모를 수 있다. 당신 중 한 사람이 좋다고 느끼게 만드는 것은 상대편이 좋다고 느끼게 만드는 것이 아닐 수도 있지만, 당신이 서로의 성적 각성을 촉발하는 것을 배우는 것만큼 양편 모두에게 이익이 될 것이다. 배우자의 성적 각성은 사랑하는 사람으로서 당신의 효율성을 입증하며 당신 자신의 흥분과 만족을 반드시 증대시킨다. 로니 바르바하(Lonnie Barbach)는 그것을 다음과 같이 말한다: "만약 우리가 아름다운 음악을 함께 만들려면, 당신은 나의 노래를 배워야만 한다.”

훌륭한 성적인 적응을 위한 기초들

훌륭한 성적 적응은 당신자신, 당신의 신체, 당신의 감각적 및 성적 느낌들의 이해와 수용을 요구한다. 어쨌든 그것들을 있는 그대로, 아마도 합당하다는 것을 인정하는 것이다. 우리는 우주에 대해, 환경을 다루는 방법에 대해 많이 알고 있으며 우리의 생리적 욕구들의 만족을 보증하는 것에 대해 많이 알고 있다. 우리는 우리의 감정적, 관계적, 정신적 및 성적 욕구들을 확인하여 충족시키기를 지금 시작할 수 있다. 많은 측면에서, 우리의 성적 적응은 그 욕구들 모두의 받침대와 같다- 두 사랑하는 배우자들 간 성적 실현이 개인적 성숙, 평안, 안전과 관대성을 마련할 수 있으며 그것이 우리를 번성하도록 궁극적으로 사회에 공헌하도록 하기 때문이다.

여기에 우리 모두에게 적용할 수 있는 몇 가지 기본적 제안들이 있다:

당신의 성적 능력을 각성하여 자부심을 가지며; 그것은 당신 인생에서 가장 강력하고 건설적인 힘의 하나이다.

그것을 표현하는데 있어 진실하고 자발적으로 되시오. 무엇이 당신으로 하여금 성적 흥미를 켜는지 알아서 그것을 배우자와 나누시오. 그것이 무엇이든 간에, 당신은 그것을 꼭 배우자가 아니더라고, 많은 사람들과 공유한다는 점에서 안심하시오.

섹스에 대해 질문하는 것은 괜찮지만, 배우자가 항상 같은 리듬에 있을 수 없음으로, 거절이 당신을 파괴하도록 두지 마시오. 다른 한편, 당신이 질문 받아 그것이 좋다고 느껴지지 않을 때, 이유를 정당화하는 것이 무엇이든, "거절" 하지 말고 신중하고 정직한 설명으로 일시적 연기가 더 낫다는 것을 말하시오.

섹스 무드에 있을 때마다 배우자로 하여금 섹스를 요청하도록 격려하시오. 섹스를 요청하는 어느 접근이 당신에게 가장 잘 맞는지 서로에게 알리시오.

섹스를 거래도구로 결코 이용하지 마시오.

배우자로 하여금 성적 흥미를 켜게 하는 것이 무엇인지 찾는 것이 당신의 중요한 일임을 명심하시오. 이 영역에서 어떤 가정도 하지 마시오.

섹스를 하는 동안 못지않게 그 전 후로 한 인간으로서 배우자에 대한 존중을 보이시오. 그리고 섹스 중 배우자의 몸 못지않게 마음과 느낌들에 집중하시오.

배우자의 몸 전체와 친밀해지고 즐기시오.

당신의 감각들과 느낌에 관해 자유롭게 말하시오.

성행위, 신체운동 혹은 오르가즘에 과도한 집중 없이도, 전희와 후희의 실제적 즐거움을 의식하게 되어 경험하기를 배우시오.

적절한 매너와 타이밍으로, 성적으로 만족하기 위해 당신이 원하는 것을 배우자에게 알리시오. 배우자에게도 당신이 같은 정직성을 희망하고 있다는 것을 분명히 하시오.

섹스는 필수적으로 중요한 문제는 아니다. 당신이 소망하는 대로 긴장을 풀고 아이처럼 즐겁게 하시오. 만약 당신이 그것을 바르게 애쓴다면, 당신은 다른 시간에 다른 방법들을 느낄 것이며, 그들은 모두 좋을 것이다.

당신이 섹스를 원하거나 기대할 때 그 시간에 당신의 부드러움과 열정을 구속하지 마시오. 자발적이고 조건 없는 애무로 즐거움을 주고받으며, 배우자를 위해 특별한 의미를 가지는 방법들로 "낭만"이 살아 있도록 유지하시오. 배우자의 "돌보기 행동 혹은 나는 ~때 그것을 사랑한다." 목록(앞 장에 있는)을 배우자에게 특별한 의미를 가지는 것을 스스로 상기시키기 위해 때때로 의논하면서, 그녀가 받기를 좋아하는 신선한 꽃들을 전할 시간을 갖거나, 아니면 당신이 돌보는 것을 느끼게 만드는 특별 요리를 그에게 제공하시오.

끝으로, 당신 스스로 시도하는 것을 두려워하지 마시오. 전체적으로 당신자신이 되는 모험 모두를 받아들이도록 결심하고 열망하시오. 그런 연후에만 당신과 배우자는 진실한 친밀에 도달할 수 있을 것입니다.

잠시 시간을 가지고 당신이 깨달아가고 있는 것을 일지에 쓰시오.

요약 및 결어

■ ■ ■

요약 및 결어

■ ■ ■

요약

* * *

우리의 함께한 여정을 종결해야할 시점에 도달함에 따라, 우리가 간단히 언급해온 개념들이 얼마나 되는지; 친밀한 관계성의 함양방법, 당신 자신의 역사와 자신에 대한 이해, 당신 자신의 독특함에 관한 탐정이 되기; 당신 배우자 이해하기; 갈등에 대한 협상 및 갈등과 차이점 해소방법; 당신의 관계 속에 즐거움을 만드는 방법 등을 검토해보는 것이 유익하다.

도구함(The Tool Kit)은 우리가 새롭게 보고한 개념들의 목록이다. 나는 이 목록에 기록된 모든 것이 지금 당신에게 익숙하기를 희망한다. 결속은 정서적인 개방성과 신체적 근접성을 모두 포괄하고 있다는 점을 기억하시오. 이 친밀한 욕구를 충족시키는 능력은 즐거움, 욕구, 사랑의 감정으로 이끈다. 이 친밀한 욕구 충족의 실패는 고통 또는 고통의 예견(위험한 것으로 감지됨), 그리고 우리가 두려움에 빠지거나, 분노 또는 냉담한 태도로 투쟁함으로써 파국적 결말로 이끌린다. 우리의 투쟁 또는 도피 반응은 현재의 실재성, 또는 타인에 대한 사랑, 신뢰심 그리고 근접성에 대해 행한 역사와 결정에 토대를 둔 것일 수도 있다.

스트레스의사소통 유형(계산자, 혼란자, 비난자, 회유자)은 우리가 정서적 고통이나 욕구의 충족을 실현하지 못할 것으로 예견될 때 처리하는 방식이지만, 또한 이 유형은 자주 문제를 유발시키고, 친밀성을 강화시키기 보다는 오히려 방해한다.

도구 모음	
양육	**변형하기**
매일의 온도 돌봄 행동	반영하기, 일지쓰기, 편지쓰기
-읽기 즐거운 접촉	신뢰하기
신뢰하기	결속하기
결속하기	원한의 감정 내보내기
문제해결	**이해**
균형 잡기/일관된 유형	관계 로드맵 "정서적
대화안내	알레르기"
공유된 의미	감정의 논리 회전 원장
	잠재성 /자존감 정서적 발달수준
공감적 경청	초기 결정/ 신념 감추어진 기대들
변화를 이루기 위한 공정한	가계도 가설/사랑 매듭
투쟁원 가족	부분자아/ 내면 성격
	보이지 않은 충성들 부부의 부분들

우리가 이 유형들을 사용하지 않는다는 점을 분명히 하기 위하

여, 우리가 할 수 있는 몇 가지 일들이 있다. 우리는 내면에 있는 것을 나누기 위한 한 가지 방법으로서 대화 안내를 활용하여, 우리 자신을 대표하는 부분자아들(ourselves)을 표현하기 위하여 동등 수준의 입장을 취할 수 있다. 우리는 차이점들을 협상하기 위하여 공감적 경청 방식 또는 변화를 위한 공정한 투쟁을 활용할 수 있다. 이러한 모든 것들은 우리가 비난하지 않고 우리 스스로를 주장할 수 있도록 도와준다. 우리는 분노를 방출시키기 위하여 "헤어컷" 또는 "베수비우스 의식"을 활용할 수 있다. 우리는 경청하는 자가 되어야 한다. 우리는 행동을 통하여 돌봄을 실천해야 하며, 두려움이 아닌 관계의 증진을 도모하고 배우자를 사랑하기 때문에 함께 결정을 내릴 필요가 있다. 우리가 문제를 해결할 때에 사고와 감정 모두를 감안하여 시도할 필요가 있다: 당신 또는 내가 제외될 때는 어느 때이든지 해결책에 앞서 감정표현을 우선한다.

우리는 단지 헛간을 청소하는 일만이 아닌 재미있게 즐길 수 있게 조랑말을 탈줄 아는 능력을 지녀야 한다. 이 능력은 부부 두 사람 모두를 즐거움으로 인도하는 긍정적 행위이다.

우리는 우리 인생 초기의 삶의 상황이 현재 우리 삶 안에서 즐거움을 방해하는 방식을 탐색해 내야 한다. 당신은 어떠한 형태의 초기결정을 내렸는가? 당신이 내린 금지조항은 무엇인가? 현재 당신의 관계를 악화시키지 않기 위하여 변화시켜야 하는 것은 무엇인가? 만일 우리가 현재의 문제를 해명하기 위하여 과거에 주의를 기울이지 않는다면, 과거가 현재의 문제를 더욱 악화시킬 수도 있을 것이다.

관계에 대해 우리가 알고 있는 한 가지 필요한 일은 배우자 사이의 차이점들은 이 차이점들에 관해 쉽게 대화하는 능력, 서로에 관해 속마음을 털어놓고, 신체적인 면에서뿐만 아니라 우리의 마음과 정신을 다하여 서로 신뢰하는 능력이 보다 더 중요하다. 부부 서로 간에 조율이 필요한 차이점이나 영역이 존재한다는 것은 우리가 나쁜 관계를 지니고 있다는 의미가 아니라, 오히려 차이점을 논의하고 부부 양자가 행복하게 살 수 있는 무언가에 도달하도록 하는데 있어서의 우리의 기술이 아주 중요하다는 것을 말해준다.

나는 이 책의 PAIRS 연습이 당신의 배우자와 이 학습을 나누기 위한 기술을 제공할 뿐만 아니라 당신 스스로에 대한 학습에 도움이 되기를 희망한다. 두 사람이 나눔에 대해 정서적으로 개방될 때, 모든 형태의 경이로운 일들이 일어날 수 있지만, 이는 두 사람을 다 받아들여야 한다. 나의 희망은 당신들 양자 모두 이러한 필요한 일 모두에 대해 대화하는 것이 보다 편안하게 느껴지기를 바란다.

기술은 학습되는 것이지만, 활용되지 않는 기술은 쉽게 상실된다. 우리는 매일 온도읽기를 계속해야 한다. 우리는 매일 "당신 잘 지내고 있나요?" 라는 인사를 통해 참으로 알기를 원한다고 물음을 던질 필요가 있다. 우리는 서로 비밀을 털어놓음으로써 신뢰감 형성을 지속해가고, 우리의 배우자가 우리를 통제하고 있다는 감정을 지니는 일 없이 돌봄의 행위를 지속해야 할 필요가 있다. 그러나 *우리는 승리의 관계를 원하기 때문에* 그러한 행동을 지속해가야 한다.

우리의 배우자와 접촉을 유지해가면서 문제를 축적시키지 않도록 하는 것이 불가능한 것만은 아니다. 하지만 때때로 어려운 것은 사실이다. 나는 일지를 개방적이고 명확하게 관리하며, 서로 정보 나누기를 지속하고, 욕구가 생겨날 때에 기대들을 타협하기 위하여 적어도 부부가 일주일에 한 번은 한 시간 정도 함께 할애하기를 권장한다. 변화는 임의적으로나 일방적이 아니라 대화를 통해 시도해 가야만 한다.

사랑이 변할 때에 사랑 안에 머물기

함께 했던 우리의 여정을 끝내야 할 시점이 가까워짐에 따라, 나는 당신에게 친밀한 관계 안에서 긍정적인 변화를 창출하고 유지하는데 관한 확실한 관찰결과를 남겨두고자 한다.

변화는 관계성 내에서 당신이 자신 있게 기대할 수 있는 한 가지 사안이다. 관계는 상황이 바뀌거나 배우자의 필요성, 욕구와 경험이 달라짐에 따라 변화한다. 동시에 비록 변화는 명백히 이해가 된다고 하더라도, 변화에 대한 저항은 통상적이며, 놀라움을 주는 일없이 일어나야만 한다. 우리는 과거의 방식에 익숙해져 있고, 우리가 알지 못하는 것에 대한 두려움이 있기 때문에 변화에 저항한다. 당신이 이해가 잘 되지 않는 어떤 변화에 대한 저항이 생겨날 때에, 당신 자신이나 당신의 배우자에게 "나는 두려움을 느끼지만, 아무튼 변화를 시도해 볼께" 라고 말하는 것이 좋다. 두려움을 인정하시오. 필요한 일이 다를 수도 있다는 것을 깨닫는 유일한 길은 그 필요한 일을 변화시키려고 시도하는 것이다. 만일 당신이 새로운 방식을 애써 실시하지 않으면, 언제나 몸에 밴 과거의 삶의 방식으로 되돌아 갈 수 있다.

지속적인 변화는 4단계를 요구한다.

1. 당신이 변화시키고 싶어 하는 것을 알아내기
2. 알아낸 바를 변화시키기
3. 그 변화를 유지하기
4. 스트레스 상황에서도 그것을 유지하기

그러고 난 다음 당신은 변화를 유지해갈 수 있다.

만일 당신이 *비평을 통한 요구 대신에 행동에 긍정적인 변화를 이루어내도록 요청한다면,* 당신의 배우자는 그 변화에 대한 요청에 보다 쉽게 부응하게 될 것이다. 예를 들면, "당신은 결코 나에게 고마움을 표현하는 법이 없어." 라는 말 대신에 "나는 당신이 매일 나에게 찬사를 보내주길 원하오." 라고 한다든지, 또는 "우리는 언제나 당신이 원하는 음식점에서 식사를 해요." 라는 말 대신에 "우리가 음식점을 교대로 선택하는 것을 어떻게 생각하오?" 라고 한다. 당신이 필요로 하는 바를 당신의 배우자에게 세련되게 가르치는 방법을 학습하시오. 당신이 배우자로부터 받기를 원하는 돌봄 행동목록을 정규적으로 첨가시키고, 당신 배우자의 목록에도 관심을 기울여라. 서로 속마음을 털어놓고 쟁점을 돌파해가는 능력을 발달시키는 것이 거리감을 두거나 원한을 품는 나쁜 습관을 극복하는 유일한 방법이다.

내면 또는 외부의 공격에서건 *우리의 자존감이 낮을 때에 변화에 대한 개방이 더욱 어렵다.* 그럼으로, 당신의 배우자의 자존감이 높을 때에, 즉 가치감, 인정, 존경, 유능감, 사랑받고 있는 존재라는 느낌을 지닐 때에 행동 내의 변화에 대한 요청이 보다 잘 이해될 수 있다. 변화에 대한 요청을 하는 방식과 시간을 결정하는데 있어서, 당신 배우자의 가치를 알고 당신의 요청 방식을 고려하는 것이 당신의 배우자에게 영향을 미치게 될 것이다.

사람들은 첫 번째 행동이 잘못되었기 때문에, 한 행동으로부터 다른 행동까지 변화시키지 않는다. 만일 그들이 변화시켰다면, 우리 모두는 흡연, 음주, 과식, 과다한 지출, 태만 그리고 등등을 중단하는 것이 보다 쉽다는 것을 알았을 것이다. 우리 자신의 경험, 필요성, 성장 주기가 우리에게 변화에 대한 준비를 시킬 때에만 우

리는 변화들(배우자에 의해 제안된 것이든지 또는 아니든지)을 수용할 수 있다. 이 과정은 바람직한 관계 또는 지각적이고 돌보는 배우자에 의해 강화될 수 있지만, 원 가족의 문제를 떠나 개별적으로 처리될 수는 없다. 어느 정도 수준에서 우리는 역시 변화를 갈망해야만 한다—그리고 우리는 변화시키지 않았기 때문에 우리 관계 내에서 즐거움을 얻기 위해 지불할 수도 있는 가격을 인식해야만 한다.

만일 관계를 변화시키려고 한다면 부부 양자가 모두 참여해야만 한다. 강요나 억압을 통해 시도한 변화들은 수용되지 않거나 지속되지 않는 경향이 있다. 만일 한 배우자가 그 또는 그녀가 패배했다고 느낀다면, 두 사람 중 누구도 승리한 사람이 없다. 결국 패배한 사람은 거리감을 두려고 하거나 심지어는 승리하기를 원할 것이다. 관계는 한편이 승리하거나 한편이 지게 되는 것이므로, 당신 양자가 모두 승리하거나 또는 양자가 모두 지는 것 중 하나를 택해야 한다.

최악의 상황이 아니라 최상의 상황을 선택하시오. 부부 양자 모두의 관계를 증진시키는데 큰 관심을 지니고 있다. 그럼으로, 선한 의지를 갖도록 하자. 당신이 경계를 늦추는 순간에 당신의 배우자가 과거의 삶의 방식대로 되돌아갈 것처럼 처신하지 마라. 당신 자신의 태도와 헌신에 대해 책임감을 갖자. 당신의 배우자도 동일한 행동을 취할 것이라고 여기자. 당신이 과거의 후회할 일에 관심을 두기보다는 현재 당신의 삶의 상황에 주의력을 집중하시오. 과거의 원한들에 대해 반추하기 보다는 긍정적인 현재의 목표를 생각하시오.

만일 당신이 복잡한 체계를 변화시키기를 원한다면, 일련의 작은 단계들을 선택하여 계획을 세우시오. 예를 들면, 거리감을 두는 것에서부터 근접성을 유지하는 데 이르기까지 당신의 관계의 기본적 특성을 변화시키기 위해서는 사소한 일에서조차도 돌보는 자세를 갖는 것, 현관에서 배우자에게 인사하기, 환영을 나타나는 포옹, 매일 신뢰의 마음을 나누기, 당신의 배우자에게 속마음을 털어놓고, 동일한 격려를 하기위하여 유대와 헌신의 자세로 시작한다. 생일 기억하기, 원치 않는 조언은 하지 않기, 당신 배우자의 요청을 존중하는 것과 같은 관계를 증진시키기 위해서는 당신이 할 수 있는 필요한 일을 행하시오. 관계의 상호실현이 당신에게 가져다 줄 즐거움을 얻기 위하여 당신 스스로 필요한 일을 행하시오.

이보 전진하면 한 보 후퇴한다는 패턴을 기대하시오. 일시적 퇴행은 성장의 통상적인 한 부분이며, 특별히 스트레스 상황 동안에 퇴행이 발생할 수 있다. 일시적 퇴행 때문에 패배감을 갖지 마라. 학습을 수행한 후, 당신은 당분간 인생 초기의 편안함을 느꼈던 수준으로 퇴행할 수도 있다-그리고 그러고 나서 새로운 행동이 편안한 감을 주는 수준까지 다시 전진하게 된다. 부부 중 한 사람이 새로운 삶의 방식을 실행하는 동안, 다른 배우자가 몸에 밴 종전의 방식으로 퇴보하게 될 수도 있지만, 보통으로 다시 되찾게 된다. 그리고 만일 새로운 삶의 방식이 지속된다면, 흔히 새로운 방식으로 향상된다.

퇴행은 때때로 우리 중의 한 부분은 우리가 실행 중인 변화를 시험해보기를 원하고, 마치 "나는 우리가 진정으로 이 변화를 계속해나가려고 하는가를 알기를 원한다." 고 말하면서 거기에 의지할 수 있는가를 알기를 원한다. 만일 당신이 경이로움을 느낄 정도로 승리를 이룩했다면, 퇴행은 곤혹스러움을 느낄 것이다. 그러나 만일 당신이 물러서서 필요한 일을 객관적으로 주시한다면, 당신은 그 필요한 일이 당신이 처음 변화를 시도했을 때에 있었던 그 모습으로 후퇴한 것이 아니라는 점을 아마 알 수 있을 것이다. 각각의 계속적인 퇴행과 더불어, 회복의 시간은 더욱 짧아지며, 당신은 하나의 다른 수준에서 서로를 처리하게 될 것이다. 당신이 스트레스 상황 아래에서도 새로운 행동을 유지할 수 있을 때에, 과거의 패턴을 극복했다는 것을 알게 될 것이다.

결어

* * *

PAIRS 연습: 정리

지금 당신 스스로 최종 연습을 할 준비를 갖추시오. 당신의 정신을 맑게 하고, 긴장을 풀기 위하여 평온한 시간을 갖도록 한다. 몇 번에 걸쳐서 긴 심호흡을 하도록 한다. 이상적인 부부관계를 상상해 본다. 당신 스스로를 이런 부부의 모습으로 머릿속에 그려본다. 당신의 하루가 어떻게 시작되고, 종료되는가? 이 관계가 잘 형성되도록 하기 위하여 당신은 무엇을 하고 있는가? 당신의 배우자는 무엇을 하고 있는가? 하나의 부부로서 당신의 관계를 아주 특별하게 만드는 무언가를 당신은 지니고 있는가?

지금 배우자와 당신이 다른 부부와 함께 그날을 보내고 있다고 상상해 본다. 네 사람이 함께 휴식을 취하면서 이야기하고, 웃으면서 유쾌한 시간을 보내는 것을 상상한다. 당신이 함께 보내는 시간을 통해 즐거움을 느껴본다. 당신의 친구들은 당신에게 몇 가지 조언을 얻기 위하여 질문을 하기로 하였다. 그들은 "당신네 부부처럼 훌륭한 관계를 갖기 위해서 우리가 실행해야 할 바가 무엇입니까? 라고 묻는다.

당신은 무엇이라고 말하겠는가?

당신의 대답에 관해 숙고해본다. 그러고 나서 당신의 일지에 당신의 대답을 적어본다. 당신의 대답에 관해 생각할 때에, 당신이 상상했던 것이 당신 삶에 도움을 제공할 것이라고 배워 온 것들을 회상해본다.

앞으로 나아가기

지금까지 당신은 아마 개인적 필요성에 적합하도록 연습문제를 조절할 만큼 PAIRS 기법들에 친숙해졌을 것이다. 당신이 진실로 부부관계가 증진되기를 원하며, PAIRS의 지식을 관계 향상을 위해 기꺼이 활용하려고 하는 한, 당신은 부부관계를 점진적으로 증진시킬 수 있다.

동시에 하나의 불완전한 부부관계를 예상해본다. 인간적인 조건 자체는 조금도 완전하지 않다. 우리는 모두 뜻밖에 그리고 부적당한 때에 실망, 상실, 불확실성, 몇 가지의 불만족스런 형태의 일들에 시달릴 수 있다. 실제로, 당신이 친밀해지면 친밀해질수록, 당신은 보다 더 온전하게 배우자를 사랑하게 되며, 또한 당신은 배우자의 고통과 불안으로 인하여 더욱 상처입기 쉽다. 그러나 진심에서 우러나고 역동적인 친밀한 관계의 기쁨과 즐거움에 비하면 이는 비교적 적은 대가를 지불하는 셈이다.

PAIRS는 당신이 영속적인 사랑을 유지할 수 있는 토대를 구축하도록 도와주기 위하여 설계된 목수의 연장 상자와 유사하다. 당신은 건축가이다. 당신은 이 연장들을 쉽게 활용할 수 있는 법을 습득하기 위하여 실습을 해야 한다. 당신이 과거의 습성을 변화시키기 위해서는 적어도 40번 정도 새로운 방식으로 연습해야 한다는 말이 있다. 그러하다면 바로 연습을 시작하시오. 이 연습은 얼마 동안의 시간이 걸릴 것이다. 그러나 영속적인 친밀한 관계를 통한 환희와 만족을 얻기 위해서 이 연습은 할 만한 가치가 충분히 있다.

당신은 당신이 경험해온 일지의 도입부와 연습문제들을 숙고해

봄으로써, 당신의 관계에 영향을 준 지혜와 성장을 인식하도록 한다.

당신이 함께해온 이 여정동안 당신 자신과 배우자에게 특별한 감사의 메시지를 전하도록 한다. 보다 충만하고, 보다 창조적이며 유쾌한 인생을 만들기 위하여 모험을 감행한 당신 자신의 자발성에 대해서도 감사를 표명하도록 한다. 당신 자신의 새로운 감각과 관계의 가능성을 지니고 앞으로 나아가야 한다. 아울러 자신감을 지니고 가야한다.

그리고 PAIRS를 통한 연습과 함께 제 1부에서 기술한 친밀한 부부관계의 세 가지 전제들을 연결시켜보는 것도 중요하다. 친밀한 부부관계를 방해하는 근본적인 출발점은 부부간에 일어나는 사건들을 파악하는 인과적인 시각이다. 무릇 잘못된 결과에는 거기에 상응하는 원인이 있겠지만 이미 일어난 일에 대해 원인을 찾는 것은 그 일을 발전적으로 해결하고 생산적으로 활용하는데 결코 도움이 되지 않는다. 원인을 찾는 것이 그 일의 재발을 막는다는 차원에서는 도움이 될 것처럼 보이지만 어떤 일도 한 가지 원인에 의해 일어나는 것은 없기 때문에 그 한 가지 원인에 해당하는 행동을 한 것으로 지목된 사람은 억울하다. 그래서 그는(그녀는) 비난이나 질책에 대해 반발하거나 거기에 상응하는 보복적 행동을 찾는다.

이 세상 모든 것은 상호연결 속에 존재하며, 상호작용에 종사하지 않는 것은 아무것도 없기 때문에 어떤 일도 상호작용의 산물이다. 부부생활에서는 좋은 일도 나쁜 일도 두 사람이 함께 만들어감으로 어떤 경우도 나누며 공유한다. 내용보다는 과정에 유의하는 것이 건강한 부부생활의 자세이다. 이를 테면, 배우자가 늦게 귀가한 경우에도 "왜 늦었어요?" 라고 질문하는 것은 내용에 비중을 둔 것이며, "늦었군요. 어떻게 하다가 늦게 되었어요?" 라고 질문하는 것은 과정에 더 비중을 둔 것이다. 상대의 나에 대한 어떤 말이나 행동도 나의 이전 말이나 행동에 연결되어 있다고 생각할 수 있으면, 상대를 비난하거나 질책할 수 없을 것이다.

부부는 두 사람이기도 하지만 두 사람으로 이루어진 한 단위이기도하다. 두 사람은 공접 부분이 3분의 2정도 되는 두개의 원에 비유할 수 있다. 공접되지 않은 3분의 1정도는 독립된 개인으로 생활하고 공접된 3분의 2정도는 한 단위로 생활한다는 것이다. 공접 영역에서 두 사람의 생활은 두 사람 간 직접적 상호작용의 연쇄이다. 누가 더 잘하고 누가 더 못한다는 구별은 있을 수 없다. 두 사람이 함께 잘할 수 있고, 두 사람이 함께 잘못할 수 있을 뿐이다. 따라서 누가 누구를 일방적으로 비난하거나 질책하는 것은 이런 논리에 벗어나는 행동으로 볼 수밖에 없다. 이에 따라 두 사람은 결혼생활을 시작함과 동시에 건강한 상호작용의 규칙들을 순환적 인식론의 관점에서 가능한 한 명시적으로 제정하는 작업이 필요하다.

입안의 혀도 물릴 때가 있는데, 하물며 서로 다른 가정과 문화적 배경에 성장한 두 사람이 결혼하여 함께 살아가는데 갈등이 생기지 않을 수가 없을 것이다. 문제는 갈등이 생겼을 때 상대를 변화시켜 갈등을 해소하려는 시도가 있을 때 발생한다. 남편은 자기위주의 시각에서 아내를 변화시키려하고, 아내 역시 자기시각에서 남편을 변화시키려 한다. 각자 자기시각에서 상대의 문제행동의 반대성의 행동을 요구하는 것이다. 이와 같은 1차원적 변화의 시도는 상대의 반발을 불러오기 때문에 문제해결은커녕 문제를 동일한 상태에 머물게 하거나 더한 문제 상황을 만들어가는 경향이 있다. 여기에 자기시각만 강조할 것이 아니라 상대의 시각을 인정하고 받아들이는 노력이 필요하다. 상대의 행동을 있는 그대로 인정한 위에 허용하고 상대의 선택과 결정을 존중하는 반응을 보이면, 상대로 나에게 그와 똑같이 반응하는 경향이 있다. 이와 같은 변화의 시도를 2차원적 변화라고 한다.

참고문헌

김선남(2000), 결혼이야기: 안경을 바꾸면 행복한 결혼이 보인다, 중앙적성출판사.

김정택/김선남/심혜숙 역(1995), 상담과 심리치료를 위한 **변화**, 중앙적성출판부.

보건복지부/꽃동네현도사회복지대학교(2007), 복지와 경제의 선순환관계 연구보고서.

Auerswald, E. H.(1987), Epistemological confusion in family therapy and research, **Family Process**, 26(3), 317-330.

_____(1985), Thinking about thinking in family therapy, **Family Process**, 24(1), 1-12.

Bateson, G.(1972), Steps to an ecology of mind, New York: Ballantine.

_____(1979), Mind and nature: A necessary unity, New York: E. P. Dutton.

Becvar, D. S. & Becvar, R. J.(1988), Family therapy: A systemic integration, Boston: Allyn and Bacon, Inc.

Efran, J., & Lukens, M. D.(1985), The world according to Humberto Maturana. **Family Therapy Networker**, May-June, 23-28 &72-75.

Gordon, L. H. & Frandsen, J.(1993), Passage to intimacy, New York: A FIRESIDE BOOK Published by Simon & Schuster.

Watzlawick, P., Weakland, J., & Fisch, R.(1974), Problem formation and problem resolution, New York: W. W. Norton & Company, Inc.

저자소개

김 선 남

경북대학교 사범대학 교육학과 졸업
경북대학교 교육대학원 상담심리 전공(교육학 석사)
계명대학교 대학원 교육학과 상담심리 전공(교육학 박사)
현재: 경상대학교 종합인력개발센터 교수
한국상담학회 집단상담전문가(수련감독)
한국가족상담협회 가족상담전문가(수련감독)
사단법인 한국발달상담연구소 경남가족상담교육원 원장

저 · 역서

相談의 理論的 接近(공저, 형설출판사, 1984)
자율적 인간육성의 원리(공역, 형설출판사, 1986)
자율적 인간육성을 위한 父母敎育(공역, 형설출판사, 1987)
家族治療 入門(공역, 형설출판사, 1988)
個人, 關係, 全體水準의 系列的 介入을 통한 家族相談의 一 模型(박사학위 논문, 1990)
상담과 심리치료를 위한 변화(공역, 중앙적성출판사, 1995)
워크북 자기성장의 길: 개인성장 관계발달 가족기능화(저서, 중앙적성출판사, 1996)
결혼의 신기루(공역, 정담사, 1997)
가족상담의 이론과 실제(저서, 경상대학교출판부, 1999)
결혼이야기: 안경을 바꾸면 행복한 결혼이 보인다(역서, 중앙적성출판사, 2000)
자기성장 집단상담 모형과 프로그램(저서, 중앙적성출판사, 2001)
가족기능화상담 모형과 프로그램(저서, 중앙적성출판사, 2002)
아버지 이야기: 아버지를 사랑해야하는 이유(저서, 중앙적성출판사, 2003)
자기성장 이야기(저서, 중앙적성출판사, 2004)
변화의 미학: "나는 너를 변화시킬 수 없다"(저서, 중앙적성출판사,2006)

권 창 현

미국 시카고 로욜라 대학원(상담 • 사목학석사)

부산대학교 대학원 교육심리 및 상담심리 전공(교육학박사)

현재: 창원 대방동 성당 주임신부

부산카톨릭대학교 상담심리 및 가족상담학 강의

손 진 욱

서울대학교 의과대학 의학과 졸업

서울대학교병원 신경정신과 전공의 과정 수료(신경정신과 전문의)

서울대학교 대학원 의학과 (의학박사)

경상대학교 의과대학 학장

University of California at San Diego(UCSD) 방문교수

경상대학교 기획연구실장

현재: 경상대학교 의학전문대학원 교수

경상대학교 의과대학(전문대학원) 및 경상대학교병원 교수

최 정 혜

경상대학교 가정교육과 졸업

동아대학교 대학원 가족학 전공 (가정학석사)

성신여자대학교 대학원 가족학 전공 (이학박사)

경상대학교 사범대학 부학장

경상대학교 교육대학원 부원장

University of California at Berkeley 방문교수

현재: 경상대학교 사범대학 가정교육과 교수

저서

고령화사회의 위기와 도전(공저, 나남출판사, 1995)

노인학대 전문상담(공저, 시그마프레스, 2005)

친밀한 부부관계의 전제와 실제적 기술

2007년 9월 10일 초판 제1쇄 인쇄
2007년 9월 17일 초판 제1쇄 발행

지은이 : 김선남/ 권창현/ 손진욱/ 최정혜
펴낸이 : 강 대 성
펴낸곳 : 경상대학교 출판부
주 소 : 660-701 경남 진주시 가좌동 900
전 화 : 055)751-6154, 5139
팩 스 : 055)751-6192
E-mail : gspress@gsnu.ac.kr
홈페이지 : http://gspress.ac.kr
등 록 : 1989년 1월 7일 제16호

ISBN 978-89-86001-92-1

정가 : 10,000원